U0904863

教育部人文社会科学重点研究基地
山东大学犹太教与跨宗教研究中心资助项目

犹太教律法研究

——以法律文化为视域

王宏选　著

山东大学出版社

目　录

导　论 …………………………………………………………… (1)

第一节　研究意义 ………………………………………………… (1)

第二节　研究现状 ………………………………………………… (7)

第三节　研究方法 ……………………………………………… (11)

第四节　论题范围 ……………………………………………… (15)

第一章　犹太教律法的含义和性质 ……………………………… (17)

第一节　律法的词源和语义 …………………………………… (17)

第二节　律法的性质 …………………………………………… (22)

第三节　律法的特征 …………………………………………… (31)

第二章　犹太教律法的生成和演变 ……………………………… (40)

第一节　文化背景 ……………………………………………… (40)

第二节　法理阐释 ……………………………………………… (45)

第三节　生成契机 ……………………………………………… (52)

第四节　演变机制 ……………………………………………… (56)

第五节　小　结 ………………………………………………… (61)

第三章　犹太教律法的价值系统 ………………………………… (63)

第一节　律法的信仰原则 ……………………………………… (63)

第二节　律法的伦理精神 …………………………………… (70)
第三节　律法的人性关怀 …………………………………… (85)

第四章　犹太教律法的形式和内容 ……………………………… (96)

第一节　律法的形式 ………………………………………… (96)
第二节　律法的内容……………………………………… (112)
第三节　律法中的婚姻家庭制度………………………… (124)

第五章　犹太教律法的社会治理模式………………………… (130)

第一节　古代以色列的司法机构………………………… (130)
第二节　律法中的纠纷解决……………………………… (134)
第三节　律法中的社会治理……………………………… (145)
第四节　律法与生活的一体化…………………………… (153)

第六章　犹太教律法的解释和评注…………………………… (159)

第一节　解释和评注的必要性…………………………… (159)
第二节　解释和评注的传统……………………………… (162)
第三节　解释和评注的方法……………………………… (166)
第四节　解释和评注的思维模式………………………… (171)
第五节　解释和评注的意义……………………………… (177)

第七章　犹太教律法的功能和影响…………………………… (182)

第一节　律法的功能……………………………………… (182)
第二节　律法的影响……………………………………… (195)
第三节　对律法的尊崇和传承…………………………… (208)

第八章　犹太教律法的现代转化及其启示…………………… (216)

第一节　律法的历史地位………………………………… (216)
第二节　律法的现代转化………………………………… (220)

第三节 律法现代转化的启示…………………………………………… (230)
第四节 中国礼法传统的现代转化………………………………… (237)

结 语……………………………………………………………………………… (246)

参考文献…………………………………………………………………………… (252)

后 记……………………………………………………………………………… (262)

导论

第一节　研究意义

一、文化价值

宗教作为一种社会文化现象，不仅是抽象的世界观和意识形态，而且是活生生的社会综合体系和文化生活方式。作为人类对自身生活世界的一种特殊把握方式，宗教大致可以看作内在的虔敬与外在的体制的混合物，任何宗教体系都包含信仰观念和宗教律法两个部分。信仰是对某种超乎人可以直接把握的观念或理想的信奉、持守和追求，宗教信仰则是对神圣对象的信仰，其中包含了超越的灵性世界的维度。宗教律法在其原初意义上，指的是宗教组织的规范和制度，是信仰观念的外在化和规范化形态。宗教律法蕴含着宗教群体和信仰者对于信仰对象的敬仰和崇拜，对于特定文明秩序目标的积极追求，它是信仰观念得以实现和印证的必不可少的手段。在各种成熟的宗教体系中，往往包含一套独特的宗教律法。

在法律文化视域下，宗教律法既是宗教文化的有机构成，也是法律文化中一种特别的表现形式。作为一种法律文化，宗教律法表现为社会规范系统的重要组成，其中不仅有着独特的行为规范和治理模式，而且蕴含丰富的信仰原则、伦理精神和价值追求。如果把“文化”看作特定人群的生存样式或生活方式，宗教律法就是宗教群体和信仰者的生活之道。在信仰者看来，律法来源于“神圣者”的启示或命令，是神圣意志的直接体现。律法以宗教群体对“神圣者”的虔信为效力根据，依靠信仰者的敬畏和遵从来维持。作为一种行为规范和治理模式，律法强调内心的虔敬和皈依，给予信仰者以温情和精神力量；它把外在的强制与内在的自律紧密结合，把信仰观念与规范制度有机统一，具有很强的生命力。

宗教律法既是一种历史传统，又是一种现实存在，塑造着不同凡俗的信仰世界和生活世界。从法律渊源看，宗教律法最初多为自发生成，具有风俗习惯和民间法的规范特征；后来经由宗教组织的权威机构予以颁布和实施，具有了成文法和制定法的特征。不同时代和地域的社会规范系统中，宗教律法的地位和影响不尽相同。在政教合一、神权政治或国教体制下，宗教律法是基本的和主要的行为规范。它不仅以宗教组织规范的形式存在，而且能够发展为与国家法平行的法律体系，其地位和影响甚至超过国家法。在政教分离或世俗国家体制下，宗教律法往往以民间法和民族习惯法的形式存在，其作用范围一般限于宗教团体或信仰者群体内部。不同类型的宗教律法形态各异，但都发挥着信仰维系、秩序保障、伦理教化和文化建构等方面的功能。犹太教、基督教和伊斯兰教等世界宗教的教法或律法在世界文明史和法律发展史上，都曾占据相当重要的地位。

犹太教律法是富有生命力的传统法律文化。从纵向来看，它上承古巴比伦的《汉谟拉比法典》，下接基督教的教会法，并与伊斯兰教的教法和圣训有关；从横向看，它同印度教的摩奴法典和中国的礼法传统构成一种比较。作为一种独特的文化传统，犹太教及其律法在历史上一直没有中断，它们融汇东西文化，贯通古今，强调一神信仰的坚定，强调严格的内心自省，形成宗教性和伦理性的精神遗产。在其他文化传统中，法律往往被看作统治的工具、御民的器械，民众往往避之不及。对于犹太教律法，犹太人则持有敬畏意识，对之尊崇和热爱。在历经漫长岁月的散居状态下，犹太人坚持律法的解释、对话与交流，使律法的学习、研究和教育呈现开放、辩驳和多元的特征。近现代以来，犹太教和犹太人积极克服现代化和世俗化带来的民族危机和信仰危机，成功地融入西方社会，并保持了自身的犹太民族性。在这一过程中，犹太教律法也发生相应的创造性转化。如今，犹太人的生活方式仍然深深受制于希伯来《圣经》和《塔木德》，律法在犹太人的社会生活中仍然发挥很大的作用。

犹太教律法是犹太民族和犹太人的生活之道。在犹太教传统中，律法不仅是社会规范和治理模式，也是人性和人的生活方式的体现。律法历来关注人心和人性，注重律法与生活、历史与现实的关联，注重践履，因行称义。通过维护一神信仰和伦理要求，律法塑造了犹太人。一个人有宗教信仰，即使是外界刚性约束崩塌，其内心仍然有一条最后的防线，能够恪守最基本的做人准则及行为规范，而不至于轻率坠入为所欲为无所顾忌的境地。律法建立在信仰的基础上，信仰是一种自觉的行为，在这一前提下，对其遵守就有了基本保障。对于一个虔诚的信仰者而言，宁愿受世俗政权的极刑，也不愿受自己信仰的神明的裁判，最残酷的剥夺莫过于精神上的剥夺。同时，律法的伦理要求使得人们直面现实生活时，能够以理性的态度合理选择自己的行为规范与生活方式，做到从心所欲不逾矩。犹太教律法借助信仰的力量，通过他律与自律的结合，使律法规范和法律精神落实到生活实践中，奠定了世代犹太人的生活之道。

对犹太教律法的研究，有助于我们对西方文化和西方法律的理解。从历史起源看，现代西方文明有两条线索：一条是源自古希腊的理性主义，主要表现在哲学、科学、法律、政治思想和制度中；另一条是以古代希伯来文明为主要来源的宗教，主要表现为犹太—基督教的基本信仰、价值观和与之关联的生活习俗。在文明的长河中，两希文明由于历史的作用而达到会通，构成一个既包含以信仰为基础的宗教和道德，又包含以理性为基础的哲学、科学和政治制度的综合文明。傅有德先生指出，犹太教作为神本主义的宗教，展现了一种老成持重的神圣文化理念。犹太教要人们懂得敬畏，懂得赎罪，懂得突破存在，懂得超越分裂的善和理性的恶，懂得在各民族文化中扬清激浊，懂得在人类不成熟的心理中治欲治恶，懂得宽恕，懂得天命，懂得自由的艰难，懂得追求和谐的秩序。

在世界法律文化大家庭中，犹太教律法不仅对伊斯兰教法和基督教会法产生直接影响，而且对英美法系的形成作出重大贡献。犹太人关于借贷抵押、免债证明、不动产的习惯法，财产让渡合同，陪审团制度，法律至上主义、"挪亚律法"等法律形式和思想，有的直接被英美法系所吸收，有的产生过间接的影响。雅各·纽斯纳认为："对犹太教的研究表明，由于使它得以发源的创生经验的典范性和结构性的力量，犹太教已经塑造了，如今也还在定义着犹太人置身于其中的世界。"[①]两千多年来，犹太文化通过《圣经》及基督教文化对西方文化乃至世界文化的影响，极其巨大而深刻。同时，散居西方各地的犹太人，对中世纪和近现代西方文化的形成起着实质性作用。"祭司的国度"、"圣洁的国民"、"律法的民族"、"智慧的民族"，这些称谓是犹太人文化地位的突出反映。不了解犹太教及其律法，就不能深入理解西方文化和东方文化。

二、现实意义

犹太教律法研究对于当代中国法治建设和文化创新具有重要的借鉴意义。"他山之石，可以攻玉"。只有从相异的事物中才能发现自身的特点。经由不同的经验或新鲜的事物，从历史或地理上不同于我们自身熟悉的情况去观察思索，才能使我们的心胸豁然开朗。研究犹太教律法，能够使我们更好地认识和检讨自身的法律文化传统，进而思考如何展开当下的法治实践。

当代科技发展和经济一体化对社会进行的全面统治，使得中国在经济高速发展的同时，整个社会出现了伦理水平和人文精神的全面衰退。学界普遍认为，当前中国最为缺乏的不是经济资本或物质

① ［美］雅各·纽斯纳：《犹太教》，周伟驰译，上海古籍出版社 2008 年版，第 31 页。

资源，而是急需却又不可能在短期内积累起来的社会文化资源和道德资本。当前中国既处于发展的重要战略机遇期，又处于社会矛盾凸显期，社会治理领域存在的问题很多。实现社会治理体系和治理方式的现代化，成为建设法治中国、构筑和谐社会的重要内容。依照官方说法，创新社会治理，必须着眼于维护最广大人民的根本利益，最大限度增加和谐因素，增强社会发展活力，提高社会治理水平，全面推进平安中国建设，维护国家安全，确保人民安居乐业、社会安定有序。社会治理创新包含两层含义：一是规范制度建构完善，社会结构均衡合理，在纠纷解决、社会控制等方面富有成效；二是社会共识得以形成，民众普遍具有信仰原则和伦理精神。中国社会的法治建设和文化创新，不仅需要继承和发扬优秀的民族文化遗产，还需要广泛借鉴和吸收包括犹太教律法在内的其他民族的精神财富。

在当代中国的法治建设领域，伴随几十年来的经济建设和改革开放，中国特色社会主义法律体系初步建立和不断健全，但是法制现代化、法律移植也造成对传统法律、社会道德和风俗习惯的漠视。立法精英化色彩浓厚，忽视当下现实生活经验的汲取。法律与社会、法律与文化、法律与人性的关联在许多法律法规中出现脱节现象。在中国社会，民众普遍缺乏对法律的信仰和敬畏意识。现代法治与和谐社会的构建，要求法律成为民众的行为方式和生活之道，要求法律促成意义世界、规范世界和生活世界的统一。为解决法律领域的诸多难题，学者们一再呼唤，关注法制与法意、人生与人心的互动，彰显为现代化和法典化所遮蔽的人间秩序，促使国家立法尊重历史和传统，重视民间法、民族习惯法等对社会秩序建构的意义。

事实上，犹太教律法所追求的社会秩序形态与我们要建立的和谐社会及现代法治，尽管在背景、目标、性质、途径和动力等方面存在重大差别，但仍有着诸多相通或相合之处。

首先，和谐意味着公平与正义，法治秩序应当以内部的和谐为基础，而不是建立在强权与压制之上。应当通过一套民主的、开放的体制，使各种利益和意见能够平等、自由地表达和交流，通过对话协商与和平博弈达到相对的协调和平衡。而犹太教律法也以社会公义为追求目标，公平正义是其核心价值。犹太教的目的是教人成为义人，成为义人的标准不在于信仰，而在于行为；做义人就是要行上帝之道，要按照神圣的律法行事。

其次，和谐意味着有序和高效，维系社会和谐主要依赖社会主体的共识与向心力，而不是单纯依靠成本极高的外力、强制力和技术手段，也不是依靠弱肉强食的实力较量。犹太教传统认为，律法是他律与自律、禁锢与自由、约束与爱的统一。外在的强制和他律是必要的，但内在的认同和遵奉才是最关键的。在犹太教中，外在的强制往往能够转化为内在的自觉履行，进而激发信仰者的自律意识。因而，犹太人对律法充满敬畏和爱，认为律法是上帝之道，能够给予人以自由。

最后，和谐意味着共存与发展，法治社会的和谐应该富有活力，允许差异和多样性存在，而不能扼杀发展的契机和个性的自由。应当尊重少数人及弱势群体的利益和特殊需求，提倡宽容和共存。法治状态下的和谐并非法律的一统天下，而是法律与其他社会规范的相互协调、互补与互动。在犹太教律法中，诸多的规范制度表明其对弱者、穷人和少数人权利的尊重，对其他社会规范和调整机制的宽容。犹太文化既呈现内在精神、文化特质上的"统一性"，又表现出难以界定的"多样性"。作为犹太教和犹太文化的核心内容，律法表现为一体多元的法律体系：坚持以一神信仰为核心，具有多个层面的规范制度，通过多样化的法律主体，实现社会治理与运作的多元化。

总之，研究犹太教律法，能够引起我们对传统与现实、民族性与普世性等关系的进一步思考。犹太教律法作为传统法律文化，是犹太人的信仰藩篱、伦理规范、生活之道和精神家园。律法在犹太教中占据无比重要的地位，具有维护一神信仰、民族生存和文化传承的功能。律法作为犹太文化精神的重要一环，其中的和谐追求、契约观念、内省精神和群体意识对后世产生深远影响。近代以来，犹太教和犹太人积极应对现代化带来的压力和挑战，成功地实现现代转型，同时保持了自身的民族性，律法传统也发生相应的创造性转化。犹太教及其律法的成功转型与转化，对于我们思考和构建中国法治具有一定的启发意义。

第二节　研究现状

一、学科发展

从宗教现象和宗教组织出现以来，各种宗教机构就从神学或宣教学的角度，对各自的宗教进行研究。这种研究的目的在于促进各自宗教的延续和传播，维护信仰对象的神圣。各种传统宗教尤其是世界宗教典籍浩繁，广泛涉及宗教禁忌、戒律、礼仪等律法制度的整理和解说。近代学科分化以来，哲学、政治学、历史学、社会学和人类学等学科都在不同程度上涉及对宗教现象的研究。19 世纪下半叶开始，专门以宗教现象为研究对象的宗教学及其分支学科相继出现，比如宗教史学、宗教社会学、宗教心理学，以及宗教人类学等。这些学科采纳现代各种学科的理论模式和研究方法，对宗教现象包括律法从不同角度和层面进行研究。近几十年来，以往基于进化论的宗教起源探究，以及对宗教现象的功能主义分析，在宗教研究中逐渐失势，单从社会学或心理学说明宗教的研究方法也不再流行。学者们日益意识到需要更为广泛的研究视角及更加多元的研究手段，于是文化分析进入宗教研究领域，并对律法的研究产生影响。

自 20 世纪 80 年代以来，各种传统宗教在国内的复苏和发展，对学界提出纷繁复杂的理论问题。学者们认识到，宗教律法作为一种法律文化，作为宗教群体和信仰者的行为规范和生活方式，长期以来在传统社会居于重要地位，至今仍在一些国家具有现实影响。宗教现象在全球范围和中国大陆的长期存在和发展，宗教因素的影响在社会生活中的恢复和增加，说明对宗教的研究绝对不是假问题，而是实在的真问题。在宗教学领域，学者们不仅关注信仰观念，对于律法的关注也有所增加。事实上，宗教律法是信仰体系的制度保障，对于宗教组织的生存和发展具有重大影响，理应成为宗教研究的重要内容。

在中国大陆法学界，学者们以往更多关注国家法律，注重大传统的研究，对于民间社会规范或小传统则缺乏应有的重视。涉及宗教与法律的研究论题，往往侧重于国家的宗教管理政策法规，对宗教团体内部的规范制度则较少关注。近些年，随着民间法、法律文化研究的深入，民间社会团体的规范包括宗教律法，已经引起不少法学研究者（比如梁治平、朱苏力、刘作翔、范愉、朱景文、田成有、谢晖等）的关注。从多元文化的视角看，民间社会规范具有多元性、差异性和流变性，难以为国家法律所统一确认和吸收，但对特定地域居民或共同体成员的行为不仅具有约束力和规范作用，而且是现实的纠纷解决、秩序维系中不可忽视的要素。学者们认为，法治建设应从多方面展开，发挥中央和地方、专家和群众的多种积极性，既重视国家法，又不忽视民间社会规范及民族习惯法。宗教律法既是传统法律文化的重要载体，又是当代社会的一种现实存在。建设法治国家与和谐社会，不能忽视对宗教律法的研究和探索。

在法律文化视域下，犹太教律法是一种地方性知识，一种民族生存方式，属于法律文化的特殊形态。研究和探索犹太教律法，对于当代中国的法学研究和法治建设具有积极意义。这种研究能够开拓法学研究者的视野，深化对宗教现象和法律现象的认识，提升法学研究的水平和境界。在诸多的研究进路中，将犹太教律法置于法律文化视域之下，具有重要的理论价值和实践意义。通过研究犹太教律法的内涵，探究传统社会中律法得以形成的背景和条件，揭示其价值、内容形式、治理模式等多个层面，分析其在当代社会面临的各种挑战和机遇，探索律法现代转化的路径和方式，有助于对中国礼法传统加以反思和批判，进而找到我国法治建设和文化创新的可能路径。

二、研究成果

犹太教律法是典型的宗教律法，其历史久远且传承不衰。由于犹太教的古老及其与基督教的特殊关系，犹太教律法研究在西方社会备受关注。在犹太人内部，最重视的是对希伯来《圣经》、《塔木德》的注疏，以注经解经的方式发展犹太教已经成为一个传统。尽管西方启蒙运动以来，历史批判方法一直在犹太研究中占据主导地位，但在犹太教正统派的学者或拉比看来，《托拉》乃是神的话语，它以及犹太教的某些礼仪和习俗是内化于犹太人灵魂中的，具有超越时间、超越历史的意义。

我国学界对宗教律法的研究，从宗教学、历史学和哲学的角度，近年来出现不少有开拓性的研究成果，产生一系列原创性的著作、论文及各种翻译作品。比较有影响的有：上海人民出版社的"西方学术译丛"、四川人民出版社的"宗教与世界丛书"、山东大学出版社的"汉译犹太文化名著丛书"、北京大学出版社的"哲学与宗教系列"及"基督教文化译丛"、上海古籍出版社的"宗教社会学译丛"、华夏出版社的"希伯来圣经历代注疏"等。初步统计表明，近年来在各种宗教研究中涉及律法的著作大致有数十种。

在我国的犹太研究领域，自 20 世纪 80 年代开始，一批年轻学者有机会到海外学习犹太教，直接接触相关领域的经典著作。一批犹太研究机构在国内的高校和研究机构建立起来，有了专门从事犹太文化研究的人员。一批较高水平的中国学者自己的犹太研究成果问世，在犹太教、犹太哲学、犹太文学、犹太习俗、反犹主义研究、中国犹太人、比较宗教等领域出现不少有价值的论著。同时，南京大学、山东大学、河南大学等高校和研究机构多次举办国际、国内犹太文化研讨会，加强了国内外的学术交流。山东大学犹太教与跨宗教研究中心主办的《犹太研究》期刊，已经出版十余辑。上述高校和机构还陆续组织各种犹太文化暑期学校，在青年学子中普及犹太教和犹太文化知识，取得了良好的社会效果。

据不完全统计，我国学者近年来与犹太教律法相关的著作和论文有数十种。代表性的著述有：谢桂山的《圣经犹太伦理与先秦儒家伦理》，山东大学出版社 2009 年版；田海华的《希伯来圣经之十诫研究》，人民出版社 2012 年版；邓元尉的《通往他者之路：列维纳斯对犹太法典的诠释》，台湾基督教文艺出版公司 2008 年版；傅有德的《犹太哲学与宗教研究》，中国社会科学出版社 2007 年版；游斌的《希伯来圣经的文本、历史与思想世界》，宗教文化出版社 2007 年版；王立新的《古代以色列历史文献、历史框架、历史观念研究》，北京大学出版社 2004 年版；张倩红的《困顿与再生：犹太文化的现代化》，江苏人民出版社 2003 年版；梁工等的《律法书·叙事著作解读》，宗教文化出版社 2003 年版；刘洪一的《犹太精神：犹太文化的内涵与表征》，南京大学出版社 1995 年版；刘昀的《先秦儒家之礼与犹太律法的比较》（南京师范大学硕士论文，2007 年）；饶本忠的《论希伯来法的内涵及其特性》（《西亚非洲》2011 年第 3 期），《论犹太律法的主要特征》（《学海》2011 年第 3 期）；黄陵渝的《论犹太教对以色列国法律的影响》（《世界宗教研究》2005 年第 4 期）；黄天海的《摩西律法的契约形式和以律法为核心的希伯来宗教》（《世界宗教研究》2002 年第 3 期），等等。

在上述著述中，学者们主要立足宗教学、历史学和文学等立场，对于犹太教及其律法进行了介绍和研究，具有一定的开拓意义。研究内容和方法上，既有对于犹太教经典和律法的梳理与解读，也有对律法与其他文化传统的比较分析；既有对律法的渊源探究、哲学思辨和文学赏析，也有相应的规范解读和价值评判；既有对犹太教经典的阐释，也有对律法背景和历史影响的探究。犹太教律法主要表现为行为规范和治理模式，但目前对律法的研究主要围绕其性质、渊源和影响等因素展开，从法学角度进行的规范分析比较少见。即使针对形式和内容的研究，也往往缺乏整体性、动态性的观察和解释。总体上，从犹太研究现状看，国内学者所作的仍然属于翻译和一般性研究，可以说尚处于初级阶段。涉及犹太教律法的研究，更多地是从法学之外加以研究，而从法学的视角出发进行的专门探究，则较为少见。将犹太教律法置于法律文化视域下进行整体性的观察和分析，在中国大陆学界尚无专门的论著出现。

宗教现象在世界范围和中国大陆的存在和发展，宗教因素在社会生活中影响的不断增加，表明对宗教及其律法的研究不仅具有重要的理论价值，而且具有一定的实践意义。宗教律法是客观的现实存在，建设法治国家和构建和谐社会，需要正确地认识和处理宗教问题，就不能忽视对这一重要的法律文化体系的研究。本书以犹太教律法为切入点，试图从多个层面揭示传统律法的丰富内涵，并将经典阐释与现实思考结合起来，探索犹太教律法对中国法治建设和文化创新的借鉴意义。这种探索对于深化宗教学与法学在宗教律法领域的研究，沟通法学与宗教学两个不同的人文社会学科，具有一定的创新意义。

第三节　研究方法

一、研究视域

对于宗教律法的研究，近代以来先后有过信仰式研究、历史式研究、哲学式研究，最后出现文化式研究。研究者分别从宣教学、历史学、社会学、哲学等角度，运用相应的理论模式和研究方法，展开其探索过程。本书试图采用法律文化的研究视角，综合运用文化解释、法理分析等方法，对犹太教律法的相关问题进行研究。

如何定义和理解法律文化，我国大陆学者有着两种不同的主张。多数学者将法律文化视为一种有着实体内容的对象化存在。如刘作翔教授认为，“法律文化”是人类文化系统中一个独特的不可缺少的组成部分，是社会精神文化的重要构成；又是人类在漫长的文明进步过程中，从事法律实践活动所创造的智慧结晶和精神财富，是社会法律现象存在与发展的文化基础。[①] 也有一些学者主张，应当从方法论意义上理解“法律文化”。如梁治平先生认为，“法律文化”是一种研究立场和方法，即用文化解释的方法来研究法律。作为一种立场和方法，法律文化研究需要超越各种孤立的和机械的法律观，同时反对各种狭隘的种族中心主义的法律观。[②]

笔者认为，“法律文化”既是用文化的眼光观察法律现象的研究方法，也是具有实体内容和对象的文化结构。“法律文化”的这两个方面，实际上是紧密联系、不可分割的。作为方法论意义的法律文化和作为实体对象的法律文化，在具体的法学研究中应当综合地予以考虑和运用。在这个意义上，“法律文化”是一种集历史与现实、静态与动态、主观与客观、过去与现在在内的人类法律实践和活动的一种文化状态。它既着眼于历史，更着眼于现实，既是以往人类法律实践活动的智慧凝结物，也是现实法律实践的一种文化状态和完善程度。[③]

在法律文化视域下，犹太教律法可以被看作整体的、动态的法律文化体系。作为一种传统法律文化，律法是犹太人的信仰藩篱、伦理规范、生活之道和精神家园。通过对犹太教律法的规范、秩序和价值等层面的分析，可以探究其中蕴含的丰富的法律文化意义。两千多年来，律法如何生成、演变及发生创造性转化，都可以在法律文化的分析框架中得到较为合理的解释。

二、研究方法

本书对于犹太教律法的研究，主要运用文化解释、法理分析等方法。

运用文化解释的方法，主要通过研读法律文献、观察社会现实，

---

① 参见刘作翔：《法律文化理论》，商务印书馆 1999 年版，第 81 页。

② 参见梁治平：《法律的文化解释》，三联书店 1994 年版，第 6 页。

③ 参见刘作翔：《法律文化理论》，商务印书馆 1999 年版，第 97 页。

关联规范世界与生活世界，开发传统法律的现代意义。所有文明社会，无论它们之间的差异有多大，总会有许多共通的问题，同时又有各自独特的价值观念和处理问题的方式。相同或相似的形式，可能有着不同的文化意涵。通过阐述、解释和比较，可以理解不同地区法律的特点及人们的法律观念差异，探索不同社会背景中法律的发展规律及路径选择。比如，《摩西五经》和《塔木德》中的律法，有着不同的资料来源，不同时代的解释者有着不同的理解。我们对犹太教律法进行文化解释，应当考虑当今时代的社会需要，“阐旧邦以辅新命”，使传统律法与当下世界关联起来。通过文化解释与比较，发掘犹太教律法丰富的文化意涵，可以为中国的法治进程和文化创新提供一些借鉴。

运用法理分析的方法，需要从法律现象的不同层面入手，全面深入地观察犹太教律法。近一个世纪以来，在众多的法学流派中，法律释义学视法律为一套由国家专有的逻辑严谨的应然命题组成的体系，重视的是法律的规范性。法哲学注意的是法律的理念性，何为正确的法律是其关心所在。而对法社会学而言，法律是实然的动态的文化现象，无法自外于本身的文化传统；法律是具体的社会事实，是诸多社会规范的一种；他们重视的是法律的实在性。事实上，从法律文化的视角看，包括犹太教律法在内的传统法律文化，不仅是安排社会生活与解决社会问题的工具和手段，也是特定人群表达意义和价值的符号与象征。犹太教律法不仅揭示了特定时空中的犹太民族生活样态和生存方式，也揭示出犹太人的心灵世界、信仰观念与价值追求。

无论运用文化解释还是法理分析的方法，都需要树立整体的、动态的观念，拥有宽容与同情理解的研究态度。

法律作为社会文化现象，与其赖以存在的社会背景有着不可分割的联系。整个文化传统、整个社会环境都可以视为法律的背景，其间有着辩证的交互关系。法律体系一方面与社会其他部门划分开来，另一方面又共同置身于一个整体性的文化脉络与社会体系之中。

从经典文本、价值追求、规范形态和治理模式看，犹太教律法意味着一种整体的、统一的法律文化。律法有着整体的规范制度和经典文本，有着统一的信仰原则和价值追求。律法意味着统一的秩序，塑造着一体的生活方式。在犹太人看来，除了神圣的诫命，犹太教无他；《托拉》就是犹太教，《塔木德》就是犹太教。[①] 作为犹太教律法研究的参照，中国的礼法传统也是一种整体的、统一的法律文化。礼法传统内部有着本质的统一性，其形式和内容呈现出一体多元的特征。从其调整范围看，礼法传统包罗万象，几乎是全部社会规范的总和。举凡伦常纲纪、礼仪风俗、法律政令和典章制度，都可以归于其中。

法律不是一个静态的、封闭的框架，而是一个动态的、开放的社会系统。法律既是一种文化传统，又是一种生活现实。法律无法脱离社会背景与传统文化的制约，应当将其置于动态的、流变的社会文化中加以解释和理解。基于动态的观念，在犹太教律法的研究中，应该关注历史与当下、传统与现代的联系，考察律法的生成和演变、律法的解释与交流、律法的践履和应用等方面，研究律法的活力表现及其内在根据。从动态的观点看，律法是古代以色列社会多元传统的累积，其叙事历史与律法诫命的有机结合，显示出律法与周边法律在性质、内容和形式上的明显差异。律法作为一种动态的法律文化，其中规范制度与信仰观念、律法行为与内心虔敬的统一，使其在艰难处境中得以保持生命活力。

文化解释与法理分析，需要宽容与同情理解的态度。在法律文化研究中，应当尊重和理解文化传统的多元、生活方式的多元，不应刻意进行文化高低或伦理优劣的比较。要尊重可能性，尊重不确定性，绝不轻易把自己信奉的东西当成普适性的真理。在对犹太教律法的研究中，应当从犹太教信仰本身来理解，从犹太人的思维方式来理解，从独特的犹太文化—心理结构来理解。比如，在犹太教信仰者

---

① 参见[英]海姆·马克比：《犹太教审判：中世纪犹太—基督两教大论争》，黄福武译，山东大学出版社 1996 年版，第 18～19 页。

尤其是正统派看来,《托拉》是神的话语,其律法内化于犹太人灵魂当中,具有超越时间、超越历史的意义;犹太人对律法充满尊崇和热爱,而非视之为禁锢或束缚。对律法的研究,应当从传统犹太人的视角出发,在对其信仰、教义的尽可能全面理解和把握中进行;要从犹太教自身出发,研究犹太教信仰者对律法的真实看法与态度;要从律法产生和存在的社会文化背景中,判断律法的理性与非理性。

第四节 论题范围

犹太教有着近四千年的悠久历史,而且发生过多次重大转折和重新定向;犹太人长期散居世界各地,在完全不同的社会条件和文化环境中生活。因而,犹太教和犹太文化呈现出多样性和多元化特征。与之相应,犹太教律法作为一种传统法律文化,有着极为丰富的内容和形式;在其生成和演变历史中,曾经呈现出诸多形态和解释评注;即使当今世界,律法及其解释的多样性依然存在。由此,犹太教律法研究涉及的论题相当广泛。本书将律法置于法律文化视域下,综合运用文化解释、法理分析等方法,围绕其中的一些重要问题展开研究。

本书的论题限定在三个方面:第一,犹太教律法的内涵和历史演变;第二,犹太教律法的价值、规范及治理层面;第三,犹太教律法的功能、影响及现代转化。本书的研究目的是:通过对犹太教律法生成与演变历史的研究,探索其生存之道与活力之源;对律法的各个层面进行分析,比较宗教律法与世俗法律的异同,沟通宗教学与法学的相关研究;考察律法的精神、功能和影响,研究其如何进行现代转化,揭示其对当代中国法治建设和文化创新的借鉴意义。

笔者认为,在法律文化视域下,犹太教律法可以看作一个整体的、动态的法律文化体系。作为一种传统法律文化,律法是犹太人的信仰藩篱、伦理规范、生活之道和精神家园。犹太教律法的生成和演变，既是犹太人解决社会纠纷、探索治理模式的生活实践，也是其应对秩序、公义、圣洁等法的需要的历史进程。律法不仅是一种规范和秩序模式，也是一种价值和意义系统。其中不仅揭示出特定时空中的民族生活样态和生存方式，也反映了特定社会群体的心灵世界、信仰观念和价值追求。律法在犹太教中占据无比重要的地位，发挥着维护一神信仰、维护民族生存和文化传承的功能。近代以来，犹太教和犹太人积极应对现代化带来的各种挑战，成功地融入西方社会，同时保持了自身的民族性。伴随这一过程，律法也进行了相应的创造性转化。律法的现代转化，尤其是其处理传统与现代、民族性与普世性等关系的做法，对当代中国法治建设和文化创新具有一定的借鉴意义。

第一章　犹太教律法的含义和性质

第一节　律法的词源和语义

犹太教是人类最早的一神教，又是古老而常新的宗教。在起源于古代西亚地区形形色色的民族宗教中，唯有犹太教历经沧桑而延续至今，依然保持着顽强的生命力。犹太教是犹太人的信仰和生活方式。“对犹太人而言，犹太教不仅是一种表现为宗教典籍文献、宗教观点和宗教仪式的宗教信仰，也是一种体现社会体制、风情习俗的民族文化传统，一种独特的生活方式。犹太教还是一种伦理道德，规定犹太人的生活准则和行为规范；犹太教更是令人敬畏的特殊戒律，随时提醒着犹太人与上帝的联系。”①不同于其他宗教，在犹太教中占据核心地位的是律法，律法的律例诫命规范着所有犹太教团体和个人的行为，律法而非信条是犹太教的核心。

根据 19 世纪犹太教改革派的说法，上帝、托拉、以色列人是犹太教的三个基本要素。在犹太教的宗教结构中，三者构成一个相互支持、相互依赖、互相说明的整体。托拉律法被看作上帝给以色列人的启示，其神圣性来源于上帝。由于上帝是永恒的，托拉就是牢固不变

---

① ［美］摩迪凯·开普兰：《犹太教：一种文明》，黄福武、张立改译，山东大学出版社 2002 年版，第 350 页。

的,可以适用于不同的社会和时代。上帝赐予以色列人托拉,而永远信守、维护和传播神圣的律法乃是"上帝的选民"义不容辞的使命。可见,托拉律法是连接上帝与以色列人的桥梁和纽带。正是由于托拉律法,上帝才是以色列人的上帝,以色列人才成为上帝的选民。

在犹太文化中,表述犹太教律法的词语常见的至少有三个,即托拉、诫命和哈拉哈。

"托拉"(Torah)一词,最初表示上帝启示的行为规范与处世之道,原义为"训诫、晓谕"。广义上指上帝启示给以色列人的训诫真义,即启示给人类的教导或指引。狭义上指上帝晓谕以色列人的律法,即《摩西五经》。有人认为历代拉比对成文或口传律法的评注和阐释,就是对上帝晓谕或训诫的认识和延伸,因此也将"托拉"泛指犹太教的全部律法、习俗与礼仪。① 在犹太教传统中,托拉具有丰富的内涵,而不仅仅指律法。但律法理所当然属于托拉的一个组成部分,律法是使犹太人团结一致和拥有活力的主要渊源。从宽泛意义上说,《托拉》涉及宗教伦理、法律、生活习俗等各个方面。犹太人认为《托拉》是上帝给予的启示和指针,其本质与其说是上帝的意志,不如说是上帝的善意和慈爱。《托拉》表达了那个独一无二的、真正的、活生生的上帝的神奇,同时又为神的选民立下了生活的规则,或称"nomos"。

对于"托拉"(Torah)一词的含义究竟如何,在不同的派别间存在很大争议。犹太教改革派思想家利奥·拜克认为:"《圣经》的希腊人译本,即七十子译本,将《托拉》中的'教导'一词译为'nomos',意为'律法'。由于在两种语言中,两个概念并不能传达相同的意义,文字翻译常常不能令人满意。对希腊人来说,'律法'一词似乎更为恰当,这个词含有宗教庄严和威权的意味。它表明在古希腊思想中,神的教导不同于人的教导。但是,后来'nomos'或'law'这个词变得易

① 参见周燮藩:《犹太教小辞典》,上海辞书出版社2004年版,第121页。

被误解，因为这个词似乎包含了束缚、强制，甚至专制的观念。”①在犹太教传统看来，律法绝不是低级应时的东西，它所具有的含义不是外在的禁忌，而是神的慈爱力量的表现。

“诫命”（Mitsvah）一词，广义上指犹太教的全部诫命、律例、律法和典章，所有犹太教信徒都必须遵奉。作为犹太人宗教意识和民族心理结构的中心，“诫命”涵盖了从大祭司在圣殿中履行的职责，到一个人对他人最谦恭的仁慈举动，从外在仪式的履行，到对人对己的内心态度。《塔木德》共列出诫命 613 条，其中训诫（mitzvat aseh）248 条，禁诫（mitzvah lo taaseh）365 条，传统认为系从《摩西五经》所载上帝诫命推衍而来。《塔木德》将其分为两类：即使经典没有记载也可推断而来的律例（mishpatim）；不能从逻辑上推知的诫命（hukkim）。中世纪的学者则分别称之为理性的（sikhliyyot）和启示的（shimiyot）诫命。② 犹太思想家海舍尔指出，诫命的基本含义是律法、责任和行为，同时它还意味着种种品质，蕴含着善、价值、美德、功绩、虔诚以及圣洁等意思。③ 犹太教传统认为，遵奉诫命即是与上帝接近，因此不应视为负担而是一种欢乐。一般而言，行善就是执行诫命。

“哈拉哈”（Halakha）一词出现在拉比犹太教时期，其原义是“道路”，与动词“行走”属于同一个词根。狭义上，“哈拉哈”指《摩西五经》中各种律法条文在实际生活中如何实行的说明，其内容包括犹太人在信仰和社会生活中必须遵循的各种仪式规则和行为方式，与口传律法一致。“哈拉哈”通过口传方式一代代流传下来，最初由犹太教经师阐述，后由拉比们予以提炼和发展、编撰成书并加以系统化，最重要的编辑工作是在《塔木德》中完成的。最后，“哈拉哈”被分类编纂成简明实用的法典，如迈蒙尼德的《律法重述》、卡洛的《布就筵

---

① ［德］利奥·拜克：《犹太教的本质》，傅永军、于健译，山东大学出版社 2002 年版，第 231 页。

② 参见周燮藩：《犹太教小辞典》，上海辞书出版社 2004 年版，第 236～237 页。

③ 参见［美］亚伯拉罕·海舍尔：《觅人的上帝：犹太教哲学》，郭鹏、吴正选译，山东大学出版社 2003 年版，第 338～339 页。

席》,作为犹太教信徒日常生活的守则。广义上,哈拉哈泛指犹太教的所有律法。作为正统派犹太教的教义基础,上帝在西奈山传给摩西的律法整体,既有载于《摩西五经》的成文律法,也包括《律法答问》和成俗在内的口传律法,其整体在现代仍有约束力。其他派别则不同程度地认为,这些律法需要适应现代生活而有所变革。[①]

犹太教传统认为,希伯来《圣经》的《摩西五经》包含有613条律法,其中365条是否定性的禁令,248条是肯定性的教导,统称"成文律法"。在后来的犹太教经典《塔木德》中,作为律法教师和精神领袖的拉比们,对多数律法作了分门别类和详尽繁杂的诠释,其诠释部分被称为"口传律法"。口传律法的内容,除了被认为直接来自上帝的启示外,还包括历代犹太法庭为解决实际问题,从成文律法中推演出来的原则、条例、规则和规章等。总体上,律法涉及犹太人生活的方方面面——饮食起居,生老病死,民风法律,节期圣日,祭祀礼节,结婚离异,生儿育女,损害赔偿,诸如此类,涵盖了犹太人的宗教生活、家庭生活、政治生活、经济生活和社会生活的各个方面。

在法律文化视域下,犹太教律法是一个世代累积的文化传统,一个不断丰富和发展的法律体系。律法随着犹太教的演进而变化,犹太教历史上的重大事件,促使律法的生成和变革。据希伯来《圣经》记载,公元前13世纪,摩西带领在埃及为奴的犹太人逃离埃及。到达西奈旷野后,犹太人内部开始出现混乱。在尚未立国、自然条件十分恶劣的情况下,犹太人面临民族生存和信仰危机。在此艰难时刻,摩西宣称上帝与犹太人立约,并赐予"十诫"和众多的律例典章,使犹太人成为"上帝的选民"。从而凭借上帝的绝对权威,用律法维系了犹太人的道德秩序和社会秩序。自此,"十诫"打下了犹太律法体系的桩基。"十诫"是律法体系的核心,涵盖了犹太教信仰原则和伦理规范的精髓。犹太教所有的律例典章、解释评注、经典文献都围绕

① 参见周燮藩:《犹太教小辞典》,上海辞书出版社2004年版,第140页。

“十诫”而展开。①

公元前586年，犹太国被巴比伦王国攻破，居民被掠往东方的巴比伦达48年之久，史称“巴比伦之囚”。这一时期，希伯来《圣经》尤其是其中的《摩西五经》(《律法书》)初步形成，为犹太教律法体系构筑了主干框架。作为犹太教的第一部也是最重要的经典，《摩西五经》包含了基本的信仰和律法规范，成为古代犹太人安身立命的精神寄托和生活指南，也为后来律法的持续发展提供了取之不尽、用之不竭的精神资源。

公元70年反抗罗马帝国的起义失败，耶路撒冷的第二圣殿被毁，犹太人流散世界各地。为弥补《摩西五经》律法与实际生活之间的鸿沟，为流散地的犹太人制定一套适合生活需要的行动准则，有关托拉律法的解释、评注、实施细则以及其他规定、法典大量产生。犹大·哈纳西及其门徒经过艰辛努力，把先辈圣哲在各地经学院讨论、传播的律法加以收集整理，于公元200年编成《密释纳》。其后的几个世纪里，拉比们就《密释纳》进行了大量评注，并编辑成《革马拉》，《密释纳》和《革马拉》合称《塔木德》。为区别于《摩西五经》中的“成文律法”，《塔木德》中的律法被称为“口传律法”。

中世纪时期，在国家沦丧、立法和执法团体不存在的情况下，犹太人的社区依然建立起由宗教和社会精英组成的犹太法庭体系，裁决犹太人内部的宗教和民刑事案件。许多世纪以来，犹太人以炽热的宗教热情对希伯来《圣经》和《塔木德》中的律法进行专心致志的研究，发展出一整套律法体系，并使之成熟和完备。在长期的散居状态下，由于政治实体的阙如，法律实体在犹太人的生活中发挥着前现代其他任何民族中前所未有的重要作用。

① 参见田海华：《希伯来圣经之十诫研究》，人民出版社2012年版。

第二节　律法的性质

一、律法是一种传统法律文化

在法律文化视域下，犹太教律法可以被看作整体的、动态的法律文化体系。作为一种传统法律文化，律法是犹太人的信仰藩篱、伦理规范、生活之道和精神家园。具体地说，犹太教律法被认为来源于神的启示和诫命，是神人约的主体内容；律法是犹太教和犹太人的伦理规范，是伦理善恶的判断标准；律法是犹太人的行为模式和生活之道，也是犹太民族精神的体现。律法作为传统法律文化，既是一种古代文化的遗存，也是一种现实的文化表现。律法当中不仅包含神圣者启示的诫命和律例典章，而且凝聚了历史进程中不断丰富、不断增添的社会文化因素，因而是一种累积的传统。

所谓“传统”，不只是指一个历史的过去事件或文本，而是包含着群体、事件与文本三个要素，是讲述群体所经历的事件以及群体对这个事件的记忆和理解的文本。传统不只是过去的东西，也是对现在和未来能产生定向性和规定性影响的东西。传统一方面意味着深远的根源，一方面意味着持续的存在。传统既是一种思维方式，也是一种实践方式。传统既是规范制度，又是精神价值，它意味着长久的活力和生命力。所谓“法律文化”，如前所述，它既是一种用文化眼光观察和认识法律现象的思维方式和研究方法，也是一种具有实体内容和对象化的文化结构，这两个方面是互相联系着的。可以说，法律文化是一种包括历史与现实、静态与动态、主观与客观、过去与现在在内的人类法律实践和活动的一种文化状态。

犹太人的传统是一个宗教传统。宗教传统不仅有信仰、礼仪和习俗，而且有相应的组织和信徒。也就是说，犹太教是制度性的宗教。律法作为犹太教的核心内容，是一种传统法律文化。犹太教律法不仅是一种规范和秩序体系，也是一种价值和意义系统。律法不仅揭示特定时空中的民族生活样态和生存方式，也揭示出特定人群的心灵世界、信仰观念和价值追求。律法传统既是历史，又是当下，是文化结晶与文化传承的表现。作为一种传统法律文化，律法不只是过去的东西，而且是对现在和未来都产生定向性和规定性的东西。在犹太教和犹太人的历史上，律法曾发挥重要的社会文化功能，如秩序维系、公义追求、传统塑造等。作为一种现实的文化表现，律法在当今世界的社会文化与规范体系中仍然有着存在和发展的空间。

二、律法被认为来源于神的诫命和启示

根据古老的圣经犹太教传统，《托拉》律法被认为来源于耶和华神的诫命和启示，即由犹太人的先祖摩西在西奈山接受的由神直接颁布的诫命。其中最重要的内容“十诫”是刻在石板上，后来存放在犹太教的会幕或圣殿里。换言之，《托拉》律法是上帝通过摩西传给犹太人的话语，是被记述下来的“成文律法”。到了拉比犹太教时期，犹太教经典《密释纳》被称为“口传律法”，据说也是上帝在西奈山授予摩西的，只是摩西没有记载下来，而是以世代口头相传的方式流传下来的。[①] 正如《塔木德·阿伯特》开宗明义指出的：“《托拉》，摩西受自西奈，传之于约书亚，约书亚传众长老，众长老传众先知，众先知则传之于大议会众成员。”[②]

同时，律法以神人约的形式表现出来，圣约是律法的形式，律法是圣约的主体内容。据希伯来《圣经》记载，上帝与犹太人的先祖亚伯拉罕立约，使之子孙繁茂，并赐给他迦南地作为永久的产业。后来，上帝又与摩西立约，启示给犹太人“十诫”和众多律法，使之成为神圣的民族。在神人之间的契约关系中，上帝不仅被看作天、地、人

---

① 需要说明的是，19 世纪出现的犹太教改革派并不这样认为。

② 《阿伯特：犹太智慧书》，[以色列]阿丁·施坦泽兹诠释，张平译，中国社会科学出版社 1996 年版，第 13～14 页。

以及万物的创造者，而且是神人约的缔造者和立法者。在神人约的缔约双方中，上帝是缔约的主动方，挪亚、亚伯拉罕、摩西等先知是接受方。契约的内容即律法，被认为是来源于神，而不是来自人。律法以固定的形式把约的内容具体表达出来，定义了上帝与以色列民族之间的关系。律法成为上帝与犹太人之间的纽带，通过它，犹太人与上帝具有了特别密切的关系，既具有“神圣民族”的荣耀，又有通过履行律法而成为义人、见证上帝的存在、做外邦人榜样的责任。

与同时代周边国家的法律体系相比较，《托拉》律法不像古巴比伦的《汉谟拉比法典》那样靠政权的强制力量建立起来，而是借助人们对耶和华神的敬畏心理，把立法权归于全能的上帝，从而使律法具有了神圣性。律法的最大特色是镶嵌于一个神人立约的观念框架中——上帝是立约的主导方，他要求以色列人严守各项律法规定，否则神人之约就会被破坏，其特选子民就无法再蒙祝福。犹太教的《摩西五经》中，随处可见“上帝对摩西说”、“耶和华吩咐”等话语。按照圣经犹太教传统，启示是自上而下发出的，庄严而肃穆，是超越层面的上帝向人主动显示它的意志，人们只能被动地接受它。同时，上帝又是道德的源泉和人生的目的，上帝圣洁、公义和仁慈，模仿神、像神一样生活是人生目的之所在。为此，每个犹太人都要遵守神的诫命和律法，按神的吩咐行事。

作为一种宗教律法，犹太教律法不同于各种世俗性的法律。摩西·门德尔松指出：“犹太教是一个不同于神启宗教的宗教，是一个不同于神启宗教的神启立法。”[①]犹太教的主体内容是犹太民族特有的律法，而不是一种独特的信仰体系或世界观。犹太教所要求的是行动的一致，而非教义的统一。通过一系列的诫命和律法，犹太教以上帝的意旨指引犹太人最终获得拯救的道路。正如美国学者昂格尔所说：“这些神的戒律先于任何人的意志指导的行为而存在，它们既

① ［德］摩西·门德尔松：《耶路撒冷：论宗教权利与犹太教》，刘新利译，山东大学出版社2007年版，第49页。

描述了发生什么事情又确认了什么是正当的行为，它们根本不考虑描述和规定的区别。而且，由于上天的立法者超越并脱离了时间的限制，因而，这些神的戒律适用于不同的社会和时代。”①

三、伦理规范构成律法的重要部分

犹太教不仅是最早的一神教，而且是伦理一神教。② 犹太教认为“善事是智慧的开端”，把信仰上帝与人的道德义务、责任结合起来。善根源于上帝，上帝及其律法是善恶的最终标准和根据。行善是上帝的道德命令，也是律法的应有之义。伦理道德和法律规范密不可分、融为一体、相互支持，律法既是法律规范，又是伦理规范。卡尔·白舍客指出：“以色列法律最后一个重要特点是：法律规范与伦理命令间有着紧密的内在联系。犹太法律（Torah）不单纯是一组法律条款，它还为一些伦理原则所补充和完善，这些伦理原则以正义的精神和在天主前的责任来教育人们。在这种架构的背后表现出了一种理念：只有法律规范是不足以公平应付团体中的各种需要的，尤其不能处理天主对人所拥有的绝对权利。……这些伦理与法律上的规范是以高尚民族精神的特征，同时这种高尚的民族精神又是以色列法律的标志。”③

依照律法而生活，是犹太教对人的伦理要求。在犹太教中，人被说成是“按照上帝的形象，照着上帝的样子”造成的，人活着就是要仿效上帝来生活。正当的人生就是履行神的律法，过神圣的生活，成为挪亚、亚伯拉罕、罗得、约伯那样的义人。在希伯来《圣经》中，先知弥

① [美]昂格尔：《现代社会中的法律》，吴玉章、周汉华译，译林出版社 2001 年版，第 75 页。

② 犹太教当中一直存在众多的派别，伦理一神教的主张主要来自近现代的犹太教改革派思想家。而传统的拉比犹太教则严格以宗教经典为根据，认为犹太教的核心是律法诫命，属于“律法的宗教”，其中尽管包含一些伦理要素，但并非伦理一神教。

③ [德]卡尔·白舍客：《基督宗教伦理学》第 1 卷，静也等译，上海三联书店 2002 年版，第 127～128 页。

迦有这样一句话："只要你行公义，好怜悯，存谦卑的心，与你的上帝同行。"(《弥迦书》6:8)怎样才能做到这样的要求呢？就是按律法行事。上帝已经在西奈山为以色列人启示了完整的律法，只要在实际生活中认真、切实地履行它们，就能达到上帝的要求。如《圣经》所说："耶和华又吩咐我们遵行这一切律例，要敬畏耶和华我们的上帝……我们若照耶和华我们上帝所吩咐的一切诫命，谨守遵行，这就是我们的义了。"(《申命记》6:20～25)《圣经》要求每一个犹太人"无论坐在家里，行在路上，躺下，起来，都要谈论"上帝的话，时时处处按上帝的教导行事，使日常生活成为神圣的生活，成为以神为中心的生活。

律法体现和维护上帝面前的平等。在《圣经》中，"我们要照着我们的形象、按着我们的样式造人……上帝照着自己的形象造人，乃是照着他的形象造男造女。"(《创世记》1:26～27)既然每个人都是上帝按着他的形象造成的，那么，每个人在本质上就是平等的，即在人格上没有高低贵贱，在基本人权上不存在有无和多寡的差别。所以在真实的上帝面前，人永远是卑微而不足道的。但是，每个人在任何别人面前，包括在国王、贵族、富人面前，都不存在本质上的差别。由于坚信人人平等，犹太人有足够的底气在权威和权贵面前说"不"，才敢于各抒己见、平等论争，才敢于求异创新，卓尔不凡。律法是上帝给予犹太民族整体的诫命和启示，所有犹太人都平等地接受和遵行。通过托拉律法的践履和遵行，犹太人实现了人与人在上帝面前的平等。

律法维护社会公正的伦理要求。律法中的公正，体现在立法、执法、司法、法律监督和法律遵守等各个环节。仅仅在《摩西五经》中，就有很多涉及公平审判和处罚的法律规范。例如："以命偿命，以眼还眼，以牙还牙，以手还手，以脚还脚，以烙还烙，以伤还伤，以打还打。"(《出埃及记》21:23～25)不仅立法要公正，而且司法要公正："不可做假见证去陷害你的邻人"(《出埃及记》20:16)；"不可在争讼的事上随众偏行，作见证屈枉正直"(《出埃及记》23:2)；"不可杀无辜和有义的人……不可受贿赂，因为贿赂能叫明眼人变瞎了，又能颠倒义人的话”(《出埃及记》23：7～8)。在早期犹太教历史上，公正经常表现为先知为下层民众追求权利和利益所做的呼求和斗争，公正是先知进行社会批判的尺度以及实现的目标。“惟愿公平如大水滚滚，使公义如江河滔滔。”(《阿摩斯书》5：24)先知尤其是后期先知的公义呼求，在托拉律法中充分体现出来，成为世代以色列人必须遵守的行为规范。

四、律法是犹太民族的生活之道

如果把“文化”看作特定人群的生存样式或生活方式，宗教律法作为一种法律文化，就是宗教群体和信仰者的生活之道。就其传统形式而言，犹太教显然并不只是一种宗教。它包括语言、文学、历史、习惯、社会结构，以及对于回归到一个祖传家园的渴望之情，构成了一个完整而无所不包的生活方式体系。犹太人是虔诚信仰宗教的民族，犹太教把敬神作为人生的一大义务。犹太教又是一种现世性宗教，从不把信仰世界与世俗世界对立起来。对世俗性的兼容、兼顾宗教信仰与世俗生活，是犹太教的重要特征。

律法是犹太民族的行为模式和生活之道，确立了犹太人崇拜和生活的特定方式。从律法的产生看，它是在犹太民族危机日益加深、各种斗争冲突持续不断的背景下生成和发展的，其间既有希伯来人与外来入侵者的斗争，也有民族内部君王贵族和平民百姓的斗争。在这一过程中，托拉律法充当了抵御外来侵略、调和阶级矛盾、巩固国家政权、促进民族复兴的工具。大流散时期，作为口传律法的哈拉哈塑造了犹太人的日常生活和文化特征，对犹太人的生活发挥实际的支撑作用。长期的散居状态下，律法成为犹太民族的精神支柱和行动指南。虽然寄人篱下，犹太人却从不抛弃传统的信仰教义、伦理规范和生活方式。不同地区的犹太社团形成的习俗不尽相同，但律法所蕴含的精神则为各地社团及其成员普遍接受。

如前所述，犹太教律法包括了“成文律法”和“口传律法”，二者涵盖了犹太人的宗教生活、家庭生活、社会生活、经济生活的各个方面，不啻于犹太人的生活指南大全。以色列民族之为一个与众不同的民族，是与他们独特的行为模式和生活之道密切相关的。犹太教的“经训”说：“以色列啊，你要听：耶和华我们神是独一的主。你要尽心、尽性、尽力爱耶和华你的神。”(《申命记》6:4～5)犹太人每天早晚要背诵“经训”，还将其系在手上为记号，戴在头上为经文，拴在门框上、城门上，以便时刻不忘对上帝的信仰和敬拜。

犹太教和犹太人关注的不是逻辑或神学的抽象，而是实际行动。正是这一思想倾向使其在律法方面结出累累硕果，而没有沉湎于对神秘事物或超自然现象的探究。《密释纳》中说：“无论是谁，只要他沉湎于对下述四种事物的思辨——天堂、地狱、生前和来世，那么，他就如同还没有来到这个世界一样。”(《喜庆祭》2:1)《革马拉》也宣称：“不要追求你无能为力的事物，也不要探究那些对你隐而不露的东西。如果是你力所能及的，那么就专心思索它们吧；不要理会那些隐秘的事物。”(《喜庆祭》13a)①古代以色列人所关注的不是彼岸的世界，而是此岸世界和现实生活，其整个一生都是与律法紧密结合在一起的，其行为与生活方式深受律法的熏陶。通过割礼、成年礼、圣日与节日、饮食律法、婚姻家庭等方面的规定，律法为犹太人塑造了一种不同凡俗的生活世界。

五、律法是犹太民族精神的体现

黑格尔说：“民族的宗教、民族的政体、民族的伦理、民族的立法、民族的风俗，甚至民族的科学、艺术，都具有民族精神的标记。”②德国历史法学派的代表萨维尼认为，每个民族都有自己的个性、自己的精神，即所谓“民族精神”，这一精神体现在包括法律在内的所有民族

---

① 转引自[美]大卫·鲁达夫斯基：《近现代犹太宗教运动：解放与调整的历史》，傅有德等译，山东大学出版社 1996 年版，第 113 页。

② [德]黑格尔：《历史哲学》，王造时译，商务印书馆 1963 年版，第 104 页。

制度中。他认为："在人类信史展开的最为远古的时代，可以看出，法律已然秉有自身确定的特性，其为一定民族所特有，如同其语言、行为方式和基本的社会组织体制。不仅如此，凡此现象并非各自孤立存在，它们实际乃为一个独特的民族所特有的根本不可分割的禀赋和取向，而向我们展现出一幅特立独行的景貌。将其联结一体的，乃是排除了一切偶然与任意其所由来的意图的这个民族的共同信念，对其内在必然性的共同意识。"[①]也就是说，法律是各民族历史发展所决定的民族共同意志或共同信念的反映，是一种民族精神的体现。

律法是犹太民族生活和历史记忆的基础，它确立了以色列民众崇拜和生活的特定方式。从历史上看，犹太人不是一个由血缘、地缘而是由上帝的律法结合而成的民族。作为一名犹太人，首先是属于一个民族，而这个民族的祖先与上帝立有圣约，要遵奉上帝的律法。《摩西五经》透露出，古代犹太人有着成熟的民族意识。"我祖原是一个将亡的亚兰人，下到埃及寄居。他人口稀少，在那里却成了又大又强、人数很多的国民。埃及人恶待我们，苦害我们，将苦工加在我们身上。于是我们哀求耶和华我们列祖的神，耶和华听见我们的声音，看见我们所受的困苦、劳碌、欺压，他就用大能的手和伸出来的膀臂，并大可畏的事与神迹奇事，领我们出了埃及，将我们领进这地方，把这流奶与蜜之地赐给我们。"(《申命记》26:5～9)

律法塑造了犹太民族的身份意识和社群认同。据希伯来《圣经》，在出埃及和西奈旷野时期，以色列百姓所知道的只有奴隶制和埃及文化，耶和华神却要把他们重整为一个全新的民族。他们不仅要被塑造成一支骁勇善战的军队，以征服神应许赐给他们祖先的土地，而且要被塑造成一个群体，既能在沙漠地带，也能在应许之地共同生活。"所以你们要谨守遵行(神的律例典章)，这就是你们在万民眼前的智慧、聪明。他们听见这一切律例，必说：'这大国的人真是有

① [德]萨维尼：《论立法和法学的当代使命》，许章润译，中国法制出版社 2001 年版，第 7 页。

智慧有聪明。’”(《申命记》4:6～7)早期犹太民族的生存和凝聚,离不开犹太教及其律法,律法被看作“智慧”和“聪明”,来自神的启示和恩典。

公元70年耶路撒冷第二圣殿被毁,随后近两千年里,犹太人失去祖国,流散到世界各地。虽然有些人被同化了,大多数人也不得不融入当地主流社会,但整体上,犹太教和律法仍是其保持犹太民族特征的精神纽带。散居犹太人之所以在各国依然坚持自己的信仰,在生活方式和日常行为上我行我素,要的就是一个“异”字,即在文化上表现出自己的独立性和独特性;要的就是通过这样的独立性、独特性而坚守自己的民族性,使处于“险境”的犹太人不致被同化,不致丧失犹太性或犹太人的身份。在他者眼中特立独行的行为规范,对散居犹太人来说,就是贤哲和拉比们对成文律法阐释形成的口传律法。

拉比犹太教认为,犹太人通过接受上帝的“诫命之轭”成为圣洁的民族。接受“诫命之轭”,就是遵奉《托拉》中的诫命律例。犹太贤哲提出“树藩篱以护托拉”,认为希伯来宗教与民族生存的全部意义就在于“捍卫托拉”。实际上,《托拉》也是民族的藩篱,律法构成联结民族的纽带。犹太民族经历了流离失所的亡国生活,唯有律法是他们精神上的支柱,行为上的指南。凭着律法中所蕴含的精神,流散世界各地的犹太人,能够紧紧地结合在一起。虽然他们寄人篱下,却从不抛弃传统的生活规范和伦理道德。与其说犹太人保护了他们的律法,使其持续不坠,不如说是律法护卫着犹太民族,使他们得以继续生存发展,免遭民族危亡的厄运。

第三节　律法的特征

一、律法具有整体性

从经典文本、价值追求、规范形态及治理模式看，律法意味着一种整体的、统一的法律文化。律法有着整体的规范制度和治理模式，塑造着统一的社会秩序和一体的生活方式。律法也有着统一的精神和价值追求，规范犹太人的外在行动和内在生活，进而追求个人的完善与民族和社会的公义。

首先，律法反映着整体的犹太文化传统。

在法律文化视域下，法律一方面是动态的文化现象，无法自外于其文化与传统，不同文化可能产生不同的法律；另一方面，法律是个实际的社会现象，与其所属的社会环境具有不可分割的关系。整个文化传统、整个社会环境皆为法律的背景，法律现象与政治、经济、宗教、道德、伦理等现象都存在一种交互关系。这种交互关系是辩证的，而不是单向的。法律体系一方面是个与社会其他部门划分开来的次级体系，另一方面也与其他部门一起置身于特定的文化脉络与整体的社会体系之内，彼此相互影响。比如在犹太教律法中，血亲复仇、避难城的设立、神判的意义，与文明初期的社会状况及人的思维模式紧密相连。

犹太教是个文化整体。对犹太人而言，犹太教不仅是一种表现为宗教典籍文献、宗教观点和宗教仪式的信仰形态，也是一种体现社会体制、风情习俗的民族文化传统，一种独特的生活方式。犹太教还是一种伦理道德，规定犹太人的生活准则和行为规范；犹太教更是令人敬畏的特殊戒律，随时提醒着犹太人与上帝的联系。犹太文化也具有统一性，它是以色列民族在长期的生活实践与社会实践中逐渐形成的、为本民族大多数成员所认同的、具有相对稳定性的价值观念与思想体系。比如，追求绝对一神的精神，强调唯神为尊，神圣信仰；先知精神，对现世的反省和对未来的洞观；救赎精神，追求来自上帝的救赎和提升；契约意识和律法精神，诚信交往，以法为训等。犹太教和犹太文化有着巨大的复杂性，又都呈现内在精神、文化特质上的"统一性"。

犹太教律法是犹太教和犹太文化的体现，反映着整体的宗教和民族传统。律法在希伯来—以色列文化架构中是一个全称文化范畴，它不是形式化、强制性和单向度的指称，而是一个综合各种文化要素的文化判断和价值判断。它在神人关系的架构中，融希伯来人的历史、宗教、文学、风俗为一体，以宗教诫命、法律规定、伦理道德、风俗习惯、政治制度为主要内容，是成文法与口传法、宗教诫命与世俗法、宗教道德与世俗道德、民商法与刑法等的汇集，涉及宗教生活与世俗行为的所有方面。① 开普兰认为，犹太教必须包括所有的社会习惯，从最朴实的民间习俗，到最正规的律法条文和具有最高自觉意识的伦理准则。应当从广义上来理解犹太教和托拉律法，它们是法律条文、伦理准则、民间习俗、礼仪规范的统一体。"对于犹太人来说，《托拉》的意义应该丝毫不亚于一种使个体能够在自己同现实的关系变化中实现肯定性和创造性调整的文明。任何残缺不全的《托拉》概念对于那些有助于犹太教的发展与生存的力量都是不真实的。《托拉》意味着一种完整的犹太文明。"②

其次，律法具有统一的经典文本和规范制度。

从历史传承看，犹太教律法一脉相承，具有统一的经典文本。作为成文律法载体的《摩西五经》，是个完整的法律文本。其中既有繁复的宗教礼仪的说明，也清楚地阐明了社会公义的准则。即使《摩西

① 参见谢桂山：《圣经犹太伦理与先秦儒家伦理》，山东大学出版社 2009 年版，第 88 页。

② [美]摩迪凯·开普兰：《犹太教：一种文明》，黄福武、张立改译，山东大学出版社 2002 年版，第 469 页。

五经》最初的内容也强调，实际生活中的表现也是对上帝敬拜的一个方面。《摩西五经》的目的在于，使犹太人回归与上帝的圣约，活出上帝子民的风范，进而实现信仰与生活的统一。到了大流散时期，经过对口传律法的整理和编辑，《密释纳》和《塔木德》等拉比文献逐步成形，并表现为多种规范制度与法学意见的汇集。按照拉比犹太教的说法，《托拉》就是犹太教，《塔木德》就是犹太教，律法的经典文本和规范制度构成一个整体。

犹太教律法是一体多元的法律文化体系。从规范形式看，律法主要表现为成文律法和口传律法的结合，通过不断的以经释经得以发展。除了成文和口传律法，还有社团法令、禁忌与戒律、礼仪与节日等多种规范形式。一定意义上说，各种律法规范都是围绕"十诫"而展开的解释和评注。《摩西五经》有一个基本历史框架，即希伯来民族先祖从两河流域移居迦南，雅各率众子为避饥荒到埃及，摩西带领以色列人再从埃及回到迦南地，准备夺取那里的产业。借鉴周边文化中的"约"的形式，律法被视为神人约的内容，是上帝的启示和命令。律法采取了叙事故事与律法诫命相结合的形式，历史叙事在整体意义上是对律法规范的"阐释"。借鉴古代近东法典中流行的"必然"与"决疑"两大体裁形式，律法从形式上分为决疑式律法和绝对确定的律法。但它与古代近东其他法之间最大的差异，在于它是耶和华神给予希伯来人的律法，强调了律法是神的意志的表现。

从规范内容看，律法既涉及信仰规范、祭司礼仪、伦理规范、饮食律法、节日圣日、习俗习惯等，也有针对世俗的各种具体规定，涉及土地、财产、婚姻、家庭、继承、犯罪、审判等民法、商法、刑法等各方面内容。律法既调整人的外在行为，也深入人的内心。律法的命令性条文中，不仅谈及行为与态度，也涉及引致禁止之事的一切动机、诱因或压力。在《摩西五经》中，律法由上帝直接或间接颁布，以神人约的形式表现出来，其中既有赐福的规定，又有惩罚的规定。拉比犹太教认为，律法不是一张完整的清单，它无法将古代以色列人为了讨神喜悦所能做或当做的事全部罗列出来。相反，律法所呈现的是忠于神的范例或样本。613条律法仅仅是犹太教律法的一个总纲，律法的法典中容纳了来自各方的观点。在犹太教传统看来，律法是个整体，其中的各个部分同等重要。比如，礼仪的遵守，不管是在理论上，还是在实践中，都被认为与民事律法和伦理原则同等重要。

再次，律法意味着统一的社会秩序和生活方式。

在法律文化视域下，犹太教律法不仅是静态的规范制度，而且是动态的、开放的体系，是信仰观念、规范制度和行为实践的结合。犹太教律法作为一种纠纷解决机制、社会治理模式和秩序形成模式，在追求目标、权威机构、惩罚机制和秩序形成等方面，具有自己的特征。律法的追求目标可以看作一种宗教文明秩序或神权政治。在这种文明秩序中，政治、经济、文化以及社会生活的各个方面无不统合在信仰观念和原则的规范之下。耶和华神作为概念范畴的创造者、规范制度的设计者、世界的本质和人的生命源泉享有最高权威，自由与公义的追求完全寄托在对神的服从和听命上。就权威机构而言，《塔木德》中的证据表明，在圣殿被毁、国家沦丧之时，以色列的土地上曾经存在着一个完整的法庭体系，其功能是裁定宗教习俗的疑问，审判违法分子，以及解决争议。人们还进一步断定，这一体系从国家生活的最初阶段就一直存在着。

从惩罚机制和秩序形成方式看，律法是他律与自律、禁锢与自由的统一。一方面，它强调外在的强制与惩罚；另一方面，犹太人对律法充满敬畏和爱，认为律法是上帝之道，给予人以自由。律法注重践履和实行，强调走上帝之路。心归向上帝，遵行他的道，谨守律法和诫命，是神人关系良好的基础和条件。开普兰认为，托拉的概念通过暗示的形式强调了一个极其重要的真理：人类社会与低级动物群体应该说是不同的，因为人类社会并不是把本身的凝聚力建立在本能的或血缘关系的盲从力量之上，而是建立在创造一种生活方式的共同目标之上，其中每一位成员作为一个自由个体应该遵守这种生活方式。①

律法是犹太人的生活之道。关注今生现实,在日常生活中遵守上帝律法,最终实现改造现实的目的,是犹太教的根本旨趣。按照犹太教拉比的理解,律法触及人类生活的各个方面,它所处理的是人类的全部存在,宗教、道德、肉体生活甚至迷信活动。事实上,涉及人的一切无一不落入律法所关照的范围之内。犹太教传统认为:“在实施一项宽松的‘律法’时,要像实施一项严厉的‘律法’同样地小心谨慎才是,因为你并不知道这些内容各不相同的‘律法’的报偿是什么。”②不管在巴勒斯坦还是大流散中的犹太人,当他们准备为了《托拉》而牺牲一切的时候,他们所奋力保护的正是作为整体的《托拉》。他们决不能安之若素地去思考这样一个《托拉》,即其中的一类或几类律法条文根本就不起什么作用。尽管许多律法看起来不如其他那么重要,但是拉比们教导说,每一条律法都是重要的,无论它看起来多么微小。

最后,律法具有统一的信仰原则和伦理精神。

作为独特的法律文化形态,律法不仅是一种规范和秩序体系,也是一种价值和意义系统。律法的内容,既反映了一定的社会关系,也反映了一定的文化追求。律法不仅揭示特定时空中的民族生活样态和生存方式,也揭示了特定人群的心灵世界、信仰观念和价值追求。律法有着统一的精神和价值追求,规范着人的内在生活和外在生活,追求着个人的完善和民族与社会的公义。

律法意味着一种整体性的精神秩序。海舍尔指出:“我们不仅要尽力避免疏忽了对个别诫命的遵守,而且要尽力避免丧失了诫命的整体,丧失了对犹太生活的精神秩序的归属感。犹太生活的秩序不

---

① 参见[美]摩迪凯·开普兰:《犹太教:一种文明》,黄福武、张立改译,山东大学出版社 2002 年版,第 468 页。

② [美]摩迪凯·开普兰:《犹太教:一种文明》,黄福武、张立改译,山东大学出版社 2002 年版,第 51 页。

是指一套仪式，而是人的全部生活秩序，它决定了一个人的一切品质、兴趣和性情；不是指履行个别的行为，偶尔地采取某些步骤，而是指追求一种道、一种方式、一种走在‘道’上的状态；不是指为了实现某种目的而采取的行动，而是指一种献身于某项使命的状态，归属于某种秩序的状态，在这种秩序中，个别的行为、一切宗教情感、偶然产生的情绪、道义上的插曲都成了一个完整模式的一部分。”①

在犹太民族看来，上帝宠幸以色列人，为此给了他们一部丰富的《托拉》和众多的诫命。律法之于以色列人，是净化和提升自己、追求圣洁目标的手段和途径，是值得尊崇和热爱的。遵法行为与内心虔敬有机统一，律法被认为来自于神，守法是为了效仿神，最终像神一样公义、圣洁和仁慈。在犹太人看来，律法是神人立约的产物，是神人约的主体内容，遵守律法、成为义人，就是回归神人之间的和谐状态。《托拉》有一种把生活富足，即获得拯救赋予那些按照它的诫命去规范自己的行为的人的内在力量。据认为，这种生活方式不应该被看成是某种我们必须服从的任意的东西，因为这样我们就不能主动地去实践了；而是应该看成是具有内在的正义与良善，因而我们可以接受作为一种自由选择的行为。②

二、律法具有动态性

犹太教律法是一种动态的法律文化。从动态的观念看，律法是古代以色列社会多元传统的累积，其叙事历史与律法诫命的有机结合，显示出律法与周边律法的明显差异。律法作为一种动态的法律文化，其中规范制度与信仰观念、律法行为与内心虔敬的统一，使其能够在艰难处境中保持生命与活力。

---

① [美]亚伯拉罕·海舍尔：《觅人的上帝：犹太教哲学》，郭鹏、吴正选译，山东大学出版社2003年版，第284～285页。

② 参见[美]摩迪凯·开普兰：《犹太教：一种文明》，黄福武、张立改译，山东大学出版社2002年版，第467页。

首先，律法是一个累积的文化传统。

犹太教律是一个不断丰富和演进的法律体系。作为整体法律文化的律法，来源于古代以色列社会多元传统的累积。虽然按希伯来《圣经》的叙述，以色列人在西奈的立约只有一年的时间，但其中所包含的律法却定然经历了不下千年的实际流传，多层的文化传统在这些律法中累积下来。累积的传统本身是人的创造，但它体现人的信仰。累积的传统作为一个观念，不论在内容上还是形式上，都不是不可改变的或者最终定型的。它不是由这个世界所赋予的，而是一个用来安排整理所赋予的东西的人性的建构物。开普兰指出："当古人谈起《托拉》时，他们远不是像我们现在这样有一种'书本'概念。当我们认识到，对于他们来说，《托拉》实际上是犹太民族文明的一种积淀时，可以说我们已经最接近能够体验到他们对于《托拉》的感觉了。作为可见之物，文献的重要性主要在于它们是这种文明的象征，这同圣殿和约柜的重要性在于它们是上帝的实在和存在的象征是完全一样的。"①

相同的处境和问题，往往有着不同的应对方式。古代以色列人认为，对于上帝启示和旨意的传达和阐释有多种途径，可以通过律法诫命，也可以通过叙事历史或者智慧文学。律法的规范制度与价值追求，从根本上说是由以色列人在拯救历史中与上帝交往的经历决定的。犹太教的经典文本，充分运用了以色列人的历史记忆和"心灵的经验"，用以彰显律法的信仰和伦理价值。托拉律法常常采用"因为……"等"动机子句"的表达形式，来说明其生成来源和历史根据。比如："不可欺压寄居的，因为你们在埃及地作过寄居的，知道寄居的心。"(《出埃及记》23:9)如此，以色列人"流亡与回归"的历史记忆，就被融入对当下行为模式的规定之中。因而，希伯来《圣经》和《塔木德》等经典中，相当多的律法规范和制度安排，需要结合叙事历史才

---

① [美]摩迪凯·开普兰:《犹太教:一种文明》，黄福武、张立改译，山东大学出版社2002年版，第466页。

能得以理解。

与之形成对照的是,在当时的周边国家中,法典形式基本上都是规范条文的罗列,没有对于历史背景的解释和伦理道德的阐发。其中,古巴比伦王国的《汉漠拉比法典》就是典型例子。犹太教律法的独特性在于,它能够不断地从叙事历史中汲取养分,并以"心灵的经验"或群体的记忆作为佐证,展示律法诫命的正当性与合理性。犹太教传统认为,律法诫命与叙事历史不可分割,认识上帝、顺服上帝并不意味着仅仅服从规范制度,而且要在个人和社会层面上体验上帝的公义、圣洁和慈爱。圣经宗教在根本意义上是一种历史宗教,上帝的本性、神人之间的关系乃启示在以色列人之为立约之民的历史经验之中,因此,在希伯来《圣经》中,蕴含着上帝之与现在的信仰群体、未来的历史命运之间发生关系的基本原则。在此意义上,希伯来《圣经》中的历史经验与信仰传达,乃是一代又一代的与上帝立约的圣民的精神资源,是现在和将来的信仰群体的永恒参照。[①]

其次,律法是一个动态的法律文化体系。

从法社会学的观点看,法律不是一个静态的、封闭的框架,而是一个动态的、开放的社会系统。法律既是一种文化传统,又是一种生活现实。作为一种传统法律文化,犹太教律法一直没有中断,它融汇东西文化,贯通古今,强调内心严格自省性,是一种伦理性的精神遗产。根据拉比犹太教的说法,"《托拉》,摩西受自西奈,传之于约书亚,约书亚传众长老,众长老传众先知,众先知则传之于大议会众成员。他们所言要事有三:慎于判决;广树门生;设屏藩以护《托拉》。"[②]利奥·拜克指出:"发展的概念,特别是以人格化为条件的发展概念,对理解犹太教的成长有着根本意义,《圣经》中的一切都为犹

① 参见游斌:《希伯来圣经的文本、历史与思想世界》,宗教文化出版社 2007 年版,第 559 页。

② 《阿伯特:犹太智慧书》,[以色列]阿丁·施坦泽兹诠释,张平译,中国社会科学出版社 1996 年版,第 13～14 页。

太教——从亚伯拉罕到摩西再到耶利米，从耶利米到《约伯书》的作者——指明了所必须遵守的道路。不同时代的这种历久不竭的连续性赋予犹太历史以相同的特征。只有从犹太教的整体出发才能真正理解犹太教。"①

希伯来《圣经》奠定了犹太教稳固的基础，使得犹太教能够经受住变化和外来冲击的考验。律法是希伯来《圣经》中最重要的部分，它采取了耶和华与以色列人立约的方式，是上帝对以色列人之为"祭司的国度，圣洁的国民"的本质规定。《塔木德》是仅次于《圣经》的犹太教经典。"《塔木德》的意义在于为犹太教筑起一道保护性篱笆。就这一点而论，在犹太教受压迫的岁月里，《塔木德》享有特殊的荣誉和受到特殊的珍爱。犹太人从《塔木德》那里得到护卫，所以反过来他们又护卫《塔木德》。因为《塔木德》既与《圣经》相互支持，其地位又仅次于《圣经》，所以它保证了以色列人的宗教不至于误入歧途。犹太教的历史性延续以及持久性的均势，主要是由《圣经》所拥有的权威特征以及《塔木德》所获得的决定性权威地位来保证的。"②

犹太教的律法传统不是一种僵死的历史遗留，而是活生生的法律文化体系。律法一方面表现为以色列人信仰和生活经验的结晶，是传统历史处境的反映；另一方面，也表现为应对当下法需要的整体性的行为模式和价值体系。正如路易斯·芬克尔斯坦教授所说："我们是要把犹太教作为一个敏锐的而不是盲目的宣传正义的体系来接受的。要做到这一点，就要把犹太教从博物馆里的僵死的存物变成活生生的、充满弹性的传统。《汉谟拉比法典》一成不变地躺在卢浮宫中，而《托拉》要在人们生活中求得生存，就必须具备这一切的特征：生动性、适应性和流动性。"③

---

① [德]利奥·拜克：《犹太教的本质》，傅永军、于健译，山东大学出版社 2002 年版，第 14 页。

② [德]利奥·拜克：《犹太教的本质》，傅永军、于健译，山东大学出版社 2002 年版，第 15～16 页。

③ 转引自张倩红：《犹太人》，三秦出版社 2003 年版，第 136 页。

第二章　犹太教律法的生成和演变

第一节　文化背景

在法律文化视域下，法律是动态、多元、具体的社会文化现象。法律不仅存在于活生生的社会中人们的行动里，而且存在于特定的文化传统与历史脉络里，可以根据法律置身于其中的文化样式或文化类型来把握它。文化样式或文化类型是在长期的历史经验中形成的，其中，一个社会的早期经验尤其重要。就犹太教律法而言，其价值追求、规范制度和治理模式无不与整体性的犹太教和犹太文化紧密相关。离开这些社会文化背景，根本无法理解律法的生成和演变。

一、应对民族危机的坎坷历史

犹太教律法与以色列民族的生存处境紧密相关，是一种民族的生活方式和文化创造。这种文化创造，既包括规范制度和秩序形态，也包括价值和意义系统，以及民族性、国民性等多个层面。犹太教的精髓不仅是以理论形式出现的“观念”，而且是犹太人历史存在的一种体现，是犹太教在历史上应付它所面对的各种环境构成的种种挑战时展现的现实历史进程。内含于最初概念中的犹太教教义和律法，是在历史进程中逐步显现的，犹太教的整体性只有在它的历史中才能分辨出来。

犹太教律法是古代以色列人应对不断出现的民族危机，实现民族生存和整合的需要。民族危亡之际，为避免被其他民族所同化，求得整体的民族生存，古代以色列人通过托拉律法，树立了与众不同的信仰和生活方式。在希伯来《圣经》中，律法诫命和历史叙事是紧密结合在一起的，民族生活和历史记忆贯穿于律法之中。律法规定了以色列民族的生活和生存方式，以色列民族是律法的民族。"神为以色列人确立了在群体之中共同生活和预备与耶和华建立关系并敬拜耶和华的方式，这是神给他的子民的恩赐。同时，律法也确立了他们与周边文化关系的界限。"①

据希伯来《圣经》记载，摩西带领以色列人逃离埃及后，以色列人内部开始出现混乱。有人埋怨摩西不该把他们带出埃及，使他们衣食无着，在旷野受苦遭罪。还有人违反一神教的基本原则，擅自铸造并崇拜金牛。在尚未立国、自然条件十分恶劣的情况下，以色列人面临着生存危机、民族危机和信仰危机。在这样的艰难时刻，摩西宣称上帝与以色列人立约，并赐给"十诫"和众多的律例典章，使以色列人成为"上帝的选民"。凭借着上帝的绝对权威，摩西用律法统一了思想，稳定了人心，维系了以色列人的道德秩序和社会秩序，使之作为一个民族整体生存和延续下来。"十诫"成为律法体系的核心和基础，众多的律法围绕它而不断生成和演化。

尼希米和以斯拉改革时期，在巴比伦流放回归的社团中出现严重的宗教问题和社会问题。宗教信仰方面，首先是祭司阶层的情况堪忧，无法称职地担负自己的责任；其次是百姓不守律法，不献什一税，甚至产生对耶和华神的怀疑；犹太人与异教徒通婚现象普遍，也必然带来信仰的混乱。在社会生活中，则存在着种种不义的现象：富人欺压穷人，丈夫恶待结发妻子，百姓丧失对公义的信心。这些现象不但使民族复兴、重建独立国家的期望可能成为泡影，还面临使回归

① [加]戈登·菲、[美]道格拉斯·斯图尔特：《圣经导读（上）——解释原则》，魏启源等译，北京大学出版社 2005 年版，第 136 页。

百姓逐渐失去民族特征、与外邦人同化的危险。因此，改革势在必行，而要保证改革成功，就必须凝聚民族精神。为达到这一目的，建立《托拉》律法的至高权威就成为当务之急。伴随《摩西五经》及成文律法的初步形成，律法体系的主干框架建立起来。

"散居"(Dispora)是犹太人分散侨居世界各地的特定文化现象。继公元前 586 年发生的"巴比伦之囚"后，散居成为犹太人不得已的历史选择。公元前 4 世纪，亚历山大大帝征服巴勒斯坦后，许多犹太人流亡到希腊化国家。公元 70 年第二圣殿被毁以后，被罗马帝国征服的犹太人不得不离开故国家园，先是散居在中东和地中海沿岸诸国，而后到达西欧、北欧和东欧，逐渐遍及世界各地。散居时期的犹太人侨居于宗主国，长期居于少数民族地位。作为少数民族的犹太人比以前更直接地面临被同化的危险，因此也比以往具有更强烈的忧患意识和危机感。通过遵行践履上帝赋予的律法，通过历代贤哲对律法不断的解释、评注和发展，犹太人得以保持宗教信仰和民族身份的独特性，身处险境而不致被同化。

犹太民族经历了坎坷的历史命运，表现出顽强的生命力。如果没有这种强盛的生存能力和生命力，在大流散、长期反复遭受迫害的境遇下，作为整体的犹太民族可能早就不复存在了。犹太人在哀叹自身苦难遭遇的同时，也为其具有能在苦难遭遇中生存、发展的强盛生命力和巨大潜能感到自豪，他们把自己比喻为"沙漠中的仙人掌"。犹太教不主张其信仰者遁居世外，以独善其身来获得永生，而是要求他们在与他人、与集体的交往中提高伦理水平，进而求得整个社会的稳定和发展。犹太教律法的生成和演变，正是在应对民族危机、求得民族生存的历史进程中展开的。

二、独特的选民文化与精神隔都

犹太文化与中国文化相比，最大的区别在于它们截然不同的文化性格和文化流程。中国文化自发轫至成长和沿革，始终固着在特定而稳定的地理空间，代表着传统的"农耕文化"的范式类型。犹太文化的产生及存在方式，则代表了另一种完全不同的文化类型。文化类型的差异不是先验的，而是在历史演进中逐步地形成的。人类早期历史经验中形成的传统，对于文化未来的发展具有特殊的重要性。不同的文化类型和文化格局，孕育出不同的法律文化形态，其规范制度、社会治理和价值追求等方面就表现为很大的不同。

犹太人曾经从部落生活转向建立起来的王国生活，有了圣殿祭祀；然后又转向作为少数族群文化的流散生活。从社会结构看，古代以色列是由部族社会、游牧社会，逐步过渡到农业社会、君主制国家，后来历经两千年的流散状态，总体上缺乏大一统的统治格局。从社会性质看，早期的以色列是神圣社会，追求祭司的国度与圣洁的国民，强调选民意识。从历史演变看，犹太人有着长期流散的历史命运；与周边文化、所在国文化有着被迫和不自觉的交流与对话；在散居状态下，律法发挥了信仰维系、民族整合、文化空间构建等方面的作用。

与犹太人的社会结构和历史演进相关联，犹太文化将宗教与世俗、信仰与功利、理性与非理性、超验与经验等多种矛盾、分裂的范畴、要素整合一体，在文化的建构方式、文化本体构成乃至文化发展程式上都体现出鲜明的矛盾、运动特征，形成一种典型的动态文化结构。犹太文化的历史发展不仅呈现了鲜明的文化独特性，也由于其历史发展中吸纳了诸多异质文化要素，适应了诸多文化环境而表现出一种特定的文化理论上的普遍意义，而这种普遍意义本身无疑进一步丰厚了犹太文化的独特性内容，因此，犹太文化也许在一定意义上可被视为一种文化理论视野里的“选民文化”。这是一种贯通了东西方文化，既有鲜明的文化特质，又可能相对集中地呈现了诸种文化规则的文化事实。①

虽然早期犹太文化相对集中地产生在巴勒斯坦和中东地区，但

① 参见刘洪一：《犹太精神：犹太文化的内涵与表征》，南京大学出版社 1995 年版，第 138 页。

在犹太文化的历史沿革中，其成长的空间环境发生了明显的变化。犹太人漂泊、浪迹在世界各地，在不同的居住地形成了规模大小不一的犹太聚集区或称犹太社区（隔都）。“大流散、小聚集”这种形式从犹太人进入流散时期就已经存在了，但是在居住地被当地政府用法律形式进行“隔离”则始于12世纪末期。在第三次拉特兰会议上，通过了禁止犹太人与基督徒居住在一起的法律条文。到14、15世纪时，对犹太人强制隔离的做法在欧洲已经很普遍了。在中世纪的欧洲，犹太人在政治、经济和社会文化生活等方面均被排除于主流社会之外。由于犹太文化常常处于一种空间的转换之中，由于犹太人的文化历史在很大程度上表现为一种历时性的流浪式的文化迁徙和文化演变，因而营造了犹太文化独特的结构事实和存在方式，呈现了世界文化史上一种独特的“隔都”与“精神隔都”现象。[①]

尽管散居是国家沦亡的结果，对犹太文化的发展却至关重要。正是由于散居，本来闭关锁国并以“上帝的选民”自居的犹太人才有机会接触异国文化，才不得不接受外来文化的影响。“许多民族即便暂时为异族统治，在自己的国土上依然会保持民族独立性。但是，没有哪一个民族能够在几千年的流亡中如此顽强地维护自己民族和宗教的特性，从中汲取力量并重新站起来。散居异乡仍能忠于自己民族的非凡力量是犹太民族所独具的。这正是犹太民族无与伦比之处。……在巴比伦流亡地，以色列人或者更确切地说，现在的犹太民族，就已经有了代表自己世界观和生活方式的‘犹太教’。”[②]虽然“隔都”人为地将犹太人从非犹太社会中分离出来，但与此同时，“隔都”内的生活又将犹太人紧紧地凝聚在一起，使犹太人非但没有被同化，反而完整地保留了自己独特的宗教信仰、文化传统和生活方式，包括独特的律法体系和法律精神。

---

① 参见刘洪一：《犹太文化要义》，商务印书馆2004年版，第66页。

② ［以色列］阿巴·埃班：《犹太史》，阎瑞松译，中国社会科学出版社1992年版，第61页。

第二节　法理阐释

一、以生成作为阐释律法的路径

“生成”(Becoming)作为一个哲学概念，既指一个事物从无到有的生长发育过程，又指该过程的结果，即该事物已经成型或者已经正式存在。19 世纪以来，西方各种实证法学流派出于对神圣立法或精英立法观念的批判，相继表述过法律生成的思想。比如，萨维尼主张，法律就像艺术和语言一样，是民族文化的自然体现，是自发地、不知不觉地生成的。从起源来看，“一切法律均缘起于行为方式，在行为方式中……习惯法渐次形成；就是说，法律首先产生于习俗和人们的信仰，其次乃假手于法学——职是之故，法律完全是由沉潜于内、默无言声而孜孜不倦的伟力，而非法律制定者的专断意志所孕就的”[①]。严存生先生指出，法的生成指的是法从无到有的发生过程；这个过程带有很大的自发性、自然性，它是一个“自然历史过程”。实质上，法的生成是一个社会对新出现的带有普遍性的社会问题形成共识，进而寻找一种根本性的解决办法的过程。从运行机制看，法的生成是对法需要的应对和满足，社会纠纷及其解决是法的生成的机制和途径。[②] 在西方法学界，法律生成说作为一种阐释路径，对于早期社会法律现象的解说具有一定的影响力。

实际上，律法的产生和演变，在犹太教传统和近代以来的圣经批评学中有过种种解说，形成了多元化的阐释视角。正统的看法认为，律法是上帝的启示，无论成文的还是口传的律法，都来自上帝。在希

---

① [德]萨维尼：《论立法和法学的当代使命》，许章润译，中国法制出版社 2001 年版，第 35 页。

② 参见严存生：《法的理念探索》，中国政法大学出版社 2002 年版，第 163 页。

伯来《圣经》叙事中，律法诫命产生于西奈山的神圣背景中。其时雷鸣电闪，火云缭绕，角声大作，但闻其声不见其人。在神秘、庄严的气氛中，摩西代表以色列人与上帝立约，领受了神的诫命和律法(《出埃及记》19:16～24)。因此，律法被看作上帝给予以色列人的启示，律法的神圣性和权威性来源于上帝。上帝是永恒的，律法也就牢固不变，可以适用于不同的社会和不同的时代。正如摩西所言："所吩咐你们的话，你们不可加添，也不可删减，好叫你们遵守我所吩咐的，就是耶和华你们神的命令。"(《申命记》4:2)

拉比时代的犹太教经典《密释纳》被称为口传律法，据说它也是上帝在西奈授予摩西的，只是摩西没有书面记载下来，而是以世代口头相传的方式流传下来。正如《塔木德·阿伯特》开宗明义指出的那样："《托拉》，摩西受自西奈，传之于约书亚，约书亚传众长老，众长老传众先知，众先知则传之于大议会众成员。"对于犹太教信仰者而言，《托拉》与《密释纳》因其神性的来源而成为神圣的、具有无上的权威性，其中的诫命律法是犹太人必须谨守遵行的。律法与古代周边国家法律最大的差异，在于它被认为是上帝给犹太人的启示和诫命，是神的意志的表现形式。

18 世纪以后，以理性和科学思维为基础、以历史批判方法为主导的圣经批评学，在犹太研究中占据了主导地位。这些学者主张将犹太教看作是在历史中产生和进化的宗教，认为经典文本需要放到具体的社会背景、历史文化条件下加以理性分析。圣经批评学的研究成果是，认为律法主要载体的希伯来《圣经》，是不同时代、不同作者作品的汇集，成书过程历时近千年。其中，公元前 13 世纪前后出现的"十诫"，构成了律法的核心和基础。"巴比伦之囚"时期形成的《摩西五经》，则为律法筑起了主体框架。从公元 70 年开始的大流散中，有关律法的解释、评注、实施细则和法典大量出现。口传律法于 200 年前后被搜集整理编撰为《密释纳》，500 年左右对《密释纳》的阐释和评注形成《革马拉》，二者合称《塔木德》。在这一阶段，各种社团法令、《律法答问》和法典等律法形式也相继出现。

近些年来，一些深受犹太传统影响的学者认为，历史批判方法不适用于对犹太教经典及律法的解释。在他们看来，《托拉》是神的话语，犹太教的律法、礼仪和习俗内化于以色列人的灵魂中，具有超越时空的意义。圣经批评学在研究中广泛采用历时法，而对共时法有意加以忽略。造成的后果是，许多学者发现难以将《摩西五经》作为一种统一连贯的叙事来阅读。因此有学者建议，对理解圣经文本建构过程而言，现在更应重视共时法，以将《摩西五经》看成一个连贯的叙事。[①] 海舍尔指出："原子化或普遍化，只见部分而不见全体，或者只见全体而不见部分，都肯定会让人领会不到律法的意义。"[②]开普兰认为："一种文明并不是一种蓄意的创造。它就像任何一种活的生物体一样，是一种自发的生长。它一旦存在，便可以被引导和定向，但是，它的存在却必须要由一种民族传统的责任感和作为一个民族生存的意志来决定。文明并不是来自于有计划的合作，而是起源于长期的不可避免的共同生活、工作和奋斗。"[③]类似种种，可谓真知灼见。

宗教现象的复杂性和阐释角度的多元化，决定了律法经典阐释的丰富多彩。依照解释学的说法，"尺度创造现象"，我们观察世界的方式在很大程度上决定了我们能观察到的世界。"一切阐释框架，无论是数学公式、私人日记还是中世纪的神学，都是以特定方式摄取世界图像；所有这些图像各有其独特的视角，也各有其本身的局限。"[④]事实上，各种宗教阐释既有相互冲突的一面，也有相容共生的一面。

---

① 参见[美]T. D. 亚历山大：《摩西五经导论：从伊甸园到应许之地》，刘平、周永译，上海人民出版社 2008 年版，第 85 页。

② [美]亚伯拉罕·海舍尔：《觅人的上帝：犹太教哲学》，郭鹏、吴正选译，山东大学出版社 2003 年版，第 284 页。

③ [美]摩迪凯·开普兰：《犹太教：一种文明》，黄福武、张立改译，山东大学出版社 2002 年版，第 208 页。

④ [美]W. E. 佩顿：《阐释神圣：多视角的宗教研究》，许泽民译，贵州人民出版社 2006 年版，"再版前言"第 2 页。

因而，各种阐释途径和方式都应受到理解和尊重。本书从法律文化的立场出发，运用法律生成说作为阐释路径，探讨律法的生成和演变轨迹。从生成的角度阐释律法，会看到律法的形成不是基于特定历史事件横空出世，而是经历了一个长期的、不断生成和演变的过程。

二、从叙事历史中寻找法的需要

依据法律生成说，社会对法的需要是法律产生和存在的客观基础。法的需要是一种特殊的社会需要，它最初表现为人们对社会秩序的需要，其中包含生命财产的安全、行为结果的可预见性等；进而表现为对个人自由、社会正义的要求。具体地说，法的需要直接表现为社会纠纷需要法律来解决。当出现一种新的社会纠纷，采用其他途径和方式已无法解决，需要动用法律的手段时，法的需要就呈现出来。一个社会中法的需要的增长和对解决方式的探索，就是法律的生成。[①] 可以说，社会对法的需要，就是特定群体在历史处境中面临现实问题时，产生的对于秩序和公义的需要。从生成的角度看，犹太教律法无论是成文律法还是口传律法，归根结底是犹太人社会文化的反映；是犹太人面对困境，为满足信仰和生活的需求，而提供的应对危机的解决方案。没有相应的律法需求，律法就无以产生和发展。

犹太教律法作为整体的、动态的法律文化体系，来源于古代以色列社会多元传统的累积。其中，律法诫命与叙事历史作为两种文化传统紧密相关。叙事历史包含着律法诫命的价值和精神，律法诫命只有放在整个叙事历史中才能得到理解。律法诫命集中呈现在希伯来《圣经》和《塔木德》等经典中，其中的《创世记》故事、出埃及和西奈立约、巴比伦之囚和回归、公元 70 年开始的大流散等叙事历史，构成律法生成与演变的文化背景。透过经典文本中的叙事历史，可以观察社会对律法的需要如何萌生和孕育。解释学认为，体系选择事件，结构赋予意义。经典文本中的叙事历史，既是耶和华神的拯救史和

① 参见严存生：《法的理念探索》，中国政法大学出版社 2002 年版，第 165 页。

以色列民族的生存史，也是人性教化与精神提升的历史。叙事历史从根本上说是人们构想出来的，是一种民族群体的记忆历史或心灵经验。通过对叙事历史的考察，可以揭示以色列人在不同时期，面临民族危亡、信仰混乱、道德缺失的困境，对于秩序、公义、圣洁的迫切需要和呼唤，对于社会纠纷如何解决、和谐理想如何实现的恒久探索。

犹太教经典文本中，叙事历史常见的框架是“悖逆—惩罚—悔改—拯救”，可以概括为“流亡与回归”。叙事历史的主题，与古代以色列社会中人心、人性的变迁密切关联。在《摩西五经》中，叙事历史就是一长串的关于以色列人不义、悖逆并最终获得拯救和恩典的故事。犹太教传统认为：出埃及和西奈立约等历史事件，是以色列人作为上帝的特选子民的开始；以色列人得到的福祉和惩罚，以及他们与邻国的关系变化，是遵守或违背圣约的结果。流亡与回归、人性的悖逆与公义的追求构成一系列拯救故事的主题。这种叙事历史的架构，表现出古代以色列人对于民族生存的关注，对于不义和悖逆的人性加以改造的努力，最终表现为对信仰和伦理目标的追求。律法的生成和演变，从根本上说是由以色列人在拯救历史中与上帝相遇的经历决定的。

在《创世记》最初的伊甸园故事中，神人关系是和谐的。因为人类始祖的过错，神与人开始疏离。由此，人得到的惩罚是：“地必为你的缘故受诅咒；你必终身劳苦，才能从地里得吃的。地必长出荆棘和蒺藜来，你也要吃田间的菜蔬。你必汗流满面才得糊口，直到你归了土。”（《创世记》3：17～19）后来，亚当的子孙罪恶甚大，“终日所想的尽都是恶”，上帝就甚“忧伤”，“后悔造人在地上”，于是兴起洪水。（《创世记》6：5～6）洪水退去后，上帝与义人挪亚立约，颁布“挪亚七诫”，使挪亚的子孙得以布满地面。后来的人类又因欲望膨胀而建造巴别塔，惹得上帝生气发怒，但神并没有再予以毁灭性的惩罚，而仅仅变乱了他们的语言而使之功亏一篑。到了以亚伯拉罕为代表的族长时代，上帝对人间事务的直接干预减少了，转而通过神人立约来规范人类的行为，“约”的内容就是律法诫命。即便如此，《圣经》仍然记录了所多玛和蛾摩拉的毁灭教训。《民数记》中的叙事历史显示，尽管以色列人看到上帝施展大能将他们从埃及为奴之地解救出来，他们还是牢骚满腹，希望重返埃及。更有甚者，在摩西代表民众领受神圣律法之际，有人还在崇拜偶像、公开悖逆耶和华神。最终的后果是，经历出埃及的整整一代成年人不能到达应许之地。在《申命记》叙事中，当摩西命令利未人把律法书放到约柜旁时说：“因为我知道你们是悖逆的，是硬着颈项的。我今日还活着与你们同在，你们尚且悖逆耶和华，何况我死后呢？”（《申命记》31：27）

对古代以色列人来说，定居迦南，首先意味着农耕生活开始取代游牧生活，生存空间由旷野变换为乡镇，以王为中心的王国开始取代以安放圣柜的圣所为象征的宗教“约”盟。在前者取代后者的过程中，无论是在王与祭司的层次，还是在百姓民众的层次，都受到因生活方式的变化而产生的对耶和华神的离心作用的影响。叙事历史对以色列人既崇拜耶和华，又崇拜巴力、亚斯他录、亚舍拉等异教神祇的记载从未间断。王国时期，所罗门就曾“为摩押可憎的神基抹和亚扪人可憎的神摩洛，在耶路撒冷对面的山上建筑丘坛”（《列王纪上》11：7）；分国以后的南、北两国君主们，除了希西家和约西亚之外，大多因为崇拜异教神祇而遭到以色列先知的猛烈抨击。“巴比伦之囚”之后的尼希米和以斯拉改革中，不义、悖逆更是在以色列社会的各个层面显露出来：祭司阶层情况堪忧，无法称职地担负起自己的职责；众多百姓不守律法，不奉献十一税，甚至产生对一神信仰的怀疑；以色列人与异教徒通婚现象普遍，民族生存和延续令人担忧；在社会层面，公义、慈善的追求仅仅是个理想，现实状况不容乐观。为避免回归百姓失去民族特征、克服以色列人被外邦同化的危险，为了改善和纯洁人心、维系民族生存和文化延续，以斯拉颁布《律法书》，律法的主体框架得以建立。

社会法学家庞德认为，文明是人类对外在的或物质自然界的控制，也是对人类目前能加以控制的内在的或人类本性的最大限度的控制。社会控制是人类对自然界和人类自身控制的结合，但更重要的是对其内在本性，也就是对人类自身的控制。[①] 在犹太教经典文本中，叙事历史的男女主角往往是复杂、平凡的人，他们有时能达到精神上的崇高境界，又因为妒恨而堕落；他们可能会犯罪，然而总是有某些精神元素，让他们能够超越自己的弱点，完成伟大事迹。犹太教传统认为，真实的人性经由教化而来，没有教化的人只是动物。通过教化活动，才能唤醒人类公义圣洁的本性，使人得以不断超越自身。

在叙事历史中，上帝赐予以色列人律法，正是因为他们天生无法医治自己，必须依靠律法来抑制生命的原始冲动。拉比文献《米德拉什》中谈到，一位拉比提出这样的问题：为什么律法书要传给以色列人？答案是，以色列人需要律法书，因为在接受律法之前，他们是一个"野蛮"的民族。有人进一步发挥说，其实天使也向上帝争取过律法。只是由于没有杀人、抢劫、奸淫的悖逆冲动，天使们也就不需要律法。而人类不一样，他们受到诱惑就想做坏事，为了利欲就容易堕落，所以只有人类才需要律法。[②]

犹太人逃出埃及法老的奴役后，在西奈沙漠徘徊流浪，困难重重，甚至连生存都困难。上帝为什么在这个时候不是首先帮他们生存，而是把"十诫"授给他们？按照犹太教贤哲的解释，犹太人在埃及做了430年的奴隶，奴隶为了生存必然养成一些特殊的生活习性，甚至滋生一些恶习。比如恨主人、不诚实、偷盗等。逃出埃及的奴役只是形式上的解放，精神境界的解放才是真正的解放。为此，上帝及时给出"十诫"，要求彻底改掉做奴隶时养成的恶习。海舍尔指出："人必须被逐出伊甸园，必须目睹该隐出于忌妒而谋杀了人类的另一半，

① 参见［美］罗斯科·庞德：《通过法律的社会控制》，沈宗灵、董世忠译，商务印书馆1984年版，第24页。

② 参见［美］亚兰·德修兹：《法律的创世记：从圣经故事中寻找法律的起源》，林为正译，（台北）先觉出版有限公司2001年版，第192页。

必须经历大洪水的灾难、语言的混乱，在埃及受奴役以及逃出埃及的奇迹之后，才愿意接受律法。”[①]

在经典文本中，叙事历史既是以色列民族的生存史，也是人性改善和精神提升的历史。正是人性的不完善、人心的邪恶和贪念，促成古代以色列人对于秩序和公义的追求。人性由不义、悖逆的不完善状态向公义、圣洁目标的迈进，就是人性的提升和人的圣化过程。特定社会群体对于法的需要，就在这一过程中得以酝酿和产生。其实，律法与人性、人心的关联不仅发生在以色列历史的开端，而且发生在每一代的犹太人身上，社会群体对法的需要从未间断，因而律法的生成和演变必然是个恒久的历程。

第三节　生成契机

美国法学家霍贝尔认为，法是在社会纠纷的夹缝里成长起来的，而且只有新的纠纷，即疑难案件才能为新的法律规则的产生创造机会。“真正的法律准则只有在大的诉讼争执中才得到检验”；“所有法律意义上的案件都是疑难案件”；“疑难案件直接帮助我们了解法律现象”。[②] 经典文本中的叙事历史，展现了人性改善与精神提升的历程，同时也揭示了纠纷解决和社会治理的变迁过程。叙事历史中反映的各种社会纠纷及其解决实践，实际上是律法生成和演变的契机。叙事历史在整体意义上，可以看作是对律法诫命的一种“阐释”。《创世记》中的叙事故事，一定意义上可以视为《律法书》中“十诫”和律例典章的“序言”。实际上，“十诫”中的每一诫，都可以在《创世记》故事

① [美]亚伯拉罕·海舍尔：《觅人的上帝：犹太教哲学》，郭鹏、吴正选译，山东大学出版社 2003 年版，第 282 页。

② [美]霍贝尔：《原始人的法》，严存生等译，贵州人民出版社 1992 年版，第 31～32 页。

中找到源头和根据。“十诫”的生成契机，就存在于《创世记》故事所描绘的不义和悖逆世界里。实际上，不仅是“十诫”，各种律例典章似乎都能够从《创世记》故事寻找到源头线索。甚至《摩西五经》之外的其他文献中提到的律法制度，都与《创世记》故事紧密相连。在跌宕起伏的叙事故事里，在纠纷解决和社会治理模式的探索中，律法也在默默地生成和演变。

《创世记》故事中，最初呈现的是一对处于毫无规则的自然状态下的男女，在一个由情感冲动所支配的世界当中生活。接下来的许多故事，展示了世上的男男女女，为了或善或恶的目的，凭借人类本能和情感而不断地挣扎和奋斗。比如，该隐杀人但并未受到重罚，后来还得到上帝赐予的建城者的地位。拉麦向妻子吹嘘：壮年人伤我，我把他杀了；少年人损我，我把他害了。底拿受辱之后，施暴者才表达爱意；示剑与族人遭到设计杀害，而行凶的弟兄两个后来却成为以色列人的领袖。作为《创世记》尾声的约瑟故事，则更像一出道德演剧。其中有人遭到诬告，但无法为冤屈辩解；最后虽然洗刷冤屈，但并非通过法律途径，而是经由上帝的仁慈和有权者的随意裁决。可以看出，《创世记》反映的是一个不义、悖逆的世界图景，人类在其中主要不是靠理性，而是靠情感和本能而生活的。在这个无法无天、随意而为的世界里，纠纷解决方式是粗糙的，社会治理手段也相当简单。然而，这正是人类探索应有的行为模式的世界，是不断追求正义公理并朝着拥有正式的法律制度而持续演进的世界。在《创世记》故事的诸多不义和冤屈里，规范制度、正义公理的种子已经撒下，并且必将萌芽和生长。

《出埃及记》中，摩西从西奈山上不仅带回“十诫”，而且晓谕以色列人巨细靡遗的律例典章。在繁杂多样的律法规范中，既有实体法律的规定，也有一系列的程序制度。摩西律法的出现，有着深厚的社会文化基础。从《创世记》故事中，可以清晰地找到律法产生的根源和生成的契机。希伯来文的“十诫”一词，用的是 Divrot，意思是“声明”。依照犹太教传统，首先出现的是信仰的宣告：“我是耶和华你的神，曾将你从埃及地为奴之家领出来。”这表明，上帝不是第一次在历史中现身，而是先前曾与以色列民族的先祖有过长期的交往。追溯《创世记》叙事，可以看到上帝曾与挪亚立约，也曾与亚伯拉罕和雅各等民族先祖立约，上帝对以色列的拣选有着悠远的历史渊源。第一诫：“除了我以外，你不可有别的神”；第二诫：“不可为自己雕刻偶像”；第三诫：“不可跪拜那些像，也不可侍奉它”，“不可妄称耶和华你神的名”。这些诫命全部可以追溯到亚伯拉罕的故事里，其中叙述了从偶像崇拜如何转变为对耶和华神的信仰。第四诫“当记念安息日，守为圣日”，也直接来自上帝创世的故事：“到第七日，神造物的工已经完毕，就在第七日歇了他一切的工，安息了。神赐福给第七日，定为圣日，因为在这日神歇了他一切创造的工，就安息了。”（《创世记》2:2～3）

如果说前四诫是对神人关系的调整，后六诫则关注人与人之间的关系。第五诫“当孝敬父母”，源自《创世记》故事中父母角色蒙受的耻辱。其中，雅各用计谋哄骗年老的父亲赐福于己；利未和西缅欺骗并杀害示剑全族，也让父亲雅各蒙羞。如何解决人类社会必然存在的代际冲突，在以色列人看来，同样需要依靠神圣的诫命。第六诫“不可杀人”，也是源自《创世记》故事：“神就照着自己的形象造人，乃是照着他的形象造男造女。”（《创世记》1:27）大洪水之后，神吩咐挪亚说：“流你们血、害你们命的人，无论是兽是人，我必讨他的罪，就是向各人的弟兄也是如此。”（《创世记》9:5）第七诫“不可奸淫”，是基于对《创世记》故事中许多非正当性行为的禁止。第八诫“不可偷盗”，有解释者认为应当溯至伊甸园中人类先祖偷吃禁果的故事。第九诫“不可作假见证陷害人”，则直接源自约瑟故事。第十诫规定：“不可贪恋人的房屋；也不可贪恋人的妻子、仆婢、牛驴，并他一切所有的。”之所以有此一诫，是因为在《创世记》故事中，人类不仅在行为上，而且在心理上疏忽犯过。相对于外在的行为，心中的邪念是邪恶的源泉。该隐的嫉妒、大洪水时代人类的贪婪、巴别塔建造者的傲慢，都曾给早期人类带来痛苦和惩罚。如何消除内心的贪念是做人的根本，最后一诫就是要普遍地禁止各种邪恶冲动。

在《创世记》的约瑟故事里，波提乏之妻的诬告陷害和作伪证直接导致约瑟遭遇冤屈，而后来约瑟也用类似的手段试验他的众弟兄。尽管正义公理最终得以伸张，不过不是依靠律法，而是靠上帝的仁慈和有权者的人为裁断。如何制定规则以解决类似的纠纷？如何避免诬告陷害的容易发生？《摩西五经》中的律例典章，尤其是《出埃及记》和《申命记》中所呈现的惩罚制度和司法程序，实际上正是约瑟这类受害人遭遇到的打击和挫折的直接反映。在律法书中，作伪证包括栽赃陷害成为"十诫"明文列举的重大罪行。有关"见证人"的律法规定："人无论犯什么罪，作什么恶，不可凭一个人的口作见证，总要凭两三个人的口作见证才可定案。"同时，作伪证的惩罚应与其罪恶相称："若见证人果然是作假见证陷害弟兄，你要就要待他如同他想要待的弟兄。"(《申命记》19:15，18～19)除了规定对等的惩罚措施，律法也包含了防止诬告的保障机制，以此避免弱势群体面对强势者的栽赃陷害时有理难辩的情况出现。相关的律法规定："不可随众行恶，不可在争讼的事上随众偏行，作见证屈枉正直；也不可在争讼的事上偏护穷人。"(《出埃及记》23:2)"审判的时候，不可看人的外貌；听讼不可分贵贱，不可惧怕人，因为审判是属乎神的。"(《申命记》1:17)

随着社会文化环境的变化，纠纷解决方式和社会治理模式也在不断生成和演变。到了拉比犹太教时期的《塔木德》等文献中，已经发展出复杂而富有创新的司法保障制度。其中规定：指控犯罪必须要求具备两名目击证人；在裁判中禁止一罪两罚；强烈谴责将刑罚加诸无辜者身上；要防止无辜者自认其罪。拉比教导说："在当事人站在你面前时，你当视他们一如有罪；而一旦他们得到判决，从你面前脱身而去，你就应当视他们一如清白无辜。"[①]虽然没有任何一种法

① 《阿伯特：犹太智慧书》，[以色列]阿丁·施坦泽兹诠释，张平译，中国社会科学出版社1996年版，第18页。

律制度能够保证完全不会出现误判的结果，但是可以透过严格把关的机制，让不义、冤屈的事件不会那么容易就发生。

总之，律法源于不满、纷争、挑战、悖逆及其解决。为了维护一神信仰、维系秩序和人心、解决社会纷争，古代以色列人建立律法规范与制度。在这一历程中，西奈圣约的出现，不是横空出世的里程碑或分水岭，而只是律法生成历程中的一个高峰。西奈山不能代表一次开创新局的跃进，而只是一个漫长发展过程的某个顶点。在经典文本的叙事历史中，由不义、悖逆的无法状态，经由因时制宜、寻求不同极端之间的平衡点，最终形成规则治理的局面，达致秩序和公义的目标，也就是律法的生成过程。

第四节　演变机制

从生成的观念看，法的生成实际上是特定社会对新出现的带有普遍性的社会问题形成共识，进而寻找根本性的解决办法的过程。由社会对法的需要到真正成为法，需要一定的机制和途径。在不同时期的文本和历史处境中，历代贤哲和精英对于律法的解释、评注、应用和发展，对于异国法律文化的吸收、借鉴和创造性转化，使得律法保持了整体性和独特性，并能长期存在和富有活力。

一、解释和评注

宗教的历史就是经典的形成和对之阐释的历史，阐释在宗教观念和制度的演进中发挥着重要的作用。古代以色列人曾经从游牧部落生活转向建立起来的王国，产生了圣殿和祭祀制度；后来流散到世界各地，经历作为少数族群文化的流放生活。这一过程中，犹太教不断通过其自身的阐释作出相应的调整，律法也在这一过程中逐渐生成。通过历代贤哲和精英的阐释和评注，犹太教的信仰观念和律法制度不断得以更新和演进。

希伯来《圣经》是犹太教的第一部也是最重要的经典。《圣经》的前五章《摩西五经》主要记载了古希伯来传说中关于世界和人类的由来、犹太一神教的起源、犹太教律法的产生以及希伯来民族的形成与发展史。犹太教认为,《摩西五经》是上帝晓谕古代以色列人的律法戒条,是上帝与犹太人立约的明证。作为成文律法,《摩西五经》的文本内容是固定、不可变更的;考虑到成文法的简洁性和原则性,许多律法没有得到清晰和具体的阐明。时代和社会的变迁对律法的内涵和外延也不断提出新的要求,因此对成文律法的挖掘、探讨和补充,逐渐成为犹太教律法传统的重要内容。公元1世纪前后,希伯来《圣经》在文本上被确定下来,成为犹太教的正典。由此,"《圣经》将成为一种源泉,它提供数以万计的互不联系的语录,神圣智慧的片段,以及被应用于某些形势中的知识,这些形势通常与该知识的初始背景格格不入。《圣经》中潜在的观念也不断得到发展,这种观念控制了《圣经》文本得以解释的方式"①。

公元70年,当"世界中心"耶路撒冷的第二圣殿被毁,再也无法重建以后,越来越多的人就将注意力转到对经典的解释和评注上。在散居地的犹太社团中,犹太教的拉比即《摩西五经》的评注家们,取代了以前的祭司即主持牺牲仪式的司仪。《摩西五经》在某种意义上变成了神圣之所;为《塔木德》精心制作内容广泛的评注,成了进入这个神圣之所的必由之路。拉比们认为,"没有启示给摩西的律法启示给了拉比阿奇巴和他的同事们"。《托拉》应被看作"不断涌出泉水的喷泉,流出的比吸收的多。同样道理,你们教导(或说出)的《托拉》可以多于你们在西奈接受的《托拉》"②。《圣经》中的成文律法如果离开《塔木德》及拉比犹太教传统,将会成为无源之水。口传律法的出

① [美]罗伯特·塞尔茨:《犹太的思想》,赵立行、冯玮译,上海三联书店1995年版,第192页。

② [美]亚伯拉罕·海舍尔:《觅人的上帝:犹太教哲学》,郭鹏、吴正选译,山东大学出版社2003年版,第285页。

现就是犹太人对成文律法不断进行解释和评注的结果。通过律法的解释和评注活动，拉比们构筑起散居犹太人的生活之道和精神家园。

在犹太民族的散居时期，研读律法和探讨律法的真正含义，成为犹太社团的一项主要活动。在散居地的犹太社团中，犹太教的拉比们既担任法庭的法官，也是经学院的领袖或布道者，其重要职责就是解释和评注《托拉》。不同于以往哲学家的寓意解经法，拉比们通常采用以经释经的"米德拉什"方法。即以《圣经》为根据来论证口传律法的权威性，用想象力来发挥和解释经书中的律法内容。他们寻找经典文本与现实生活的关联，将历史经验转化为每一代人都可获得的精神资源，使之成为当下犹太人的生活之道。通过这种解释方法，口传律法和成文律法能够紧密关联起来，律法逐渐被看作是一个完整的文本和精神体系。在这一过程中，犹太教对其本身进行了再创造，把其信仰者造成一个遵奉律法的光荣民族，而不是为他们塑造出一个在宗教上以圣殿祭祀为中心的王国。

二、沟通、交流与整合

文明交往是人类存在和发展的基本形式之一，也是人类各群体之间互相发现、互相沟通、互相理解、互相扬弃、互相融合的复杂历史过程。任何一个人类群体、任何一种文明都必须保持一种开放性，在广泛的交往中保证生产力的发展与文明成果的聚合与延续。犹太人流散世界各地的特殊历史背景使其与其他民族的交往活动无论是从深度上还是从广度上都远远超越了其他任何民族。[①] 犹太历史的显著特征就是不断迁徙，不断流散，表现为空间上的持续位移，在此过程中，广泛地汲取和整合了其他文化要素。事实上，犹太文化自诞生之日起，就与古埃及文明、巴比伦文明、腓尼基文明及亚述文明相互接触、相互碰撞、相互融合，并吸收了外部文明的种种特质及要素，丰

---

① 参见张倩红：《困顿与再生：犹太文化的现代化》，江苏人民出版社 2003 年版，第 14 页。

富了自身的底蕴与内涵，使犹太文化成为古代中东文明的集大成者。从犹太教的构成看，一神论、契约观、割礼、安息日等基本的观念和制度，相当明显地吸收、借鉴了当时迦南、巴比伦、埃及等周边文化的诸多因素。

在律法的生成和演变中，犹太人通过与周边民族的沟通和交流，对其他法律文化吸收整合，表现出兼容并包的胸怀。这种交流与整合活动，也是律法生成和演变的重要机制。犹太教律法是世界上产生较早、发展较完善的古典法律之一。它受巴比伦《汉谟拉比法典》的影响很大，也从埃及、亚述、波斯等奴隶制帝国的法律中汲取过养分，并融合犹太一神教的宗教思想，形成自己完整而独特的法律体系。在犹太教中，律法被视为神人立约的主要内容，展示出上帝的公义、仁慈和圣洁。实质上，作为成文律法载体的《摩西五经》是一个相当完整的判例法汇编，是对古代西亚民事生活和民事规范的文化演绎与法律移植。到了拉比时代，口传律法作为对成文律法的解释、评注、应用和发展，也广泛采取了当时各地流行的社团法令、习俗惯例和礼仪节期等律法形式。

《圣经》犹太教时期，西亚各国广泛流行的“约”的形式和内容，为古代以色列人所借鉴并被赋予神圣性和权威性，成为律法的表现形式。周边法律中的“约”，通常涉及的是宗主国与附庸国的政治关系处理。律法并不体现为政治条约，而是表现为耶和华与其子民立约的文件。条约形式的使用，显出耶和华是以色列真正的“王”，是律法的制定者。神以现世的苦难作为对犯罪者的惩罚，又以宽恕和赦免引人向善，以达到惩恶扬善、抑强扶弱的目的。律法的性质就是宗教律法，即使关于财产、婚姻等方面的世俗法，也笼罩上神圣的光环。在古代以色列人看来，律法是经典文本最重要的部分，它采取耶和华与以色列人立约的方式，是上帝对以色列人之为“祭司的国度、圣洁的国民”的本质规定。因而，对于圣约的推崇就意味着必须遵守律法的规范和制度。

在《摩西五经》的成文律法中，不少民事法律规范与周边国家的法律有很多相似之处。它们针对的是日常事务，例如，如何对待雇工、各种暴力行为以及物主保证自己的牲畜、物品不伤及他人等。《摩西五经》的“约书”中全是这样的法规，表明以色列人原样采用了作为当时各国共同接受之惯例的法律形式，没有太多的修改或补充。这类律法中的惩罚，往往被理解为对过失的补偿，而且不少刑罚同《汉谟拉比法典》相似。不同的地方是，斩去身体的一部分在古代西亚地区是十分通行的刑罚，而在犹太教律法中仅有一例。(《申命记》25:11～12)律法总体上提倡的是形式上而非肉体上的刑罚。形式上的刑罚多指财物上的补偿，用赔偿代替肉体的刑罚在当时可能是流行的做法。

大流散时期，犹太文化与其他文化的交往更为广泛，犹太文明与希腊文明、罗马文明经过长期碰撞、融合与扬弃，使犹太文化发生了内在的深刻变化。在流散时期的犹太社团中，犹太民族的吸收和整合精神得到全方位的展现。本来闭关锁国并以上帝选民自居的犹太人，开始有机会接触异国文化，也必然受到其他文化的影响。在这种交流活动中，犹太人不断吸收和借鉴其他国家法律的形式和内容，同时保持了律法的宗教和民族特性。犹太人散居世界各地的过程，也是文化的沟通与交流过程，《塔木德》等律法文献则是沟通和交流的成果。在散居状态下，犹太人不仅处于异族征服和异教统治之下，而且社团内部也存在个体与群体的各种矛盾。这些冲突通过马·撒母耳关于“居住地法律有约束力”的常识性规则得以解决。遵循先知耶利米的教导，犹太人承认他们对居住国政府的义务，尤其是对其所自愿选择居住的国家的义务。即便在犹太人有自己法庭的地方，他们也依然承认所在国家的司法体系。不过，这一规则只适用于民法。在其他领域，犹太人仍然坚持按照自身宗教传统所规定的生活方式生活。①

① 参见[美]撒母耳·S·科亨:《犹太教:一种生活之道》,徐新、张利伟等译,四川人民出版社2009年版,第191页。

在借鉴和整合周边法律形式和内容的同时，律法保持了精神和价值的独立性。不同于周边法律，犹太教律法最为关切的是：人的神圣不可侵犯；保护无助者，包括非以色列人奴隶、欠债者、穷人、寡妇、孤儿和寄居者；维护家庭的尊严和纯洁等。犹太教传统认为，作为上帝的造物，人应当以其相似于“上帝的形象”而受到尊重，而律法就是将这种观念付诸实施的途径。正如门德尔松所说：“顺从你们身在之地的道德风俗，服从你们所在国的规章制度，但是，坚守你们祖先的宗教信仰。担起两副重任，你们能够很好地承担。”①

犹太哲学家利奥·拜克认为：“犹太人的生存权利以犹太人保持自身的独特性为基础。全部教育都指向这个目的：相异是生存的法则。按照一种古老的解释，犹太人被告诫：‘你当不同，因我，你的主上帝不同；如果你保持不同，那么你就属于我，否则，你就属于大巴比伦及其同类。’”②事实上，在犹太人与异族及异质文化的关系上，一种既冲突又吸纳、既分裂又融合的关系方式不仅贯穿犹太文化发展的始终，而且成为犹太文化与异质文化关系的本质方式；在犹太文化的内涵构成上，既有对大量异质文化的吸收，更有对本原文化的完好保存，以及对两者的融会、综合。

第五节　小　结

在当今法学界，普遍认为法律现象从形式上看一般包含了规范、价值和事实三个层面。这三个层面直接反映的是我们生存世界的三重面向：规范世界、意义世界和生活世界。生存世界应当是统一的，法律现象的各个层面也不能截然割裂。法律的生命力，正体现在三

① ［德］摩西·门德尔松：《耶路撒冷：论宗教权利与犹太教》，刘新利译，山东大学出版社 2007 年版，第 73 页。

② ［德］利奥·拜克：《犹太教的本质》，傅永军、于健译，山东大学出版社 2002 年版，第 227 页。

者的张力与互动上。美国法学家伯尔曼指出:“法律不是作为一种规则,而是作为一个过程和一种事业,在这种过程和事业中,规则只有在制度、程序、价值和思想方式的具体关系中才有意义。”[①]犹太教律法的生成和演变,反映出规范、价值和事实三个层面的统一,也是古代以色列人的规范世界、意义世界和生活世界的统一。从生成的角度看,律法不仅是一个整体性的构造,来源于古代以色列社会多元传统的累积,而且也是一种动态的法律文化体系。其中,规范制度与信仰观念、律法行为与内心虔敬的统一,使律法能够在艰难处境中保持生命和活力。

犹太教律法的生成和演变,就是把接二连三、因时制宜的命令、惩罚、奖赏、报复、祝福、诅咒,以及各种人生际遇整合起来,塑成古代以色列人的行为模式和生活之道。律法的生成,就是通过不断的解释和交流,吸收和整合周边法律文化的可取之处,从而适应变化了的时代和环境的要求。同时,经典文本的叙事历史反映出,在一个律法制度尚未成形的时代,对于律法的需要是如何孕育和生长的。没有律法的世界,充分证明了一套完备的行为模式和价值体系生成的必要性。律法来源于对人性黑暗面的压抑和对人性光明面的发挥,秩序和公义就诞生在古代以色列人的冤屈故事之中。人性的复杂亘古存在,正义公理的追求永不停歇,犹太教律法就处在不断的生成和演变之中。

① [美]伯尔曼:《法律与革命》,贺卫方等译,中国大百科全书出版社 1993 年版,第 13 页。

第三章　犹太教律法的价值系统

作为独特的法律文化形态，犹太教律法不仅是一种规范和秩序体系，也是一种价值和意义系统。律法所揭示的，不仅是特定时空中的民族生活样态，也是特定人群的心灵世界。律法的内容，既反映了一定的社会关系，也反映了一定的文化追求。律法不仅揭示特定时空中的民族生活样态和生存方式，也揭示了特定人群的心灵世界、信仰观念和价值追求。

第一节　律法的信仰原则

信仰和律法如同犹太教的两个并行的轮子，它们紧密联系，不可分割。律法以一神信仰为其理论基础，人生活的各个层面都归于上帝的绝对统治，有悖律法的任何行为都是对上帝的背叛。律法实践和维护着宗教信仰，培植犹太人的伦理道德和价值观念，塑造着独特的民族生活方式。

一、信仰上帝，唯神为尊

与世俗法律相比较，宗教律法在价值层面最大的特色就是神圣性。在信仰者看来，宗教律法来源于神圣者的启示或命令。它以人对神的虔信为效力根据，并且依靠信仰者的崇拜和敬畏之情来维持。神圣者作为宗教的信仰对象，是一种超自然而又控制自然的力量。

它或者如基督教的“上帝”和伊斯兰教的“真主”那样被称以具体神名，或者被抽象表达为“绝对者”、“永恒者”、“至高无上者”、“无限存在者”等。神圣者被视为万物的根源和归宿，一切存在的基础和依据。在宗教信仰中，神圣者一方面在深层隐含着“神秘”的意义，另一方面具有道德的或正面的、崇高的或无限伟大的含义。这两个方面含义的结合，在于神圣者作为世界本源，既是世界的创造者，又是世界的维系者和协调者。

宗教律法的神圣性，是宗教的超越层面在其规范制度中的直接体现。神圣性本义上是指信仰对象在一切正面意义如道德性、纯粹性、完善性等方面大大地高出于人，从而引起信仰者极度崇敬的性质。在这里是指号称出自神圣者的律法，具有类似于神圣者的正面性和崇高性特点。就正面性而言，它表达的是神性之真、善、美、正义、仁爱等性质；就崇高性而言，它表达了这些性质无限地高于人的特点。只有这二者的结合，才会引起信仰者“敬”和“畏”的感受。“无论是作为一种个性化的上帝意志之体现，还是作为一种非个性化的秩序之反映，所有这些神法体系都被认为具有一种超人类的权威。”①

在犹太教传统中，“神圣”一词用于上帝时有特殊的含义，它具有一种任何人都不能企及的完美。《圣经》经文中“因为他是圣洁的神”（《约书亚书》24:19），这句话中的希伯来词是复数形式，因而它的意思被解释为，“他之神圣是因为他具有各种各样的神圣品质”，也就是说，他神圣得完美无缺。对“你们要圣洁”这句话，有如下的评论：“不可能想象人能如上帝一样圣洁，因此《圣经》上又加了一句：‘因为我是圣洁的’——我的圣洁比你们所能达到的任何程度都要高。”②同

① [美]昂格尔：《现代社会中的法律》，吴玉章、周汉华译，译林出版社 2001 年版，第 105 页。

② 参见[美]亚伯拉罕·科恩：《大众塔木德》，盖逊译，山东大学出版社 2000 年版，第 27 页。

时，上帝是宇宙万物的创造者，超越于自然和人类世界；上帝全知全能，充溢天地，不受时空和社会环境的限制；上帝是最高的立法者，主宰自然和历史发展，审判所有人的行为并奖善惩恶；上帝独一无二，是唯一应受崇拜者，而一切形式的偶像崇拜均应禁绝。[①]

信仰是对某种超乎人可以直接把握的观念或理想的信奉、持守和追求。信仰除了包括宗教信仰，还包括世俗信仰，如政治信仰、社团信仰、文化信仰等多种形式。宗教信仰中包含有超越的灵性世界的维度，是对神圣者的信仰。宗教信仰包括有宗教经验，对神圣既敬又畏的意识，爱与敬畏的宗教情感，希望与恐惧、崇拜的意向以及愿意事奉于更高的实在与价值的意愿。信仰上帝，唯神为尊，是犹太教的核心。"神啊！我心坚定……因为你的慈爱，大过诸天；你的诚实，达到苍穹"(《诗篇》108:1～4)，这表明上帝是完全值得信任的。"敬畏耶和华是知识的开端；愚妄人藐视智慧和训诲。"(《箴言》1:7)"敬畏耶和华是智慧的开端，认识至圣者便是聪明！"(《箴言》9:10)"敬畏耶和华，是智慧的训诲；尊荣以前，必有谦卑。"(《箴言》15:33)这些经文则表述了对上帝的敬畏。

根据犹太教传统，《托拉》是神的启示，即由以色列人的祖先摩西在西奈山接受的由神直接颁布的戒律，而其中最重要的"十诫"是刻在石板上，后来存放在犹太教的会幕或圣殿里的。换言之，《托拉》是上帝通过摩西传给以色列人的话语，是被记述下来的成文的律法。在希伯来《圣经》叙事中，律法诫命产生于西奈山的神圣背景中。其时雷鸣电闪，火云缭绕，角声大作，但闻其声不见其人。在神秘、庄严的气氛中，摩西代表以色列人与上帝立约，领受了神的诫命和律法(《出埃及记》19:16～24)。因此，律法被看作上帝给予以色列人的启示，律法的神圣性和权威性来源于上帝。上帝是永恒的，律法也就牢固不变，可以适用于不同的社会和不同的时代。正如摩西所言："所吩咐你们的话，你们不可加添，也不可删减，好叫你们遵守我所吩咐

① 参见周燮藩：《犹太教小辞典》，上海辞书出版社2004年版，第222页。

的，就是耶和华你们神的命令。”（《申命记》4:2）

拉比时代的犹太教经典《密释纳》被称为“口传律法”，据说也是上帝在西奈授予摩西的，以世代口头相传的方式流传下来。对于犹太教信徒而言，两种形式的律法因其神性的来源而成为神圣的、具有无上的权威性，因而其中的律法诫命是信徒必须遵循的。可以说，犹太教的本质不仅表现在信仰观念上，而且还显现在道德律法和礼仪律法中。散居时期的犹太教拉比们声称，在西奈山上赐给摩西的诫命有 613 条，其中包括与人的身体的肢节数相等的 248 条训诫和与一年的天数吻合的 365 条禁诫。作为口传律法的“哈拉哈”导源于上帝启示的《托拉》，并与人类生活息息相关。“哈拉哈”因此代表着人类表达其信仰的方式。[①]

可见，由于上帝的神圣性和权威性，律法也就具有了神圣性和权威性。律法的神圣性是整体的，古代以色列人社会生活的一切方面都笼罩在神圣的氛围下。即使民事规范有其特定的社会历史根源，经过宗教化的熏染，也都成为追求圣洁、效法神、完成神的使命的形式和途径。而律法的权威性，既要凭借国家强制力维系，更要借助于人们对上帝的敬畏去树立。律法以一神教信仰为其理论基础，人生活的各个层面都归于上帝的绝对统治，有悖律法的任何行为都是对上帝的背叛。耶和华既然是公义的化身，那么运用律法惩罚罪犯便带有神罚性质，这无疑有利于律法的贯彻执行。

律法的主旨就是接受、维护一神信仰，坚决反对任何形式的偶像崇拜，借以与信仰多神的各种异教区别开来。在希伯来《圣经》中，“摩西十诫”的第一诫规定：“除了我以外，你不可有别的神。”（《出埃及记》20:3）对于虔诚信教的以色列人而言，对唯一上帝的坚定信仰是犹太教之为犹太教，以色列人之为以色列人的最终根据和最高原理。尊崇独一的上帝是犹太教最严格的律法，违反它的人要受到用

① 参见[美]撒母耳·S·科亨：《犹太教：一种生活之道》，徐新、张利伟等译，四川人民出版社 2009 年版，第 11 页。

石头打死的极刑。律法的精髓体现在犹太人的“大诫命”(“经训”)中:“以色列啊!你要听:耶和华我们神是唯一的主。你要尽心、尽性、尽力爱耶和华你的神。我今日所吩咐你的话都要记在心上,也要殷勤教训你的儿女,无论你坐在家里,行在路上,躺下,起来,都要谈论;也要系在手上为记号,戴在额上为经文;又要写在你房屋的门框上,并你的城门上。”(《申命记》6:4～9)拉比犹太教时期,《塔木德》虽然不以论证一神信仰为目的,而是为散居犹太人提供适应时代要求的生活之道,但其中的口传律法归根到底是对《摩西五经》中成文律法的解释,最终还是维护一神教的核心地位。

二、效仿上帝,提升精神

宗教是一种以神秘世界观为背景的基本的人生态度或人生观,宗教在特定文化类型和传统中,以超越的精神与其他文化形态相关联,并以此体现神圣价值与世俗价值的结合。就本体论终极性存在而言,宗教表达了人类对于自身存在的家园寻求。就认识论终极性追求而言,宗教则表达了人的超越性。人具有一种无法摆脱的禀性:从有限中超越,诸如认识中的归纳、行为中的心理定势、生活中的习惯、对理想完满的追求等等。宗教天国、上帝、神等,是人所理解的那个终极完满存在。通过这个终极完满,人自身获得意义与精神支柱。① 宗教作为人类精神的一种超越的维度,通过对人的精神的启示、提升和约束,改变着人的生活样态。

犹太教是以神为效法对象的宗教。在这样的宗教里,人被说成是“按照上帝的形象,照着上帝的样子”造成的,因此,人活着就是要仿效上帝来生活。上帝是超越的,但他和人立约,把律法赐给了人,为人提供了追求模仿他的方式——履行上帝的律法。利奥·拜克指

① 参见赵敦华:《神圣价值与世俗价值相结合的人生观:从宗教学研究角度谈宗教本质》,载张志刚、斯图尔德主编:《东西方宗教伦理及其他》,中央编译出版社 1997 年版,第 168 页。

出，犹太精神的根本性特质是，谁感知到个人的生活与神圣的唯一相关联，谁便会把握到某种以宗教特有方式表达出来的内在必然性和责任与义务。真信仰者面对上帝，就应该对上帝负责，而遵循善行就是信仰真纯的明证，是每个信仰者必须承担的生命重任。①

在犹太教中，律法被看作上帝给以色列人的启示，是神的意志的表现形式。上帝是圣洁、正义和仁慈的，以色列人以及全人类都被要求像他一样圣洁、正义和仁慈。“《托拉》是全部《塔木德》教义的基础，从《托拉》的理论中注定会得出合乎道德的生活必须也只能从神的启示中寻找这样的结论。《托拉》所要求的和所禁止的就是最可靠的向导，道德就存在于对其律令的遵行之中。”②上帝是德性的根基与必然的保障。了解上帝的本质就是要了解上帝是正义的和不朽的，上帝仁爱慈祥，宽宏大量，他磨炼人心，使人们向善。借助对上帝的认知，我们了解了人应该如何生、如何行。上帝之路即为人之路。就像《圣经》中所说的那样：“他们将遵行上帝的路，他们将秉公行义。”(《创世记》18：19)信仰上帝不仅是宗教的一个部分，而且更是其生活的根本源泉和对现实的真正知识。由于信仰唯一的上帝，人清楚地发现了自己心灵的价值、同类的价值和人类整体的价值。可见，上帝观念与人的责任感密切相关。基于对上帝的义务，我们施善行，承担起自己的责任。③

对上帝的效仿在犹太教伦理中是人类行为的基本原则之一，这一原则适用于全部的生活，包括宗教仪式和道德行为。因而，上帝的形象就是他自己在遵奉着他希望以色列人去遵奉的戒律。“上帝具有与人不一样的属性，人会指令别人去做他自己也许不会做的事，而

---

① 参见[德]利奥·拜克：《犹太教的本质》，傅永军、于健译，山东大学出版社 2002 年版，“译者序”第 18～19 页。

② [美]亚伯拉罕·科恩：《大众塔木德》，盖逊译，山东大学出版社 2000 年版，第 239 页。

③ 参见[德]利奥·拜克：《犹太教的本质》，傅永军、于健译，山东大学出版社 2002 年版，第 75 页。

神圣的上帝则不然;无论他做什么,他都命令以色列人去做。”(《大出埃及记》30:9)[①]上帝不仅通过律令为人类提供了正确生活的指南,他还身体力行为人类树立了可资效仿的榜样。在拉比文献中,效仿上帝是被作为人类应该尽力追求的理想而提出来的。人类的生活应该按照上帝的样子去塑造。人类的行为中应该不可或缺的品质在上帝身上都是显而易见的。在犹太教中,人生的目的是做“义人”。义人是一个喜爱神的律法的人,也是一个有福气的人;义人避免走上恶人的道路;义人默诵《托拉》,喜爱律法和教训。喜爱和教训本来似乎是不可兼容的,却在义人的昼夜诵读中得到整合。

律法的精神是神圣和超越,遵从律法能使人完善和解放。摩西·迈蒙尼德说:“律法的根本目的包含两个方面:一是使人灵魂完善;二是使人肉体完善。”犹太教拉比认为,开天辟地,澄清的并不是外部宇宙的混沌,而是初民内心的混沌:世界必有一个从无序到有序的转折。逃出埃及的奴役只是形式上的解放,精神境界的解放才是真正的解放。为此,上帝及时给出“十诫”,要求彻底改掉做奴隶时养成的恶习。既然人是按上帝的形象创造的,上帝又是道德的源泉,也是人类模仿的样板,那么,像上帝一样有智力和自由思想的人,就有责任过一种有道德的生活,这是人类存在的目的。作出有悖道德的错误抉择或逃避生活中的道德挑战,都是不道德的行为。这个世界不仅塑造和确定了人类,人类不仅要对上帝负责,而且要相互负责,还应当对自己负责。既然人是按上帝的形象创造的,就意味着所有人都是潜在完美的。人类在提升自己的同时,也提高了这个世界的标准与水平。

总之,“神的诫命使得这种行为免除了那纯属人的徒劳挣扎以及世俗机巧之无知的囿限;而将它提升到了一个崭新的层面,即具有宇宙性的适当性与有效性的,那在某种意义上是无限制的以及毫无疑

① [美]亚伯拉罕·科恩:《大众塔木德》,盖逊译,山东大学出版社2000年版,第9页。

问是永恒的层面。生活在这样的一种生活里：即便是微不足道的旁枝末节如今都具有了终极的意义，即便是单调乏味的日常事务都被提升到了宇宙的高度并触及了那神圣的光辉与荣耀；生活在这样的一种社团里：唯有那不太引人入胜的、尘世性的一面对局外者的观察是开放着的，而他自己则至少可以瞥见它那真正的意蕴、它那宇宙性的作用。”①在犹太教中，律法之于犹太人，是净化和提升自己、追求圣洁目标的手段和途径，是值得尊崇和热爱的。遵法行为与内心虔敬是有机统一的，律法被认为来自于神，守法是为了效仿神，最终像神一样公义和圣洁。

第二节　律法的伦理精神

按照19世纪改革派犹太教的说法，犹太教是伦理一神教。在犹太教中，律法与伦理密不可分、相互支持，律法既是法律规范，又是伦理规范。律法是善恶的标准和根据，伦理要求通过律法的他律而实现。伦理一神教的价值追求是公义、圣洁、仁慈。律法是上帝公义、圣洁、仁慈的体现。依照律法而生活，是犹太教对人的伦理要求。

一、律法的伦理化

犹太教的产生和发展与迦南特殊的历史地理环境有很大关系。为了同强邻抗争，求得民族统一和生存发展，以色列人由唯一神信仰逐渐建立起独特的伦理一神教。犹太教认为“善事是智慧的开端”，把信仰上帝与人的义务、责任结合起来。作为伦理一神教，犹太教具有强调伦理的鲜明特色。善根源于上帝，上帝及其律法是善恶的最终标准和根据。行善是上帝的道德命令，也是律法应有之义。在犹

---

① ［加］威尔弗雷德·坎特韦尔·史密斯：《宗教的意义与终结》，董江阳译，中国人民大学出版社2005年版，第293页。

太教中，伦理道德和法律规范密不可分、融为一体、相互支持，律法一方面是法律规范，另一方面又是伦理规范。

律法的伦理化与犹太教历史上的先知运动密切相关。利奥·拜克指出："以色列人的伦理一神论是一种被建立起来的宗教。以色列的'一神'不是旧思维方式的遗留，毋宁说它是新思维方式的第一次表达。就宗教的这种形式而言，它是一种创造，体现着全新的、富有成效的原则，我们有理由从历史角度——完全不用超自然的概念——称它为启示。"[①]犹太教被称为伦理一神教，不只是因为"摩西十诫"充满人与人之间的道德诫命，而且因为在它后来的发展、成熟过程中，尤其是从先知时代的晚期开始，把伦理道德视为宗教信仰的真谛，把以取悦上帝为目的的一神教崇拜，更多地转化为以实现道德完善、社会教化及人间公义为目的的伦理化宗教。犹太教中最初以民族神面目出现的上帝，由此具有了双重身份——造物主和道德神。除了在律法中关注个人行为之外，各种各样的被上升到信仰高度的伦理规范也渗透于犹太人生活的方方面面——从衣食住行到生老病死。

在先知话语中，认识上帝与行公义是一种东西，都成为诫命。卡西尔指出："以色列的伟大先知们不再只是对他们自己的子民说话，他们的上帝是公正之神，它的启示并不局限于某个特殊的团体。先知们预定了一个新的天国和新的人世。而真正新的东西并不是这种预言性宗教的内容，而是它的内在倾向，它的伦理意义。一切较成熟的宗教必须完成的最大的奇迹之一，就是要从最原始的概念和最粗俗的迷信的粗糙素材中提出它们的新品质，提取出它们对生活的伦理解释和宗教解释。"[②]在先知们看来，道德的品质是耶和华神固有的属性，它既内化在律法诫命之中，又是一切律法诫命的出发点和旨

① [德]利奥·拜克:《犹太教的本质》，傅永军、于健译，山东大学出版社2002年版，第48页。

② [德]恩斯特·卡西尔:《人论》，甘阳译，上海译文出版社1985年版，第133页。

归。先知们抨击宗教信仰的不洁,抨击各种社会不公,都统一于至高的道德律令之下。

由于将伦理作为宗教信仰中至高无上的因素,并将实现公义的理想视为这种伦理化的宗教信仰的必然要求,因而先知们大力抨击以色列社会的虚伪和不公现象。《圣经》中的先知借着上帝的口说:"我喜爱良善,不喜爱祭祀;喜爱认识神,胜于燔祭!"(《何西阿书》6:6)"我厌恶你们的节期,也不喜悦你们的严肃会。你们虽然向我献燔祭和素祭,我却不悦纳;也不顾你们用肥畜献的平安祭。要使你们歌唱的声音远离我,因为我不听你们弹琴的响声。惟愿公平如大水滚滚,使公义如江河滔滔!"(《阿摩斯书》5:21～24)在先知们看来,献祭是蒙神悦纳的,但如果与献祭者的道德诉求相分离,就将变得毫无意义。先知们告诫人民:理解的基础是正当的行为,并且这种行为就是启示的知识;正当的行为将导向正确的思想。《圣经》说:"敬畏耶和华是知识的开端。"(《箴言》1:7)"他对人说:'敬畏主就是智慧;远离恶便是聪明!'"(《约伯记》28:28)犹太教认为,人的目的是作为义人而回归上帝。对于实现做义人的目的而言,正当的行为是重要的,这就是遵行律法,依照律法而生活。

正如犹太教改革派人士所说,犹太教是典型的伦理一神教。律法是善恶的标准和根据,道德要求通过律法的他律而实现。犹太教的目的旨在教人成为义人,而成为义人的标准不在于信仰,而在于伦理行为。做义人就是要行上帝的道,就是要按神圣的律法行事。依照律法而生活,成为犹太教对人的伦理要求。

二、律法中的公义

首先,公义是先知精神的结晶。

希伯来语中有两个词表示"公义",它们是 zedek 和 mispat。Zedek 原义为正当、正直、圣洁,故多指个人的优良德性,如圣洁、正直、诚实等;在英语中,zedek 多译为 righteousness 或 justice。Mispat 原义为判决,多指法律意义上的公平、公道、公正,英语中常译为

justice。虽然二者各有侧重，但在希伯来《圣经》中，二者并列使用、交替使用的情形很多。路易·纽曼（Louis E. Newman）教授认为："正义（justice）隶属于一个概念组合，包括和睦、仁慈、怜悯、公义（tzekakah，righteousness）以及律法（mishpat，din）。在许多文本中，公义和律法两个词可以换用，皆等同于正义。"[①]

据学者考证，公义（zedek）最初可能是指物理意义上的正直或牢靠，后来逐渐被用来指遵守伦理规范的道德行为，以及被证明是正确或正当的道德行为。在希伯来《圣经》中，"公义"一词有公平合理的意思，但其确切的含义，与其说是能描述出来的，不如说是能实行出来的。在先知传统中，公义被认为是上帝的属性之一，公义的上帝严格按照善恶报应的法则治理世界。上帝是公义的，因此，公义不是人的某种选择，而是上帝赋予每个人的使命。公义是人类行为的理想模式，代表着行动中的信仰和真理。由于犹太人的生活和宗教建立在神人立约的基础上，公义就意味着忠实履行契约上的条款。若行公义，好怜悯，在心灵上必接近上帝；若行不义，多恶行，在心灵上必远离上帝。

从传统和理论上说，全体以色列民同为耶和华的选民，在神圣的律法下，每个上帝的子民都是平等的。上帝对一个人的评价标准在于他是否"公义"，不在于他是否拥有权力，而"公义"的原则来自于神不来自于人。公义的本义是"正和直"，遵守上帝的律法，中正而不偏左右，就可以达到这一要求。一个人的最高理想应该是成为一个"与神同行"的义人，一个蒙神喜悦的社会应该是一个敬畏耶和华的公义的社会。不义使以色列亡国和蒙受耻辱，而公义将恢复以色列人作为上帝选民的身份。

从法律思想发展的历程看，"人类的道德和乐善好施是受益于犹

---

① Louis E. Newman, *An Introduction to Jewish Ethics*, Upper Saddle River: Pearson Education, 2005, p. 87.

太人的。诸如公平、平等和仁爱之类的概念，都来自西奈的神赐”[①]。先知是圣经时代犹太人的精神领袖，律法中的公义是先知精神的结晶。在犹太教中，公义经常表现为先知为下层人民追求权利和利益所做的呼求和斗争，公义是先知进行社会批判的尺度以及实现的目标。先知是代表社会良心的无畏的批评家，公义是先知的首要品格。先知眼中的南北两国，是官场腐败、贿赂公行、富人欺压穷人、寡妇和孤儿等弱势群体哀告无门的堕落社会。据《圣经》的“先知书”记载，古代希伯来的先知们激烈抨击国王的腐败和堕落，谴责人们背离了耶和华，制造并崇拜偶像，揭露假先知，斥责谎言、淫逸、抢劫、不公、无义等不道德的行为，预言以色列、犹大、亚述、巴比伦、推罗、埃及等国的覆灭和以色列民族的复兴，宣告上帝有罪必罚，绝不偏袒；呼求人们真诚忏悔，远离罪恶，“行公义，好怜悯，存谦卑的心，与你的神同行。”(《弥迦书》6:8)

道德至上、生活公义是《圣经》“先知书”特有的思想。犹太教的先知一再强调，敬拜偶像和社会不公是在耶和华至高的道德律令下同一问题的两个方面。他们的逻辑是：耶和华是“圣洁”的神，是道德的；异教信仰是“不洁的”，不道德的。因此，敬拜偶像不仅是百姓道德堕落的表现，也是整个民族、社会不公的原因。无论敬拜偶像，还是社会不公，都将引起民族的灾难，都将决定民族、国家历史的命运。先知们致力于挑战社会秩序中的腐败和压迫人的制度，呼吁理想和公正的社会秩序。先知们关于社会公义的心声集中体现在：“惟愿公平如大水滚滚，使公义如江河滔滔！”(《阿摩斯书》5:24)

先知尤其是后期先知的公义呼求，在《托拉》律法中充分体现出来，成为以色列人必须遵守的行为规范。在《托拉》的成文律法中，有许多怜悯穷人的规范，要求善待穷人、外邦人、孤儿和寡妇。“在你们的地收割庄稼，不可割尽田角，也不可拾取所遗落的。不可摘尽葡萄

---

① [美]大卫·鲁达夫斯基：《近现代犹太宗教运动：解放与调整的历史》，傅有德等译，山东大学出版社 1996 年版，第 281 页。

园的果子，也不可拾取葡萄园所掉的果子，要留给穷人和寄居的。”(《利未记》19:9～10)先知们对司法审判和诉讼中的公义予以特别强调：“审判的时候，不可看人的外貌；听讼不可分贵贱，不可惧怕人，因为审判是属乎神的。”(《申命记》1:17)“不可随众行恶，不可在争讼的事上随众偏行，作见证屈枉正直；也不可在争讼的事上偏护穷人。”(《出埃及记》23:2)“你们施行审判，不可行不义，不可偏护穷人，也不可重看有势力的人，只要按着公义审判你的邻舍。”(《利未记》19:15)随着《托拉》成为犹太人生活的基石，公义逐渐被认为是谨守遵行《托拉》的律法和诫命。

其次，律法维护社会公正。

在社会学和法学意义上，公正主要指正义、不偏袒、不徇私、一视同仁、赏罚分明。在犹太教中，“公正是加于以色列社会和其领导人的无可规避的责任，没有完成这项职责，很可能便为那些自称耶和华发言人的人提供了进行痛斥的把柄”①。在以色列的君主时代，国王是一国之君，但是上帝仍然对国家起重要的作用。上帝是真正的国王，神权高于世俗的王权，因为国王是由先知膏油、加冕的，而且国王要和他的臣民一样遵行神的旨意。从本质上看，作为上帝代言人的先知是实际的立法者。先知作为神权的代表和社会批评家，起到了限制、监督王权的作用。理论上，国王是在不违反上帝的律法的前提下实行统治的，而且不同时期的先知都有很大的权力，对王权起着有效的监督和制约作用。这样就从观念和制度上，为社会公正建立了可靠的基础。

律法维护社会公正的伦理要求。律法中的公正，体现在立法、执法、司法、法律监督、法律遵守等各个环节。律法中的公正首先体现在立法当中。在《摩西五经》即“律法书”中，有着很多涉及公平处罚的法律规范。例如：“以命偿命，以眼还眼，以牙还牙，以手还手，以脚

---

①　[美]罗伯特・塞尔茨：《犹太的思想》，赵立行、冯玮译，上海三联书店1995年版，第74页。

还脚,以烙还烙,以伤还伤,以打还打。”(《出埃及记》21:23~25)在圣经犹太教时期,同态复仇有其产生和存在的合理性,反映了早期希伯来社会的公正观念。不仅立法要体现公正,司法诉讼和裁判中也要公正。因为审判属于上帝,所以必须体现上帝的公正。

在争讼的处理上,裁判官既不可以通过受贿偏袒富人,也不可以随意偏袒穷人。“不可杀无辜和正义的人……不可受贿赂,因为贿赂能使明眼人变瞎,又能歪曲义人的话。”(《出埃及记》23:7~8)对待任何人,即使不是本族人,也要公平对待。对于证人来说,作见证不能屈于社会压力,必须保证见证真实可靠。《圣经》说:“不可作假见证去陷害你的邻人。”(《出埃及记》20:16)“不可在诉讼的事上随众说歪曲正义的话。”(《出埃及记》23:2)

律法的公正体现在商业交易和社会交往中,要求人们之间讲求诚信。诚实无欺,说真话,不撒谎,是律法的要求。“十诫”中有“不可作假见证陷害人”一条,假证就是谎言的一种。《圣经》中说:“你们施行审判,不可行不义,在尺、秤、升、斗上也是如此。要用公道天平、公道法码、公道升斗、公道秤。”(《利未记》19:35~36)虽然商业贸易的目的是为了获利,但交易活动必须公平公正,决不允许有缺斤短两之类的欺骗行为,否则就要受到严厉的惩罚。在《圣经》中有这样的说法:“作假见证的,不免受罚;吐出谎言的,也必灭亡”……“口吐真言,永远坚立;舌说谎言,只存片时。”(《箴言》19:9,12:19)在《塔木德》中,贤哲们说:“当人(在死后)被带到法庭时,问他的第一个问题是:你做生意诚实吗?……行为诚实的人讨同胞喜欢,这样的人其德行相当于履行了全部的《托拉》。”[①]迈蒙尼德指出:“戒律的目的显而易见,因为它们都是为了保证人们之间所必然发生的交易公平进行,即规定交易双方必须互帮互助,设身处地地为对方着想,而不能一味地

---

① 参见[美]亚伯拉罕·科恩:《大众塔木德》,盖逊译,山东大学出版社2000年版,第259页。

贪图私利，谋取所有利润。”[①]

“己所不欲，勿施于人”这一为人处世的基本要求，被看作是律法的精义。据《塔木德》记载，一个异教徒为难贤哲希勒尔，提出如果能在他单腿站立的时间说出犹太教的精义，他就皈依犹太教。希勒尔不慌不忙地说：“己所不悦者，勿施于同胞。这就是全部《托拉》，其余皆为注解。现在去学习吧。”（《密释纳·安息日》31a）异教徒遂归信犹太教。在希勒尔看来，《托拉》是上帝启示犹太人的律法，遵奉《托拉》是服从上帝的标志，《托拉》就是犹太教。己所不欲，勿施于人，来源于《圣经》的“却要爱人如己”（《利未记》19：18），希勒尔认为这就是律法的精义。其他的诫命律法，无一不是据此作出的解释和引申。“律法要求我们，要尽可能地培养自己的这种道德品质，即人应体恤其亲属，善待凡与其有亲属关系的每个人，不论他曾冒犯过自己或对自己干过错事。即使他品德恶劣，人也必须体贴他、呵护他。”[②]

在犹太教传统中，律法以神人立约的形式表现出来，律法是神人约的主体内容。神通过与犹太民族整体立约，也就与每一个以色列人建立了契约关系。服务于人也就是服务于神，爱邻人与爱神是统一的。既然所有的人都生活在同一种与神缔约的关系上，每个以色列人就与其他人有了互相忠信的关系纽带。以色列是一个兄弟般的集体，萌发于广泛的兄弟之情的基本要求就是要维护法律与公义。以色列诸族虽以共同的种族来源、历史和文化维系在一起，但最重要的，诸族是由神人之约所维系的。以色列人对于同一盟约和同一神圣救赎经验的归属感，把整个民族变成了一个非常有凝聚力的宗教团体。

最后，律法维护人人平等。

希伯来《圣经》记载：“我们要照着我们的形象，按着我们的样式

---

① 摩西·迈蒙尼德：《迷途指津》，傅有德等译，山东大学出版社 1998 年版，第 520 页。

② 摩西·迈蒙尼德：《迷途指津》，傅有德等译，山东大学出版社 1998 年版，第 521～522 页。

造人……神照着自己的形象造人，乃是照着他的形象造男造女。”(《创世记》1:26～27)犹太教认为，既然每个人都是上帝按着他的形象造成的，那么，每个人都是独一上帝的儿女，都是珍贵和独特的。所有人都是按上帝的形象创造的，每个人在本质上就是平等的，即在人格上没有高低贵贱，在基本人权上不存在有无和多寡的差别。也就是说，人类都是亚当和夏娃的后代、上帝的子民，任何人无论贫富贵贱，在上帝面前一律平等，每个人都享有同样的人格和尊严。基于上帝面前人人平等，所有人在律法和契约面前也一律平等，都须同样地接受律法和契约的拘束。按照《塔木德》中的说法，律法面前人人平等，连上帝也不例外。

安息日这个犹太教的圣日，突出体现了律法的平等观。安息日的意义不仅在于可以使人们劳作了几天之后休息一天，更重要的是它在宗教上的神圣性。安息日是身体休息和放松的一天，也应该是精神生活充实、愉悦的一天。安息日是对每个人的忠诚的一种提示，是对主人和奴隶、富人和穷人、成功和失败之间差异的否定。庆祝安息日就是要使人意识到，人归根到底是独立于文明和社会、独立于成就和焦虑的。安息日体现了人人平等的信念，体现了人人平等就意味着人人高贵的信念。人犯下的最严重的罪恶，就是忘记了自己是一个王子。安息日是一个保证，它保证了精神比宇宙更为卓越，善之后才是神圣。宇宙是用六天时间造就的，但创造的顶点是第七天。在前六天里创造出来的事物是好的(good)，而第七天则是神圣的(holy)。安息日是时间中的神圣(holiness in time)。①

从社会制度层面看，在亚伯拉罕之约、西奈之约影响下形成的以色列，在奴隶群体基础上形成的犹太民族中，根本没有等级制度存在的余地。在古代以色列，部族制度一直被《圣经》奉为理想社会。这种偏向至少使以色列社会没有受到强大的上层阶级的控制，而是自

① 参见[美]亚伯拉罕·海舍尔:《觅人的上帝:犹太教哲学》，郭鹏、吴正选译，山东大学出版社2003年版，第391页。

觉地成为一个平等的社会，其中每个公民都享有同样的基本权益。在以色列人的理想社会中，每个人都是平等的，个人的自由只受家族内的相互担负的责任制约。犹太人定居之初，地方长老曾经是各社区的领袖，但对国王的需要后来成为大势所趋。但在当时并不是没有反对的声音，甚至在以色列立王已经不可避免的时候，律法对此也有严格的规定(《申命记》17:14～20)。[①] 可见，从历史渊源看，社会平等一直都是以色列社会追求的理想。

律法中的平等具有普世性。犹太教的伦理一神论总是主张普遍的律法，要求平等地对待一切人。也就是说，一神论特征决定了犹太教必然内含普世论。如利奥・拜克认为："一神论必须内含普世论：一神只能有一种可以把所有人召唤于其下的宗教，并且只有将所有的人联合于自身中，它才能实现自己的历史现实性。"[②]律法的主要规范(如"十诫")皆不针对特定的阶层，而是适用于整个以色列民族，甚至其核心规范还超越了人类的身份限制，这在一定程度上使之具有了后世的"自然法"属性。然而，这种普遍主义伦理尚不彻底，比如，在"取利"(《申命记》23)与"豁免年"(《申命记》15)问题上，律法的规定构成了"对内道德"与"对外道德"的伦理二元性。

三、律法中的慈善

在希伯来文中，表示"慈善"的 hesed 一词，意指出于兄弟情分，涉及彼此之间的美德、善良、仁慈或喜爱的观念。把 hesed 用于人、部落或民族时，就要求出自同情和理解的相互帮助。以色列人和上帝所立的盟约表达的是同一种 hesed 关系，一方面是神和民众之间的 hesed 关系，另一方面是民众彼此之间的 hesed 关系。《圣经》所

---

① 参见[英]约翰・德雷恩：《旧约概论》，许一新译，北京大学出版社 2004 年版，第 322 页。

② [德]利奥・拜克：《犹太教的本质》，傅永军、于健译，山东大学出版社 2002 年版，第 55 页。

宣扬的爱包括两个方面:爱神与爱人。爱表达的是怜悯、同情、关心、仁慈等道德情感。犹太人的“经训”说:“以色列啊! 你要听:耶和华我们神是独一的主。你要尽心、尽性、尽力爱耶和华你的神。”(《申命记》6:4～5)在《利未记》中则说:“和你们同居的外人,你们要看他如本地人一样,并要爱他如己,因为你们在埃及地也作过寄居的。”(19:34)

就神和民众之间的关系这一层面而言,hesed 作为犹太教的核心概念,是一个情感性的概念,表述上帝与个体之间相互缠绕的关系;同时,hesed 也是一个历史性的概念,以色列的救恩史就是耶和华的慈爱之历史展开;再者,它还是一个个体性的概念,宇宙之创造与维持皆因耶和华的慈爱。① 在犹太教中,尽管上帝的判决是严厉的,要以苦痛严惩邪恶,但是律法被理解为上帝的爱、信仰和神恩的一个方面。犹太教宣称,上帝本人就是立法者和法官,他是仁慈的、公正的,是充满爱心的。他的律法和判决是其仁爱的一个方面,也是恩典本身的一个方面,是神妙之物,崇高与欢悦之物、给予人类福祉。卢扎托认为,犹太教是情感之心(heart)的宗教,而非理智之心(mind)的宗教。犹太教中的律法和道德训诫作为情感的产物,其目的是把人们引向上帝。②

犹太教认为,公义与仁慈这两种品性,无论哪一种,都无法单独奠定社会秩序的基础。作为《托拉》试金石的公义,与积极行善、友善待人含义的仁慈结合在一起,公义才具有创造性。先知弥迦称,上帝要求人要“行公义,好怜悯,谦卑地与上帝同行”(《弥迦书》6:8)。先知耶利米认为,上帝对人的要求,是施行慈爱、公平和公义。(《耶利米书》9:23)在希伯来语中,施舍行善被称为“公义”,慈善就是公义的

---

① 参见游斌:《希伯来圣经的文本、历史与思想世界》,宗教文化出版社 2007 年版,第 481 页。

② 参见[美]大卫·鲁达夫斯基:《近现代犹太宗教运动:解放与调整的历史》,傅有德等译,山东大学出版社 1996 年版,第 279 页。

体现。在犹太教中，施善(Gemilut hesed)指任何仁慈、体谅或捐助的行为，是犹太教价值观念的基础，犹太教伦理的基本特征之一。《圣经》中说："行仁义公平，比献祭更蒙耶和华悦纳。"(《箴言》21:3)《塔木德》更是把行善放在最重要的位置："公义之重要，等于其他所有诫命加在一起。"犹太教拉比认为，施善与托拉、圣殿礼拜同为整个宗教所依赖的三大基石。虽精通律法而不行此道，则如不信者一样。

律法对犹太社会中的孱弱和贫苦者有所保障。相关的律法规定有："不可亏负寄居的，也不可欺压他，因为你们在埃及地也作过寄居的。"(《出埃及记》22:21)"不可苦待寡妇和孤儿。"(《出埃及记》22:22)"我民中有贫穷人与你同住，你若借钱给他，不可如放债的向他取利。"(《出埃及记》22:25)"不可在穷人争讼的事上屈枉正直。"(《出埃及记》23:6)"不可咒骂聋子，也不可将绊脚石放在瞎子面前。"(《利未记》19:14)"住在你城里的利未人，你不可丢弃他，因为他在你们中间无分无业。"(《申命记》14:27)"困苦贫乏的佣工，无论是你弟兄，或是在你城里寄居的，你不可欺负他。"(《申命记》24:14)

在圣经犹太教时代，土地拥有是社会问题的核心。以色列人将所有土地看成是属于神的，土地作为非交易品信托给家庭，让他们一代一代地使用。(《利未记》25:23)以色列人希望以此方式避免土地的过度集中，维系全民的相对平等。由于当时常常发生借贷者用衣物或其他物品作抵押而后无力赎取的情况，律法规定了什么可作贷款的抵押。(《出埃及记》22:26～27;《申命记》24:6)放债取利也受到禁止。律法还规定，安息年要豁免债务，禧年也要豁免债务。(《申命记》15:1～11)

作为一个长期失去祖国、寄人篱下的民族，犹太人非常重视内部的团结和凝聚力。如果一方面在外面受到歧视和迫害，另一方面又在内部因贫富悬殊而四分五裂，犹太民族肯定会面临生存危机。因而，慈善和互助在犹太人看来是理所当然的，这是他们的宗教责任，也是民族生存的需要。犹太教的慈善制度——策达卡(Tzedakah)，原义指"公义"(Tsadak)，引申为公益事业，意味着共同善待他人、多行善事，体恤孤贫、济困扶危。该制度突出了个人对他人、对社会的无私奉献，增强了犹太人的社会责任感。数千年来，犹太人始终把策达卡制度作为家庭与社会生活中最重要的准则。律法规定，犹太人要拿出他们收入中相当大的一部分用于慈善事业，这种比例大约应为十分之一。只有在确实无奈的情况下才应接受别人的施舍。从施舍的一方来说，最好的施舍是帮助困难者自立，从而使他们以后不再需要别人施舍。为了强调施舍者和接受施舍者之间的平等关系，并且强调施舍是上帝的安排，犹太教鼓励授方和受方互不见面的施舍。犹太人把慈善捐献看作一种纽带，一个联结中心，一个散居共同体的会聚点。同时，募捐作为一种犹太传统教育，能有效加强犹太人的民族认同感。依靠这种认同感，犹太民族得以延存下去。

根据传统的犹太教，人生的目的是做“义人”，而做义人就是要行上帝的道，就是要按神圣的律法行事。无疑，犹太教强调“因行称义”，突出人的善行对于救赎的意义。但是，在它背后隐含的是对上帝当然的、毋庸置疑的信仰。信仰上帝，崇拜上帝，敬畏上帝，热爱上帝是人生的第一要义。善行和信仰属于犹太教的一体两面，不是相互分离的关系。在犹太教里，善行不完全是“外在的”，它本身体现的是内心的虔诚信仰。日常生活中的善行直接依照的是律法，最终体现和维护的则是对上帝的内在信仰。

四、律法中的圣洁

“圣化意识”是犹太教伦理的核心，是犹太教伦理学的基石。这种意识源自《圣经》：“神说：‘我们要照着我们的形象，按着我们的样式造人……’神就照着自己的形象造人，乃是照着他的形象造男造女。”（《创世记》1：26～27）“你们要圣洁，因为我耶和华你们的神是圣洁的。”（《利未记》19：2）在犹太教看来，上帝是道德和律法的源泉，既然人是按上帝的形象创造的，模仿神、像神一样地生活就是人生的目的。上帝是圣洁的、正义的、仁慈的，所以，他要求犹太人乃至全人类也要像他一样圣洁、正义、仁慈。为此，就必须全心全意地爱神、敬畏神，遵守神的律法，按神的吩咐行事。犹太教伦理的主要目标，在犹太教作为一种以 Kiddush Hashem（圣化上帝之名）和 Kiddush Hahayyim（圣化生命）思想为基础的宗教的性质上，得到了充分的表达。“圣化”这一概念将神和人结合起来。[①]

根据犹太教传统，律法乃上帝所赐，遵循它们可以使生活圣洁。《圣经》中说：“如今你们若实在听从我的话，遵守我的约，就要在万民中作属我的子民，因为全地都是我的。你们要归我作祭司的国度，为圣洁的国民。”（《出埃及记》19：5～6）这一经文突出了以色列人的独特性，即惟有他们被给予了神性的《托拉》，因此享有全民祭司的特殊地位和神圣民族的荣耀。犹太教认为，上帝把以色列人从万民中挑选出来，使之成为一个神圣的民族。神与以色列的特殊关系，没有使以色列人得到更多特权，而是要求其承担特殊的责任。上帝把律法赐给以色列人，以色列人必须接受并在生活中予以遵守。遵循律法可以使生活圣洁，使人变得神圣。在以色列社会看来，人的一生应该是圣化的一生，日常生活中的禁忌、习俗礼仪、圣日节日之类作为生活智慧的表现，其作用就是使原本朴素无华的犹太生活神圣化。

律法圣化生活，塑造一种不同凡俗的生活世界。利奥·拜克指出，人们相信的上帝是怎样的，他们对自己的行为方式的要求也会是怎样的。由于信仰唯一的上帝，人清楚地发现了自己心灵的价值、同类的价值和人类整体的价值。我们要圣洁，因为我们的神耶和华是圣洁的。这是人对上帝的责任。对于我们的邻居，我们也负有同样的责任：我们必须知道“他的心”，我们要尊奉他的上帝的形象，他与我们同住，我们必须爱他，因为他喜欢我们。[②] 基于对上帝的义务，以色列人要施善行，承担起自己的责任。由于圣洁与德行相连，遵行

---

① 参见［美］撒母耳·S·科亨：《犹太教：一种生活之道》，徐新、张利伟等译，四川人民出版社2009年版，第127页。

② 参见［德］利奥·拜克：《犹太教的本质》，傅永军、于健译，山东大学出版社2002年版，第75～76页。

律法，就能使以色列成为圣洁的国度、祭司的国民，回归神人和谐的理想状态。

在犹太教中，安息日律法提升人的精神境界。犹太教传统认为安息日源自《圣经》记载。《托拉》中说，上帝用六天时间创造了一个完美的世界，然后第七天休息。从此人们每工作六天后就休息，过安息日。但是人们过安息日的目的绝非只是为放松体力，更重要的是体验幸福、神圣并使精神圣化。依据《塔木德》的说法，在安息日这一天人们把忧愁和烦恼抛到一边，读《托拉》、研究圣贤的教诲，认真检查自己，从而使自己的精神境界升华到一个新的高度。犹太教拉比认为，安息日就像一位圣洁的新娘，她和丈夫——以色列永远相伴。在星期五的晚祷中，大家边唱边起立，转身面向会堂门口，深鞠一躬，示意欢迎新娘安息日步入圣堂。

饮食律法也是以色列人的圣洁之道。《利未记》明确反映出饮食律法与以色列蒙神召选之间存在的联系(20:24～26)。通过限定饮食，只许吃洁净动物，以色列人会想起自己的职责，即做有别于他族的圣洁国民。对于犹太人来说，严格按照这样细致的规定去做，不仅是对律法的遵守，更是传递着传统的价值。传统的饮食律法承载着维系犹太民族同一性的重要功能，它让每一个犹太人感觉到自己真正地是犹太人。通过安息日等圣日与节日，通过饮食律法、割礼成年礼等各方面的规定，律法塑造着一种不同凡俗的生活世界。

利奥·拜克指出："'上帝宠幸以色列人，为此他给了他们一部丰富的《托拉》和众多的诫命。'它们以永葆生机的信条努力使人超越卑微和平庸，指示给他神圣的理想，唤醒他内心热切而又欢欣的觉悟，使他永远站在上帝的面前。这些条规没有将人带离自身环境的企图，它们让人眷恋自己的工作和家庭，在那里它们使人与上帝相关联。它们要求灵魂内在于每时每刻的行为中。每个清晨、中午和晚上，每次开始与结束，都做祈祷和礼拜。犹太会堂的气氛，宗教虔敬的光环，延展至整个存在，每天都有训诫和奉献，律法使得犹太教不会变成一个仅只是为着主日的宗教，同样也克服了将神圣与生活分开的圣礼，从而将神圣引入生活。”①

在犹太教中，诫命被比作一盏灯（《箴言》6:23）。点灯的目的不在于点灯这个行为本身，也不在于这一行为的直接后果，即点燃灯芯、消耗灯油。真正的目的是要发出光亮。同样，履行诫命的目的在于实现诫命的意义，在于获得发自诫命的光亮。行为是人履行的，但光亮来自上帝。每一条诫命都为以色列增添了圣洁性。在犹太人看来，律法带给他们洁净，但又不止于洁净：仁慈之心；带给他们健康，而又不止于健康：神圣性；带给他们力量，而又不止于力量：一个内心的世界。悲惨而骇人的世界因此而变得温婉动人，令人为之着迷。②律法规范着人的内在生活和外在生活，追求个人的完善和民族与社会的公义。它使得卑者升高、弱者增强、沮丧者喜乐、灰心者盼望，使得日常生活在这一群体里成为神圣、圣洁和有意义的。这一个群体，除了信仰使得他们如此之外，与别的群体也没有什么不同。③

第三节　律法的人性关怀

尽管是律法是神性律法，属于神性智慧的体现，但实际上关注的是人，关注“如何做人”和“如何行为”。人既然是按照上帝的形象所造，人的尊严自然要得以维护，任何人的生命都超然重要。在犹太传统中，律法作用于人心。律法作为人的信仰方式、人的生活之道，关心人从何而来、向何处去，追求人生的价值和意义。律法关怀弱势群体，关心少数人的利益保障，注重慈善事业的开展。律法珍爱生命，认为一个人等同于整个世界。犹太教主张，真实的人性须经由教化

---

① 参见[德]利奥·拜克：《犹太教的本质》，傅永军、于健译，山东大学出版社2002年版，第231页。

② 参见[美]亚伯拉罕·海舍尔：《觅人的上帝：犹太教哲学》，郭鹏、吴正选译，山东大学出版社2003年版，第336～337页。

③ 参见[美]雅各·纽斯纳：《犹太教》，周伟驰译，上海古籍出版社2008年版，第127页。

而来。没有教化的人只是动物,透过教化方可唤醒人昏昧的本性,使之超越自身。根源于人心的法律,是真正有生命力的。

一、律法是人性的体现

宗教是人与上帝的关系和人对上帝的态度,即人对上帝的依赖关系和虔敬的态度。但宗教并不唯一地表示人对上帝的依赖、崇拜、虔敬,而且也可表示人对他人和对自己的关系和态度。对神的虔诚也要表现在对他人和对自己的态度和行为方式上,即在伦理的态度和行为上表现出来。虽然宗教的目的在于强化信仰,强化对神的敬畏和依赖,但无疑也很关注人与人的关系,群体内外的关系。在理想境界上,宗教应是一种承认个人及群体现实存在的有限性,从而在灵性精神上追问终极意义、体认人性升华,并以求真为善、虔诚笃信来超越自我、臻于神圣的文化现象。宗教并不脱离人、更不漠视人,而是反映对人的关怀、表达人的向往和追求。①

徐复观先生认为,宗教的本质,应当在于迷信中有其超迷信的意义。某种宗教的没落或伸长,完全看它遇着人类知识的抵抗时,能够从迷信中脱皮出来,以发展超迷信的意义。而所谓超迷信的意义,应当是对于现实生活中的人文的肯定,尤其是对于人生价值的肯定,鼓励与保障;因而给予人生价值以最后的根据与保障。同时也即是以人生价值,重新作为宗教的最后根据。由此,“宗教与人生价值的结合,与道德价值的结合,亦即是宗教与人文的结合,信仰的神与人的主体性的结合;这是最高级宗教的必然形态,也是宗教自身今后必然的进路”②。

在古代世界,法律不仅是政治统治的方式,也是人性和人的生活方式的体现。卡西尔指出:“人的突出特征,人与众不同的本质,既不是他的形而上学本性也不是他的物理本性,而是人的劳作(work)。

---

① 参见卓新平:《宗教理解》,社会科学文献出版社1999年版,第83页。

② 徐复观:《中国人性论史》,华东师范大学出版社2005年版,第24页。

正是这种劳作，正是这种人类活动的体系，规定和划定了‘人性’的圆周。语言、神话、宗教、艺术、科学、历史，都是这个圆的组成部分和各个扇面。……语言、艺术、神话、宗教决不是互不相干的任意创造。它们是被一个共同的纽带结合在一起的。但是这个纽带不是一种实体的纽带，如在经院哲学中所想象和形容的那样，而是一种功能的纽带。我们必须深入到这些活动的无数形态和表现之后去寻找的，正是言语、神话、艺术、宗教的这种基本功能。”[①]对律法的探索，也是对其中的人性和人的生活方式的探索。

在犹太教中，以色列人被视为上帝的特选子民，由此形成“上帝的选民”之说。以这种选民之愿望，犹太教希冀其民族生存和发展能得到上帝更多的眷顾和保护，企盼其民族在此世的兴旺与繁荣。“耶和华你的神从地上的万民中拣选你，特作自己的子民。耶和华专爱你们，拣选你们，并非因你们的人数多于别民，原来你们的人数在万民中是最少的。只因耶和华爱你们，又因要守他向你们列祖所起的誓。”（《申命记》7：6～7）基于这种理解，犹太教认为上帝与世人建立有一种契约关系，通过上帝与人以彩虹为约、定割礼、立“十诫”，人在世间的独特地位得以肯定和强调。在犹太教的神明观念上，其上帝乃是“觅人的上帝”，这种认知突出了上帝对人的关怀和对人的需要。而这种觅人过程中上帝对人的参与和支持，则展示了人类生命的神圣价值。

犹太教就其本质而言是一种生活方式，其重心在于一个“行”字。行就是履行律法，其目的和结果是使人成为一个义人。这里的“义”是正当、公正的意思，而正当和公正则是按神圣的律法办事。犹太教要求信徒在生活实践中全身心地履行律法，其目的是教人“如何做人”或“如何行为”。对于一个犹太教徒来说，要紧的是两件事：一是信仰上帝，二是履行律法。

---

① ［德］恩斯特·卡西尔：《人论》，甘阳译，上海译文出版社1985年版，第87页。

二、律法作用于人心

在犹太教传统中，律法作用于人心。律法不仅仅是礼仪和仪式，或者社会的和个人的义务。律法是人的信仰方式、人的生活之道，关心人从何而来、向何处去，追求人生的价值和意义。如《圣经》所说："你要尽心、尽性、尽力爱耶和华你的神。"(《申命记》6:5)

按照《圣经》记载："耶和华上帝用地上的尘土造人，将生气吹在他鼻孔里，他就成了有灵的活人，名叫亚当。"(《创世记》2:7)"你收回他们的气，他们就死亡，归于尘土。你发出你的灵，他们便受造。"(《诗篇》104:29～30)犹太教认为，人是上帝按照自己的样子所造的。这番解说表明：首先，人拥有做人的尊严。人们之间的差别无论有多大，他们与上帝之间的类同是共同的。上帝的契约是对所有人的，不是这个或那个单独的人，而是所有的人都是按照上帝的形象创造出来的。其次，人具有创造能力。人通过自身的创造活动把永恒和无限带到这个世界上来。这种创造活动首先表现为人的灵魂净化活动。这种净化是一种道德的创造活动。可见，人既然是按照上帝的形象所造，人的尊严自然要得以维护，任何人的生命都超然重要。

犹太教对心智和灵魂的要求很严格，心智和灵魂对犹太教也极为重要。"上帝要的是心"，而不仅仅是行为；要的是感悟，而不仅仅是服从；要的是对上帝的认识和理解，而不仅仅是接受。海舍尔认为，可以把律法分为两类：既要求外在的履行又要求灵魂参与的义务，以及只要求灵魂履行的义务。第一类律法数目有限，第二类律法的数目则是无穷的。但是，在这两类律法中，理智和心灵从来就没有被免除服务于上帝的义务。同时，犹太文献详细论述了这样一个观念，即人的每个行动都取决于动机和隐藏于心中的情感。在犹太教中，履行心的义务优先于履行日常诫命的义务。"只要我们还有生命和理智"，心的义务，"一年四季，不论何时何地，不论在何种情况下"，都对我们具有约束力。[①]

在犹太教传统观念中，罪是多层次的，道德观念上的错位也是犯罪。拉比们认为罪就是对上帝不折不扣的反叛。上帝将其意志显示在了《托拉》之中，对其中任何一条律法的抗拒就是犯罪。顺从《托拉》就是美德；漠视《托拉》便是犯罪。在犹太教中，“人的邪恶”可能指罪恶的行为，但主要是指“心中的恶念”。古代以色列人已经认识到，人的行动是由人的思想来支配的，人想到了，就有可能付诸行动。“十诫”中的第十诫（“不可贪恋人的房屋，也不可贪恋人的妻子、仆婢、牛驴，并他一切所有的”）不仅是要禁止罪恶的行为，而且要禁止贪念。

卢扎托把犹太教视为一种情感之心（heart）的宗教，而非理智之心（mind or intellect）的宗教。他声称，犹太教教义表明了人类与生俱来的同情心，正是它促使一个人为善而行善。他认为，这种同情之感是常人所禀有的自爱倾向投向他人的结果。正是出于这一动机，才衍生出如此众多的《圣经》和拉比戒律。例如，《圣经》要求在夜间归还典当的衣物，在七年一度的安息年取消所有债务并救济那些不堪重荷的穷人。拉比律法禁止雇主因搬运工在运货过程中失手打破酒桶而克扣他们的工资，也体现了这种精神。这种恻隐之心还表现于摩西和塔木德律法对寡妇、孤儿和陌生人所抱的慈善救助的态度。[②]

在犹太教中，上帝对只是出于对诫命的服从而履行诫命的行为并不悦纳；他主要希望让人有一颗纯洁的心，努力达成真正的崇拜。心是身体其他器官的王和指导者。因此，如果心不能说服自己去崇拜上帝，身体的其他器官对上帝的崇拜就没有生命价值。所以，经上

---

① 参见[美]亚伯拉罕·海舍尔：《觅人的上帝：犹太教哲学》，郭鹏、吴正选译，山东大学出版社 2003 年版，第 290 页。

② 参见[美]大卫·鲁达夫斯基：《近现代犹太宗教运动：解放与调整的历史》，傅有德等译，山东大学出版社 1996 年版，第 279 页。

说:我儿,要将你的心归我。[①] 需要指出的是,希伯来语中的"心"(leb)和希腊哲学中的"心灵"(nous/mind)明显不同。希伯来语的leb指人的有血有肉的心。希腊哲学中的心(nous/mind)是人认识世界的主体,其功能是思想,而希伯来《圣经》中所说的心是情感的主体。畏惧、爱、谦卑、仁慈等等情感,皆从它而产生。"你要尽心、尽性、尽力爱耶和华你的上帝。"(《申命记》6:5)这段话要求以色列人对上帝的爱要发自"内心"(leb/heart),要用真心情去爱上帝,而不是用心智(nous/mind)去认识、思想上帝。[②]

三、律法中的人性关怀

首先,人格尊严和人身自由不得侵犯。

犹太民族一直受到教导,要把他们自己视为上帝之子(《申命记》14:1),并把这种神人关系延伸至所有信仰和种族的人。作为上帝的子民,人不应降格为工业秩序或政治秩序中的一个纯粹的齿轮。人本身就是人的价值的中心,就是他本身的目的。个人的价值,是犹太教民主精神的基石。不论其出身贵贱和地位高低,每个人都被认为是神赐的,是拥有灵魂的。拉比以利扎说:"整个世界只是为人创造的。"拉比阿巴·卡哈那说:"人重于整个世界。"[③]

律法规定,在安息日,个人享有闲暇和自由的权利。"这一日你和你的儿女、仆婢、牛、驴、牲畜,并在你城里寄居的客旅,无论何工都不可做,使你的仆婢可以和你一样安息。"(《申命记》5:14)一位拉比创作了一则供在安息日前夜诵说的简短祷告词:"主啊,我们的上帝,我们的君王,你出于对你的子民以色列人的爱,你出于对与你立约的孩子们的仁慈,主啊,我们的上帝,你才赐给了我们这个包含着爱的

---

① 参见[美]亚伯拉罕·海舍尔:《觅人的上帝:犹太教哲学》,郭鹏、吴正选译,山东大学出版社2003年版,第434页。

② 参见傅有德等:《犹太哲学史》上卷,中国人民大学出版社2008年版,第52~53页。

③ 参见[美]撒母耳·S·科亨:《犹太教:一种生活之道》,徐新、张利伟等译,四川人民出版社2009年版,第128页。

神圣的第七日。”只有认为安息日幸福快乐的人才能说出这样的话，并且这也确是犹太人对安息日的看法。[①]

律法规定，在因袭击造成伤害的索赔中，赔偿可以有五项名目：“如果一个人伤害了他的同伴，他有责任在五个方面作出赔偿：损伤，痛苦，愈合，时间损失，以及羞辱。……至于羞辱，这要取决于造成羞辱和蒙受羞辱者（的地位）。”“这一切取决于受到羞辱一方的名声。不过，拉比阿基巴说，即使是以色列的穷人也应把他们当作命运不济的自由人来敬重，因为他们是亚伯拉罕、以撒，以及雅各的后裔。”[②]

律法规定：“新娶妻之人，不可从军出征，也不可托他办理什么公事，可以在家清闲一年，使他所娶的妻快乐。”（《申命记》24:5）

在犹太教中，压制人的精神，就是冒犯人的神圣性。有学者指出，无论是工业的、经济的还是政治的效率计划，都必须为人的需求服务，它们不能成为人类得向他献祭的摩洛神。人不应被当作他人欲望的单纯工具来对待，人发展成为自由个体的手段必须得到保障。只要人的基本人性或自由受到了压制，社会秩序的根基就会动摇。[③]

律法规定，人身自由不得侵犯。这特别体现在律法中奴隶的地位，相对于其他早期法律中的规定有了很大的差别。律法进而规定：“若有奴仆脱了主人的手，逃到你那里，你不可将他交付他的主人。他必在你那里与你同住，在你的城邑中，要由他选择一个所喜悦的地方居住，你不可欺负他。”（《申命记》23:15～16）。由于对人的生命的珍惜，在以色列社会中充任奴隶，要比在美索不达米亚的命运好得多。而《汉谟拉比法典》第15条规定：“若有人帮助了城邦男奴或女奴、抑或是私家男奴或女奴逃出城门，则此人当被处死。”第282条规

---

① 参见[美]亚伯拉罕·科恩：《大众塔木德》，盖逊译，山东大学出版社2000年版，第176页。

② [美]亚伯拉罕·科恩：《大众塔木德》，盖逊译，山东大学出版社2000年版，第377～378页。

③ 参见[美]撒母耳·S·科亨：《犹太教：一种生活之道》，徐新、张利伟等译，四川人民出版社2009年版，第128页。

定:“若有男奴对其主人言讲:‘汝非吾主人’,则其主人当证明此人为其奴隶并割其耳。”

在美索不达米亚,包庇逃跑奴隶是死罪,在以色列反而受到鼓励。在美索不达米亚做奴隶是个无止境的事,尽管用钱可以赎身也不能摆脱这一点。以色列的奴隶在服役六年后的第七年,可以分文不付获得自由(《出埃及记》21:2)。更为不同的是,在《汉谟拉比法典》中有奴隶不服管理而不承认主人的事件(第282条);而在希伯来《圣经》中,有对主人忠诚不二愿意永远作主人奴隶的记载(《出埃及记》21:5)。关于伤害奴隶的赔偿,律法规定:“如果有人打掉了一个男奴隶或女奴隶的牙齿,就要让他自由,以补偿他的牙齿。”(《出埃及记》21:27)

其次,人的生命超然重要。

人既然是按照上帝的形象所造,那么任何人的生命都超然重要。《密释纳》中说,任何人招致一个灵魂消亡,上帝便把这罪归咎于他,好像他引起了整个世界的消亡;如果任何人拯救一个灵魂,上帝便把这业归咎于他,好像他拯救了整个世界。一个人完成了一项指令,遵守一个安息日或挽救一人生命,上帝的评价就好像此人挽救了整个世界。一个人犯下一条罪孽,亵渎一个安息日或毁掉一人生命,上帝的评价就好像此人毁掉了整个世界。

按照犹太传统观念,每个人的出生都是上帝和父母三人的杰作。生命是神圣的,生命不但属于自己,更属于上帝。因此自杀是严重的违戒行为。甚至认为对自己身体任何部位的有意损或永久性的污染都是严重的过犯。比如613条诫命的第253条规定不得文身。不但生命是神圣的,生活也是神圣的,应该按照上帝教导的方式去生活。无论生活中遇到什么样的苦难和挫折,都应该顽强地活下去,要热爱生活。[①]

① 参见范雨辰、张零贵:《生活在约旦河西岸》,中国广播电视出版社2006年版,第141~142页。

人的生命,如同人格一样,其本身就是目的,就是神圣不可侵犯的。生命是上帝的属性,上帝被视为“生命的源泉”,并且他“为生命而喜悦”。源自上帝的生命,是人类最高的善,人必须像看护信托财产一样珍惜生命。对于犹太人来说,保存生命是人的至高无上的责任。当生命受到威胁时,守安息日、赎罪日斋戒及饮食律法等都可以置之不顾。即便不能确定生命能否得到拯救,还是可以将这些律法置之不顾。“没有任何事情能阻止人挽救生命,但叛教、乱伦和谋杀除外。”这就是说,以亵渎最高价值为代价所得到的生命是毫无价值的。①

“十诫”的第六诫规定“不可杀人”(《出埃及记》20:13)。在传统犹太教看来,这一诫命绝对不受性别或社会地位的限制。由于杀人罪是一种严重的犯罪,律法对杀人行为按不同情况分别作出具体规定:情有可原的(《出埃及记》21:13)、意外的(《民数记》35:23)或合理的(《出埃及记》22:2)杀人均不构成犯罪,律法为此特设了避难城,对无罪杀人者的生命给予保护,这对死者的灵魂也是一种安慰。但是故意杀人是犯罪行为,将受到法律的严厉制裁。律法规定:“打人以致打死的,必要把他治死。”(《出埃及记》21:12)

在任何其他情况下,自杀都被谴责为一种谋杀。无论是对他人还是对自己犯罪,都是忤逆上帝。因为律法规定:“流你们的血、害你们命的,无论是兽是人,我必讨他的罪,就是向各人的弟兄也是如此。凡流人血的,他的血也必被人所流,因为上帝造人,是照自己的形象造的。”(《创世记》9:5～6)

出于对人的性命的珍惜,对伤人性命的罪行,一旦确认则惩罚也更加严重。在美索不达米亚,所养之牛抵死人,初犯不予追究;再犯则只是以罚款为惩罚。如《汉谟拉比法典》规定:“若一头牛在沿街行走时用角将人抵死,则此案件不予起诉。若有人的牛用角抵死了人

① 参见[美]撒母耳·S·科亨:《犹太教:一种生活之道》,徐新、张利伟等译,四川人民出版社2009年版,第129页。

而市议会已将此事晓谕于他，但他并未束好牛角拴好牛，此牛又用角抵死一上层人，则此人当偿付半明纳银两。”在以色列，初犯的牛也难逃死罪；再犯的牛不仅是死刑，连牛的主人也要处以死罪。律法规定：“牛若触死男人或是女人，总要用石头打死那牛，却不可吃它的肉；牛的主人可算无罪。倘若那牛素来是触人的，有人报告了牛主，他竟不把牛拴着，以致把男人或是女人触死，就要用石头打死那牛，牛主也必治死。”(《出埃及记》21:28～29)

对于律法中“以眼还眼，以牙还牙”的规定，拉比们进行了人性化的解释。据《塔木德》记载，《革马拉》对《圣经》中所规定的“以眼还眼”(les talionis)一词的含义进行了讨论。拉比们强烈反对将其解释为对伤害他人身体者应施于肉体上的伤害，并且争辩说在执法中赔偿只能是金钱方面的。“经文上说‘以眼还眼’(《出埃及记》21:24)——这意思是赔偿金钱。你说这意思是赔偿金钱，但也许这指的是必须剥夺活生生的眼睛！不过，假如一个人的眼睛大而另一个人的眼睛小，在这种情况下我又如何应用《圣经》上‘以眼还眼’的裁定呢？……再假如一位盲人把另一个人的眼睛打了出来，或者一位跛子致使另一个人也腿跛了，在这种情况下我如何做到‘以眼还眼’呢？《托拉》宣称‘同归一例’(《利未记》24:22)——这意思是律法对于你们一切人都是一样的。”①

死刑在古代近东法律中频繁地出现，而在以色列的律法体系中，一组称为“证据立法”的法律使得执行死刑变得比较罕见。“证据立法”中最为著名的一条，规定死刑的定罪要有两个证人(《民数记》35:30;《申命记》17:6)。如果考虑到谋杀大多不是在大庭广众、光天化日之下进行的，两个证人出庭作证就比较困难了；再加上古代以色列规定妇女、儿童、奴隶不能作为法律证人，找到两个成年的自由男性作证人就更难了。这样一来，在古代以色列，执行死刑就比较罕见。

《汉谟拉比法典》第229～230条规定：“若有建筑者为人造房而

---

① [美]亚伯拉罕·科恩：《大众塔木德》，盖逊译，山东大学出版社2000年版，第378页。

施工不善，此人所造之房坍塌压死房主，则此建筑者当被处死。若此事故导致房主之子死亡，则此建筑者之子当被处死。”而《圣经》规定：“不可因子杀父，也不可因父杀子；凡被杀的都为本身的罪。”（《申命记》24：16）拉比的解释是：“这句经文是什么意思呢？如果其意图是要告诉人们不可因孩子所犯的罪而处死父亲，也不可将其颠倒过来，那么经文上明确写着‘凡被杀的都为本身的罪’！然而，其真正的意思是不可据孩子作的证而杀死父亲，反过来也是一样。”①

律法规定，如果案件牵涉到死刑，证人受到严肃的告诫从而使其明白事情的严重程度。“你要记住刑事案件不同于民事案件。对于后者来说，人可以破财而求得赎罪；然而在刑事案件中，人必须为自己的血和后代的血负责直到世界的末日。因此，我们认为这与该隐杀弟相类似，关于这人《圣经》是这样说的，‘你兄弟的血（bloods）有声音从地里向我哀告’（《创世记》4：10）。经文上写的不是‘你兄弟（自己）的血（blood）’，而是‘你兄弟的那些血（bloods）’，这意思就是他的血以及他后代的血。正是出于这一原因，起初只创造了一个人，以便告诫人们无论谁毁掉了一条生命，《圣经》便将其视同为毁掉了整个世界；而无论谁拯救了一条生命，《圣经》便将其视同为拯救了整个世界。”②

---

① ［美］亚伯拉罕·科恩：《大众塔木德》，盖逊译，山东大学出版社2000年版，第355页。

② ［美］亚伯拉罕·科恩：《大众塔木德》，盖逊译，山东大学出版社2000年版，第358～359页。

第四章 犹太教律法的形式和内容

人在本质上是规范存在的动物。人类的生存和发展离不开一定的社会秩序，而秩序的维系需要相应的社会规范。传统宗教为维持宗教教旨的本意，体现宗教最初的道德准则，避免以后各种与原初精神相违背的曲解萌生，在其制度化过程中都需要作出严谨的解说，通过一整套复杂的律法规范予以固定化、程式化，以便组织成员或新皈依者能够理解和操作，在行动中有所遵循。犹太教律法作为一种法律文化和民族生活方式，其内容具有混杂性，包含了信仰、法律、伦理、习俗等多种要素，并以民刑法、祭司礼仪、伦理规范、饮食律法和节期礼仪等形式表现出来。

第一节 律法的形式

一、律法的一体多元特征

犹太教和犹太文化具有一体多元的特征。从信仰的角度看，一体性是同一位上帝主动向人启示的结果；多元性则来自不同时代、不同地方的人对同一真理的各自体验与响应。比如，“犹太教”一词可以用于许多紧密相连的、过去和现在的宗教，它们具有一些共同的特征。尽管程度不同，它们都尊重上帝在西奈山启示给摩西的托拉，但其间在一些重要的方面也存在差异。所以，要将犹太教定义为一个单一的、统一的、从开始到现在的历史里持续不断地展开的宗教，是不可能的。当前的世界认识到有相当种类的犹太教，而在过去的历史里也足以证明其多样性。[①] 可以说，犹太文化既呈现内在精神、文化特质上的“统一性”，又表现出难以界定的“多样性”。作为犹太教和犹太文化的核心，律法同样表现为一体多元的法律体系：一神信仰为核心，多层面的律法形态，多元的法律主体，多样的律法运作方式等。从法律形式层面来看，犹太教律法主要包括成文律法与口传律法、禁忌与戒律、礼仪与节期等多种形式。

首先，成文律法与口传律法。

一般认为，犹太教律法表现为成文律法和口传律法相结合，通过不断地以经释经得以发展。作为律法的主要形式，成文律法和口传律法分别载于《摩西五经》和《塔木德》两部经典之中。成文律法，指《摩西五经》中记载的启示诫命和律例典章。《摩西五经》又称《律法书》，指希伯来《圣经》的前五卷，是犹太教基本教义之根本，也是律法诫命之源泉，在犹太教中具有绝对的权威性。《摩西五经》中包含的诫命、律例、礼仪、规则、典章和制度，对人与上帝的关系、人与人的关系以及社会生活的方方面面，作了非常严密的规定。成文律法涉及神职人员的职责与特权、平民的法律地位、权利与义务、财产所有权、债务、婚姻、家庭与继承、犯罪与刑罚、审判机构与诉讼等等。在信仰者看来，这些神圣的、至高无上的律法可以被解释或说明，但绝不能被更改。

口传律法，是对成文律法的口头解释。犹太教正统派认为，摩西在西奈山同时接受成文律法和口传律法，两者共同组成上帝传授的全部律法。在长达数个世纪的时间里，口传律法一直没有文字记载，而依靠记忆通过口授代代相传。公元200年口传律法被搜集、整理、编撰为《密释纳》，公元500年左右对其进行的诠释和评注被编为《革

① 参见［美］雅各·纽斯纳：《犹太教》，周伟驰译，上海古籍出版社2008年版，第26页。

马拉》,二者合称《塔木德》。《塔木德》中收录了两类性质不同的律法文献:一是“哈拉哈”,原义为“行走”,引申为按照律法所行的生活之路,具体指《密释纳》和《革马拉》中的所有律法。二是“阿嘎达”,意思是“陈述”,是用“铺陈、传说、故事、诗歌、寓言、道德反思以及历史回忆的手段”对犹太教经典的阐释。

其次,宗教禁忌与戒律。

宗教禁忌本质上是人们信仰和崇拜神秘的异己力量和神圣的宗教对象的一种宗教行为。由于人们对神秘力量和神圣对象在观念上有所意识,在体验上有所感受,一般就会在情绪上产生惊奇、恐惧、畏怖以及尊敬、爱戴等宗教感情。这种敬畏感往往在行为上表现出来,在人与神秘力量和神圣对象的关系上,体现为对自己行为上的限制和禁戒规定,这就是宗教禁忌。禁忌是最早的人类文化形态,也是最早的社会控制形式。随着宗教的发展,禁忌或者积淀为传统习俗,或者通过宗教教义的规定而成为戒律的一部分。

犹太教律法中的禁忌很多,典型的如《圣经》中规定的妇女“经期不洁净法”。“女人行经,必污秽七天,凡摸她的,必不洁净到晚上。女人在污秽之中,凡她所躺的物件都为不洁净;所坐的物件也都不洁净。”(《利未记》15:19～20)“你晓谕以色列人说:若有妇人怀孕生男孩,她就不洁净七天,像在月经污秽的日子不洁净一样。第八天要给婴孩行割礼。妇人在产血不洁之中,要家居三十三天。她洁净的日子未满,不可摸圣物,也不可进入圣所。”(《利未记》12:2～4)“女人行经不洁的时候,不可露她的下体,与她亲近。”(《利未记》18:19)所有违反“经期不洁净法”的行为,都要受到“必从民中剪除”的严厉惩罚。随着第二圣殿的被毁,拉比们认为再也不可能通过圣殿崇拜而直接与上帝相通,“经期不洁净法”的侧重点于是发生变化。《密释纳》和《塔木德》将其发展为严禁夫妻在经期发生性关系,从公共的、祭祀生活的领域转向了私人生活的领域。

饮食律法也起源于古代的禁忌,且最初是为祭司制定的,后来才被推广至所有以色列人,因为以色列人被认为是祭司的民族。饮食律法规定，除了植物、禽类外，可吃分蹄且反刍的动物；不得食用无鳞、无鳍的鱼类；不得食用非正常死亡的动物，不得吃生肉，不得吃血，不得同餐食用牛羊肉和牛羊奶。即便是可以食用的动物，也必须按照教规由职业屠宰师屠宰，否则即为不洁食品，不得食用。饮食律法的目的如《圣经》所言："你们要归我为圣；因为我耶和华是圣的，并叫你们与万民有分别，使你们作我的民。"（《利未记》20：26）法利赛人把这种祭司净洁规则从圣殿移至各个家庭，于是，家庭变成了圣所，餐桌成了祭坛。[①] 有学者认为，饮食律法体现了两个信仰原则：其一，区分洁净与不洁的食物，强调神召选以色列成为圣洁的国度，区别于地上其他民族。而洁净与不洁动物分别象征以色列人和非以色列人。其二，颁布律法，禁止食用动物的血。因为包括人和动物在内的所有生命都是神圣的，作为生命象征的血，当然不可食用。[②]

宗教戒律是宗教组织达到成熟阶段的典型标志。戒律的出现远远晚于禁忌，二者既有所区别，又有着继承关系。禁忌通常体现了趋利避害的行动原则，它借助自发的习俗和舆论约束人的行为。戒律只能建立在体系化了的宗教世界观基础上。经过一定的理论加工，戒律的各个范畴彼此联系而形成整体。而且，戒律在形式上具有相对的稳定性，作用范围也更加广泛。它们更能体现人们对一定宗教伦理秩序的自觉追求。戒律在形式上仍然主要是对人的"不得怎样"的规定，其许多内容则表现为对禁忌的说明或论证。

在犹太教中，《摩西五经》所载戒律（诫命）共计 613 条。其中肯定的 248 条，以"你当……"开始，据说相当于人体的骨头数；否定的 365 条，以"你不得……"开始，相当于一年的日数。全部戒律（诫命）来自《摩西五经》，不包括后世律法学者提出的诫命，也不包括由某条

---

① 参见[美]撒母耳·S·科亨：《犹太教：一种生活之道》，徐新、张利伟等译，四川人民出版社 2009 年版，第 136 页。

② 参见[美]T. D. 亚历山大：《摩西五经导论：从伊甸园到应许之地》，刘平、周永译，上海人民出版社 2008 年版，第 224 页。

诫命引申的各种规定。全部列举的诫命表,首见于加昂时期的《律法判例汇编》。后经迈蒙尼德的《诫命之书》一一列举,逐渐为更多的学者所接受。

最后,宗教礼仪与节期。

礼仪是一种特定的社会文化现象,所有由传统习俗发展而来、被人们普遍接受并按某种既定程序所进行的活动都可称为礼仪。宗教礼仪是人对神的崇拜活动,是沟通信仰主体和客体的中介和桥梁。从广义上说,人对神的所有崇拜活动都可以称为宗教礼仪;从狭义上说,它是被普遍化和定型化的对神的崇拜形式,是按照某种宗教的教义、教规来进行的全部宗教活动和法术活动的总汇。在宗教礼仪中,人通过巫术、祈祷、献祭等活动与神发生直接的交流。在犹太教的历史演变中,形成了一系列礼仪和节期。它们在其历史积淀中已经生发出超越一般律法、礼仪、节日和习俗的文化特质,包含了丰富深厚的文化意义。它们渗透着强烈的犹太精神与文化特征,是犹太文化区别于其他民族文化的主要标志,是犹太人民族性的表征。

献祭是犹太教将物品献给上帝的礼拜仪式。从古代至第二圣殿被毁,献祭一直是耶路撒冷圣殿礼拜的中心仪式。《摩西五经》中记载了各种献祭,如燔祭、素祭、平安祭、赎罪祭、赎愆祭、摇祭以及举祭、挽回祭等。在赎罪日和其他节日,由祭司举行献祭仪式,为全体以色列人赎罪,也可为个人举行献祭。圣殿献祭仪式,在《塔木德》中有详尽的记载。许多古代文化都有献祭习俗,它被用来肯定有组织的生活方式。献祭是确认有组织生活结构的一种手段:它宣称上帝与人之间不离不弃的合一关系,而献祭后常伴随的餐筵进而说明,美满的生活要有良好的社会交往作基础。这样的确认在以色列信仰中占有核心的位置。与上帝之间融洽、和谐的关系是人们美好生活中不可或缺的,而这样的关系唯有在与上帝的活泼交往中才可能得到。

因此，在人的生活与上帝的“圣洁”本性之间发生不协调时，就需要献祭。①

依照犹太传统，在某个重大的历史事件或历史关头，都要重述先民的历史。这就是圣约更新仪式。圣约更新仪式是一种重要的宗教礼仪，其主题一般围绕着上帝与以色列人的盟约，一方面强调上帝的信实，另一方面则强调先民的悖逆，从而要求当时的听众重温并信守他们与上帝的盟约，与神建立同样的关系。可见，该礼仪的目标是回归与上帝的圣约，恢复神人关系的和谐，使以色列人活出上帝子民的风范。比如，在第二圣殿初期尼希米、以斯拉的宗教改革中，百姓认罪、忏悔，承认“我们的君王、首领、祭司、列祖都不遵守你的律法，不听从你的诫命和你警戒他们的话”，重新履行与神立约的仪式，并庄重地签名、起誓，保证恪守律法。

犹太教的圣日有三个，即安息日、新年和赎罪日。其中，安息日对犹太人来说是具有特别意义的圣日。安息日来源于《圣经》的记载：“当记念安息日，守为圣日。六日要劳碌做你一切的工，但第七日是向耶和华你的神当守的安息日。这一日你和你的儿女、仆婢、牲畜，并你城里寄居的客旅，无论何工都不可做。”(《出埃及记》20：8～10)安息日的最大特点是不能工作。后世的哲人们归纳出 39 类工作禁做。早在先知时代，遵守安息日就被认为是犹太人生活中一件至关重要的事情，从以斯拉开始的所有先知都告诫犹太人要遵守安息日。在《密释纳》中，有专门的章节谈及与安息日有关的律法及规定。《塔木德》时代的圣人甚至将犹太人和安息日的关系比喻成新郎和新娘的关系。在拉比看来，安息日是上帝作为特殊的礼物赐给以色列的，安息日是精神升华的日子，也是欢庆的日子。犹太人还有许多独有的节日，如逾越节、律法节、住棚节、痛悼节、欢庆节、光明节等。这些节日也在犹太人的性格和精神的塑造中发挥了重要作用。

---

① 参见[英]约翰·德雷恩：《旧约概论》，许一新译，北京大学出版社 2004 年版，第 365 页。

事实上，“每一种宗教都发展出了一整套用来进行自我表达的方式。宗教领袖早就认识到，和其他情感一样，宗教情感若不加以深化，也面临着消失、退化或沿着反理性和反社会方向发展的危险。……他们从群体、民族或社团的经验中，选择出可以作为行为模式的要素，并将它们设立为神圣的符号和象征。这些形式和仪式表达了宗教群体的精神追求和道德理想，在人民的宗教教育方面和将人民团结为一个整体方面发挥着积极的作用”①。犹太民族的礼仪与节期不仅是犹太民族的标志和文化符号，还凝聚了犹太教的文化认同、文化精神和价值观。饱经磨难的犹太民族能够生生不息，犹太精神能够延续传承，其中犹太传统礼仪与节期起到十分重要而独特的作用。

二、神人约的表现形式

借鉴周边文化中的“约”的形式，律法被视为神人约的主要内容，是上帝的启示和诫命，展示了上帝的公义、仁慈和恩典。犹太教中“公正”、“平等”、“诚信”和“公义”等律法要求和伦理规定，都能通过神人约得到解释。

首先，律法采用神人约的形式。

“约”一词在希伯来语中用 berit 表示，关于该词的词源存在一些争论。有人认为它与意为“切”的词根有联系，有人认为它与表示“吃”的词根有联系——人们在订立协议后往往安排正式的筵席。而主流的看法是，berit 源于阿卡德语 biritu，意为“束缚、约束”。在英文圣经传统中，专用“covenant”一词表示神与人之间订立的“圣约”，而用 agreement，alliance，compact，league，treaty 等表示其他类型的

① [美]撒母耳·S·科亨：《犹太教：一种生活之道》，徐新、张利伟等译，四川人民出版社 2009 年版，第 12 页。

约。[1] 在古代西亚，"约"有很多类型，如政治附庸的"约"，商业交往的"约"。"约"可以在相当程度上使无序的世界有序化，使人们可以根据所订立的约而有计划地行动。

犹太教传统认为，律法以神人立约的形式表现出来，圣约是律法的形式，律法是圣约的内容。据《圣经》记载，上帝与犹太人的先祖亚伯拉罕立约，使之子孙繁茂，并赐给他迦南地作为永久的产业。后来，上帝又与摩西立约，启示给犹太人"十诫"和众多律法，使之成为神圣的民族。律法成为上帝与犹太人之间的纽带，通过它，犹太人与上帝拥有了特别密切的关系，既具有"神圣民族"的荣耀，又有通过履行律法而成为义人、见证上帝的存在、做外邦人榜样的责任。在古代西亚社会，国王一般被认为是法律的制定人和颁布者。而在以色列的文化和宗教中，上帝不仅是天、地、人以及万物的创造者，而且还是神人契约的缔造者和立法者。缔结契约的双方是神与人，上帝是缔约的主动方，挪亚、亚伯拉罕、摩西的身份是接受者。也就是说，契约的内容是源于神，而不是来自人。

在上帝和犹太人所立的约中，最重要的是在西奈山通过摩西和所有以色列人所立的约。这个约的核心内容是"摩西十诫"。"摩西十诫"和"上帝的律例和法度"，采取了以色列人与耶和华神立约的形式，更确切地说，是采用耶和华神对以色列人诫命的形式。上帝与摩西所立的神人约，其内容构成犹太教律法的主体，律法的目的在于神的拯救，神人关系的和谐。条约形式的使用，显出耶和华是以色列真正的"王"，是律法的制定者。神以现世的苦难作为对犯罪者的惩罚，又以宽恕和赦免引人向善，以达到惩恶扬善、抑强扶弱的目的。

这种神人立约的形式，十分类似于西亚宗主国和藩属国之间的国际条约。律法的盟约结构，主要包含六个部分：前文、序言、规定、见证人、处罚和文件条款。前文确认协议双方的身份，序言则扼要叙

---

① 参见黄天海等：《摩西律法的契约形式和以律法为核心的希伯来宗教》，载《世界宗教研究》2002 年第 3 期。

述双方建立关系的经过。规定，是个别的律法条文。见证人是指将要执行盟约的人。处罚包含祝福与咒诅，有激励人遵守盟约的作用。文件条款则规定要定期复查所立之盟约，以免被人忘记。宗教性的神人圣约，从结构上看与政治条约类似。作为一种文化现象，它是一神崇拜由个体行为向群体行为转变过程中宗教和政治互渗互融的反映。以圣约的形式颁布律法，反映出高度的法律智慧。正是通过圣约和律法，世世代代的犹太人能够在艰难困苦中生存下来，凝聚成强大的力量，战胜众多的敌国，最终重新建立自己的国家。

其次，律法是神的启示和诫命。

律法和古代周边国家法律最大的差异，在于它被视为神人约的主要内容，是上帝给古代以色列人的启示和诫命。犹太教认为，上帝是宇宙万物的创造者，超越于自然和人类世界；上帝全知全能，充溢天地，不受时空和社会环境的限制；上帝是最高的立法者，主宰自然和历史发展，审判所有人的行为并奖善惩恶；上帝独一无二，是唯一应受崇拜者，而一切形式的偶像崇拜均应禁绝。[①] 律法以一神教信仰为其理论基础，人生活的各个层面都归于上帝的绝对统治，有悖律法的任何行为都是对上帝的背叛。律法的权威性既要凭借国家强制力维系，更要借助于人对上帝的敬畏去树立。

律法在《圣经》中常见的表述有："神吩咐这一切的话说"，"耶和华对摩西说"，"耶和华晓谕摩西说"等。从性质上看，律法是上帝的启示和诫命，展示上帝的公义、仁慈和恩典。律法不是知识，而是信仰的践履和维护，是生活之道，是生命智慧。遵循律法就是走出一条人生的道，行在公义的路途中。人生的目的正是自由自在地与神同行，活出神造人原有的形象。在犹太教中，上帝的启示和诫命具化为以色列人必须遵守的各种律法。这大量的律法中，既包括了一再申明的敬畏耶和华的要求、种种有关献祭和节期的律例，也包括了对人的社会道德义务的要求，两者同等重要，统一在"圣约"之下，它们不

① 参见周燮藩：《犹太教小辞典》，上海辞书出版社2004年版，第222页。

是分属两个层面，而是处在同一个层面上。

希伯来《圣经》中的神人约，是通过神将以色列人拣定为“选民”的选择行为所确立的。神首先拣选了以色列人并与之立约，立约的过程就是选民的过程。神与亚伯拉罕立约之前，首先将他从美索不达米亚的故乡召叫出来，并预定他为一个繁庶民族的长者和祖先。“我必叫你成为大国。我必赐福给你，叫你的名为大，你也要叫别人得福。为你祝福的，我必赐福与他；那咒诅你的，我必咒诅他。地上的万族都要因你得福。”（《创世记》12:2～3）西奈立约，也是先对神带领以色列人出埃及的历史功绩作了回顾。“我向埃及人所行的事，你们都看见了，且看见我如鹰将你们背在翅膀上，带来归我。如今你们若实在听从我的话，遵守我的约，就要在万民中作属我的子民，因为全地都是我的。你们要归我作祭司的国度，为圣洁的国民。”（《出埃及记》19:4～6）

神人间的立约，总是由神一方开始：“我却要与你立约”（《创世记》6:18）；“我与他们坚定所立的约，要把他们寄居的迦南地赐给他们。我也听见以色列人被埃及人苦待的哀声，我也记念我的约。”（《出埃及记》6:4～5）立约的开始是单方面的，正反映出神拣选以色列人为“选民”的无条件性。约的开始是单方面的，但约的完成却需要两方面。神人约中，立约双方都是有位格的。神具有喜、怒、哀、乐、爱、恨之类人的情感和意志。“上帝这位又真又活的神不是静止的存在，对于普通人来说，他也不遥远、不疏离；相反，上帝是行动的神，他对人讲话，目的是让世上所有的男女都和他自己——同时也相互——有一种完全而赋予人生意义的关系。”[①]以色列人也有独立的位格，他们有顺服上帝的义务与责任，但不是消极的、僵化的服从。在立约过程中，以色列人有选择的自由，能够而且必须作出抉择。可见，约的订立是通过神和人的对话进行的，立约的双方都是活生生的

① ［英］约翰·德雷恩：《旧约概论》，许一新译，北京大学出版社 2004 年版，第 271 页。

位格存在，这样才保障了约的合法性。

神人约一旦订立，双方便各自享有一定的利益、义务和责任。神应对以色列人做到的是：赐土地给以色列人，令其子孙繁多，民族兴旺，同时亦保护或拯救他们免遭苦难。反过来，以色列人作为上帝的选民，应服从上帝、遵守神的法律，执行神的命令，多行善事、远离恶行。[1] 神应许自己是永远守约的。由于神始终遵守他与以色列先祖发过的誓言，神人之约是恒常有效的，以色列人作为"选民"的地位也是永远不变的，不管以后的以色列人如何行为不轨，甚至偏离神而崇拜他神，神也不会改变初衷而换选他人。"耶和华你神原是有怜悯的神，他总不撇下你、不灭绝你，也不忘记他起誓与你列祖所立的约。"(《申命记》4:31)而对以色列人来说，他们不仅要承认神为他们唯一的主，而且必须承受遵守神的诫命的义务。"你要知道耶和华你的神，他是神，是信实的神，向爱他、守他诫命的人守约，施慈爱直到千代；向恨他的人……必报应他们，决不迟延。所以你要谨守遵行我今日所吩咐你的诫命、律例、典章。"(《申命记》7:9～11)

三、诫命律法与叙事历史的结合

从形式上看，律法采取了叙事历史与律法诫命相结合的形式。叙事历史在整体意义上是对律法的"阐释"，《律法书》呈现夹叙夹议的风格。《摩西五经》中的叙事历史，是以色列人的心灵的记忆、心灵的经验，体现了古代犹太民族的神权历史观。它们既是历史书卷，又是宗教思想及律法文化的载体。

首先，律法包含特定信仰群体的历史处境与经验。

古代以色列人认为，对于上帝启示和旨意的传达和阐释有多种途径，可以通过律法诫命，也可以通过叙事历史或智慧文学。在犹太教传统中，诫命律法与叙事历史紧密相关。律法的规范制度与价值追求，从根本上说是由以色列人在拯救历史中与上帝交往的经历决

---

① 参见傅有德：《犹太教中的选民概念及其嬗变》，载《文史哲》1995年第1期。

定的。叙事历史中的创世记故事、出埃及和西奈立约、巴比伦之囚和回归、公元70年开始的大流散等历史事件，直接影响了上帝特选子民的信仰观念和行为模式。犹太教的经典文本，充分运用以色列人的历史记忆和"心灵的经验"，用以彰显律法的信仰和伦理价值。《圣经》的主要经卷皆源于"口头传统"，经过一段时期流传才成为文字；即使成为文字后，最初也非完整的书，而是又经过一段时间的编辑修订，才形成卷籍。《圣经》和《塔木德》中的叙事，提供了法律规范的背景因素，并赋予从中衍生出来的律法以生命力。"十诫"及律法（包括祭祀仪式、食物禁忌、道德要求）皆可溯至《创世记》故事，或者起码二者面对的是相同的问题，只是各自以叙述或法规的形式来陈述罢了。

古代以色列民族的神权历史观认为，历史就是耶和华神对其特选子民以色列民族的拯救史。神学观念是以色列民族历史观念的基础。《摩西五经》中的叙事，是以色列人的心灵的记忆、心灵的经验，体现了古代以色列民族的神权历史观。它们既是历史书卷，又是宗教思想及律法文化的载体。《摩西五经》拥有一个基本的历史背景框架，即民族先祖从两河流域移居迦南，雅各率众子为避饥荒到埃及，摩西带领以色列民再从埃及回到迦南地，准备夺取那里的产业。在此大背景下，《托拉》汇聚了大量的律法。成文律法的诫命几乎只出现在《摩西五经》的前四卷中：《出埃及记》、《利未记》、《民数记》和《申命记》。除了罗列律法条例外，这些书卷也包含了许多其他的资料，而这些资料主要是叙事。这样编排的原因在于，耶和华与以色列之间盟约的律法始于《出埃及记》第20章，这种律法只有放在整个叙事中才能得到理解。对民族早期历史的记述尽管保留了许多客观展示那一时代特点的史料，但经过修订者对不同来源资料的整合与"注释性"增删，传达出的根本意图是：听从神的话语，恪守"圣约"，希伯来—以色列民族就走向成功，反之则必然遭受失败和灾难。①

① 参见王立新：《古代以色列历史文献、历史框架、历史观念研究》，北京大学出版社2004年版，第193页。

19世纪的犹太教史学家海因里希·格雷兹认为，犹太教的精髓不仅是以理论形式出现的“观念”，而且更是犹太人历史存在的一种体现，是犹太教在历史上应付它所面对的各种环境构成的种种挑战时，展现出来的现实历史进程。内含于最初概念中的犹太教律法和教义，是在历史中逐步显现的，犹太教的整体性只有在它的历史中才能分辨出来。把托拉置于传统之中，创世故事的诫命律法才有了深刻的思想内涵。[①] 因而，叙事在整体意义上是对律法的“阐释”。以色列人在埃及为奴和出埃及的事件，应是曾在历史上发生过的事情，但《创世记》却以富有神话色彩的笔触，将这一艰苦卓绝的历程纳入耶和华神的拯救和“圣约”思想的框架内。对待奴隶的律法，就与以色列人在埃及为奴的历史记忆有关。规定禁止欺压寄居者，通过提到以色列人曾经寄居埃及来强调。(《出埃及记》22:21～23:9)出埃及显示了上帝从社会层面上关注受强国欺压的人，他看到了埃及的恶行，于是就介入进来，改变现状。先知们向人们大声疾呼，在以色列所有男女必须享有平等的权利，因为大家最初都是平等的。

其次，《律法书》呈现夹叙夹议的风格。

在犹太人看来，律法的序言及律法诫命本身，都含有神的慈爱在其中，而且神的慈爱通过行动体现出来，行动最能反映神的本质与特性。从律法规范的格式看，《摩西五经》陈述律法时大都以“神吩咐这一切的话，说……”或“耶和华晓谕摩西说：‘你告诉以色列人……’”开篇，其中蕴含深意。这是为了表明律法并非人杜撰出来，而是神颁布的，说明传达神圣律法的先知摩西与众人在地位上是平等的。犹太教传统认为，律法条文是从《摩西五经》所载上帝诫命推演而来。遵奉诫命即是与上帝接近，因而不应视之为负担而是一种快乐，行善就是执行诫命。

在希伯来《圣经》中，叙事在整体意义上是对律法的“阐释”，《律法书》呈现夹叙夹议的风格。《出埃及记》(第21～23章)的“约书”可

① 参见周燮藩：《犹太教小辞典》，上海辞书出版社2004年版，“导言”第37页。

能是以色列人在前国家状态时期的习惯法的集合。其中有些法条，不是将法令当作一个"应当"，而是诉诸一般理性或共同历史经验的解释，这或许是智慧传统对古老律法的影响。《申命记》的主体部分(第5～26章)的律法单元，被包裹在一个历史叙事的大框架之中。在这个框架中，体现出《申命记》作者对于律法的总体性理解。即以叙述的方式阐明律法，常常是先回忆历史上发生过的事情，再引出对律法的叙述，形成通篇夹叙夹议的风格。

犹太人的"经训"因其内容极其重要，历代以色列人都自幼念诵，铭记在心。"经训"告诫以色列人悉心独拜耶和华神，申明听命者必得丰富的赏赐，违命者必遭严惩，"速速灭亡"。按其性质看，"经训"当属律法部分，但它又不像其他律法部分一样，被以典型的颁布律法的语式推出，而是以劝勉的语气和讲述的方式，将"爱神"这一律例"叙说"出来。

律法常常采用"因为……"等"动机子句"的表达形式，来说明其生成来源和历史根据。仅仅在"十诫"里，就有好几个以"因为"、"于是"、"以免"等词所引领的子句，而《申命记》里则包含一百多个"动机子句"，用来陈述其立法的动机。比如："不可欺压寄居的，因为你们在埃及地作过寄居的，知道寄居的心。"(《出埃及记》23:9)如此，以色列人"流亡与回归"的历史记忆，就被融入对当下行为模式的规定之中。哈里夫尼(David Weiss Halivni)教授解释说，动机子句的广泛运用，显示"圣经里的法律不使用完整的命令句，因此(通常)得为自己找出合理的理由"。通过与周边法律的比较，他指出："圣经表现出犹太法律的一个基本特质，也就是倾向于寻找出合理的理由来加以解释，而不倾向于直接的命令，这点有别于古代中东地区所盛行的独裁方式。"因而，"可以肯定地说，'动机子句'是以色列或旧约圣经的法律独有的特色"。[①]

① 转引自[美]亚兰·德修兹:《法律的创世记:从圣经故事中寻找法律的起源》，林为正译，(台北)先觉出版有限公司2001年版，第215～216页。

四、绝对确定的律法与决疑式律法

德国学者阿尔布雷希特·阿尔特主张，从形式上可以将律法分为两类：一类称为决疑式律法，针对的是具体情况，目的是为如何解决纷争提供指导；另一类是像十诫这样的绝对确定的律法，没有附加条件或解释。[①] 犹太教律法借鉴了古代近东法典中流行的“必然”与“决疑”两大体裁形式，但它和古代近东其他法之间最大的差异，在于它是耶和华神给予希伯来人的律法，强调了律法是神的意志的表现形式，只有通过神的启示才能为人所知。神并不是制定教条让人信，而是用诫命让人遵行。因此，律法的大部分诫命条文都有着直接的宗教意义，而整部律法更被认为是神的教导。

绝对确定的律法，以绝对肯定的语气出现，主要针对宗教生活而设。其表达形式为“当……”，或者“不可……”。例如：“在你们的地收割庄稼，不可割尽田角，也不可拾取所遗落的。不可摘尽葡萄园的果子，也不可拾取葡萄园所掉的果子，要留给穷人和寄居的。我是耶和华你们的神。你们不可偷盗，不可欺骗，也不可彼此说谎。不可指着我的名起假誓，亵渎你神的名。我是耶和华。不可欺压你的邻舍，也不可抢夺他的物。雇工人的工价，不可在你那里过夜留到早晨。不可咒骂聋子，也不可将绊脚石放在瞎子面前，只要敬畏你的神。我是耶和华。”（《利未记》19:9～14）在这段经文中，三次提到“我是耶和华”，表明律法与耶和华神有直接关联，律法被认为是耶和华的命令。作为神的子民，以色列人应当尊奉神、敬拜神，听从神的命令，追求像神一样圣洁的目标。同时，上述命令形式的律法，被看作是超越时空的，对任何时代的以色列人都适用。遵行神的命令是以色列人不可推却的神圣义务。

决疑式律法的表达形式，为“若……，就……”，或者“假如你们

---

① 参见[英]约翰·德雷恩：《旧约概论》，许一新译，北京大学出版社2004年版，第315页。

……，就……”，这类律法条文大都针对世俗生活而设。例如：“你弟兄中，若有一个希伯来男人，或希伯来女人被卖给你，服侍你六年，到第七年就要任他自由出去。你任他自由的时候，不可使他空手而去。要从你羊群、禾场、酒醡之中，多多地给他，耶和华你的神怎样赐福与你，你也要照样给他。要记念你在埃及地作过奴仆，耶和华你的神将你救赎。因此，我今日吩咐你这件事。他若对你说：‘我不愿意离开你’，是因他爱你和你的家，且因在你那里很好，你就要拿锥子将他的耳朵在门上刺透，他便永为你的奴仆了。你待婢女也要这样。你任她自由的时候，不可以为难事，因她服侍你六年，较比雇工的工价多加一倍了。耶和华你的神，就必在你所作的一切事上赐福与你。”（《申命记》15：12～18）在这些律法条文中，描述了规范适用的特定条件。与绝对确定的律法不同，决疑式的律法只适用于处于某种情境中的某些人，而不适用于所有情境中的每个人。据统计，《摩西五经》所载律法诫命的总数为613条，其中大部分为决疑式的律法。[①]

迈蒙尼德在《犹太法》一书中对于613条律法中以否定性形式表达的原因进行了说明。他认为，《圣经》采用“Thou shalt not”（你不可）作为表达诫命的形式，包含着一种特定的意蕴。这种表达方式与古代世界经常使用的“If”（倘若）结构不同，也与《新约》中耶稣教训众人的表达法不一样，它与希伯来的语言有关，在表达权威性的训诫的同时，在希伯来文中，还含有“Thou wilt not”（你可不能）的意思，也就是说包含着对行动后果的警告。而在英译本中把“Do not commit murder”（不要杀人）代替了“你不可杀人”，从而“十诫的锋芒被磨掉了”。换一句话，以神人关系的虚妄形式出现的文化规范，借助于民族语言的细微表达，传达着一种既含有主观威势又含有对行动选择的后果进行告诫的含义。而这种告诫是由超越于人群的领袖的

---

① 参见[加]戈登·菲、[美]道格拉斯·斯图尔特：《圣经导读（上）：解释原则》，魏启源等译，北京大学出版社2005年版，第142～146页。

“上帝”直接作出的，就赋予这种言语以“客观的”“绝对命令”的意义。[①]

而以“你若”形式出现的诫命，则表达了不同的含义。两种对立的上帝形象和以色列命运的描述，构成了一种文化形式的制裁抉择。如《申命记》第28章说：“你若留意听从耶和华你神的话，谨守遵行他的一切诫命，就是我今日所吩咐你的，他必使你超乎天下万民之上。……你若不听从耶和华你神的话，不谨守遵行他的一切诫命律例，就是我今日所吩咐你的，这以下的咒诅都必追随你，临到你身上。……”顾晓鸣先生指出，这里用两个“你若”，为犹太民族阐明了一种文化的抉择：按文化规范办，将有至福；不按文化规范办，则将蒙受极祸。[②]

第二节　律法的内容

一、律法是多元传统的累积

作为法律文化现象的律法，既是一种传统文化的遗存，也是一种现实的文化表现。其中不仅包含神圣者启示的诫命或创教者建立的制度，而且凝聚了历史进程中不断丰富、不断增添的社会文化因素。从其内容来看，律法可以被称为“累积的传统”。

经典的形成往往是一个漫长的过程，文本作者对作品的篇章安排、内部结构、义理逻辑均有自己的独特思考。作为经典，其对当时的社会体系、价值系统、历史观念、人的心理等必然有一定的反映。

① 参见顾晓鸣：《犹太——充满“悖论”的文化》，浙江人民出版社1990年版，第110～111页。

② 参见顾晓鸣：《犹太——充满“悖论”的文化》，浙江人民出版社1990年版，第128～129页。

经典中包含着作者的人性观、哲学观及历史观等。人们习惯于将构成文明的要素称为传统，而经典在一定意义上可以说是传统的灵魂，是它塑造着人的精神，间接地作用于整个世界。近代以来的学者发现，希伯来《圣经》是不同时代、不同作者作品的汇集，成书的过程历时近千年。按照著名的“底本理论”，构成《摩西五经》的 J 底本形成于公元前 10 世纪中叶的所罗门时代，E 底本形成于公元前 9 世纪中叶的以色列王国，D 底本形成于公元前 7 世纪下半叶的犹大王国，P 底本形成于公元前 6 至前 5 世纪的巴比伦犹太社团。《摩西五经》的编纂和最终文本的确立，发生在犹太人被允许返乡和重建圣殿后的时代背景下。

传统犹太教认为，从总体上说，《圣经》文本中虽然包含了一定的史实因素和现实生活要素，但就《圣经》文本的基本精神而言，《圣经》不是一部客观性的写实之书，而是一部主观性的象征、寓意之书。主导性的看法是，《圣经》是受上帝的默示写成，上帝的意志贯通其中，往往在《圣经》文本的字面意义之外尚有较字面意义更深奥、更值得沉湎与感悟的隐喻意义和超字面意义。口传律法努力适应《圣经》对所有存在事件的教导，为一切生命活动提供宗教和道德标准，并在所有的犹太社团中实现《圣经》的教义。利奥·拜克指出：“就宗教影响、内在力量和产生的效果而言，《塔木德》仅次于《圣经》。但《塔木德》经常被看作是更为保守的东西。《塔木德》的意义在于为犹太教筑起一道保护性篱笆。就这一点而论，在犹太教受压迫的岁月里，《塔木德》享有特殊的荣誉和受到特殊的珍爱。”①

在流散时期，除了《圣经》和《塔木德》这样的律法文献，在犹太人的社团中还产生了大量关于律法的注释、实施细则和其他规定，使犹太教律法逐渐完善。由于犹太人一直流落他乡，缺乏政治实体，律法在犹太人的生活中发挥着现代之前在其他民族中见所未见的作用。

---

① ［德］利奥·拜克：《犹太教的本质》，傅永军、于健译，山东大学出版社 2002 年版，第 15 页。

一方面,《托拉》律法成为民族的根基,成为联结民族的纽带。另一方面,随着时代进步和社会发展,犹太教也在缓慢地进行改革,摒弃那些不符合时代要求,有违人类本意的律法。许多适用于各时代犹太人日常生活的新的律法文献得以产生,包括社团法令、《律法答问》、法典等拉比文献。

社团法令是散居时期犹太人必须遵行的一种律法形式。在流散状态下,社团是中世纪各国犹太人生活的重要载体。社团对外协调犹太人与统治者的关系,充当所在国对犹太人税收的代理人,为犹太人的利益辩护;对内实行自治,有效发挥管理、经济、文化和宗教上的整合功能,保护其成员的基本利益。在中世纪的西欧,尽管犹太世界没有出现过一个统一的"可以向每一个社团发布指令"的机构,但在有些地方还是存在着超越社团之上的机构,如法国和德国由各社团代表(包括社团领导、学者和商人)参加的"知名学者大会"(synods),其目的主要是解决各个社团出现的新问题。同时,该大会具有最高的立法权,它直接决定各社团的政治、经济和社会决策,它所制定并颁布的各项法令(Takkanot),为德国和法国的犹太社团广泛接受,并且具有法律的效力。

社团法令既可以是《塔木德》圣贤们制定的对所有犹太人都具有约束力的法规和法令,也可以是犹太人社区领袖为了本社区的公益事业而发布的有关规定,还可以是犹太组织机构为了自身事务而作出的规定。社团法令被视为律法的延伸,目的在于增进公益和提高宗教修养,使犹太教生活方式适应变化了的环境或面临的新形势。关于社团法令,利奥·拜克认为:"在《塔木德》中,它们的意义被形象地表述为'律法的护栏'。与其说它们是犹太教的教义,不如说它们是犹太教的护墙。"[①]在犹太教中,伦理律法作为神的启示和诫命,直接作用于个人;社团法令等则是为了群体的存续,而赋予个人保卫社

① [德]利奥·拜克:《犹太教的本质》,傅永军、于健译,山东大学出版社 2002 年版,第 228 页。

团的责任。前者直接服务于宗教信仰，后者则发挥间接作用。前者是神圣的，永远存在，后者则会随着时间推移而消失。

《律法答问》是一部犹太教的“习惯法”。主要指由犹太教著名学者解答犹太人在日常生活中碰到的或是与犹太传统、教义、习俗相悖的问题，或是解答人们想进一步了解的有关犹太经典、文化、传统方面问题而形成的律法文献。一般由著名拉比作出的答复，被视为对《塔木德》的解释和补充，具有普遍的指导作用。各社团之间的联系由此得到加强，各地的生活方式能得到最大限度的统一。《律法答问》作为一种律法文献，自加昂时代延续至今，未曾中断。

拉比格朔姆曾经是美因茨第一所塔木德学院的领袖，深受犹太人尊敬，被称为“流放地之星”。他曾宣布：禁止一夫多妻；不经女方同意不得离婚；禁止盗窃通信秘密，违反上述禁令者以革出教门论处。这些规定立即为欧洲全体犹太人所接受。① 拉希是中世纪著名的《圣经》和《塔木德》评注家，也是一位解答犹太人在散居生活中所面临的一系列问题的权威人士。他所撰写的 359 篇“答问”，从犹太教律法的角度回答了各犹太社团在各自不同生活环境中遇到的种种问题。这些带有指导意义的回答对规范中世纪犹太人的生活起到了积极的作用。②

法典主要指犹太人在散居期间，根据变化了的形势制定出的准则或义务，以规范约束人们的生活、行为的拉比文献。因为无论《律法答问》等如何深入透彻，都无法取代一部法规严谨、方便查询的法典。编辑法典的目的是形成一套完整地满足当时需求的法律体系，具有权威性和不变性。巴比伦的犹太社团首先制定出适用于散居犹太人的法典，名为《定法》，是第一部根据主题安排的说明性法典，出现于公元 8 世纪，是研究《塔木德》的律法汇编。

---

① 参见[美]罗伯特·塞尔茨：《犹太的思想》，赵立行、冯玮译，上海三联书店 1995 年版，第 161 页。

② 参见徐新、凌继尧主编：《犹太百科全书》，上海人民出版社 1993 年版，第 467 页。

公元11世纪，伊萨克·本·雅各·阿尔法西撰写的《律法之书》，是对犹太教口传律法精选汇编的简明法典。该书按照《塔木德》的24个专题排序，实际上是《塔木德》的缩写本，有"小塔木德"之称。其内容略去《塔木德》中的"阿嘎达"部分，根据时代的变化浓缩了"哈拉哈"部分。对于《塔木德》中没有专项讨论但为现实迫切需要的律法问题，从零星的记载或论述中进行梳理和归纳，集中于"次要律例"标题下，为犹太人提供立身处世的依据。对有争议的问题酌情作出取舍，议而不决的问题给予切合时宜的结论，体现出作者对律法的精深理解和鲜明的时代特点。

12世纪，迈蒙尼德编写的《律法重述》(《第二律法书》)问世，书名表明对口传律法的重述。这是迈蒙尼德对整部《密释纳》所写的第一部综合性评论集，是对整个犹太教律法体系进行系统归纳和梳理的经典之作，成为法典的代表。该书的新颖之处在于其特立独行的表达和内容，对律法法典的编纂有重大影响。13世纪，叶阿古夫·本·亚设撰写的《四类书》，有1700个章节，包揽全部律法内容。特点是将全部律法系统分为四类：祈祷和圣日，饮食律法，家庭法，民法。自1475年刊行后，《四类书》成为犹太人除《圣经》外最常用的法典和拉比断案的依据。

1554年，约瑟·本·卡洛完成一部系统论述口传律法的巨著《约瑟之家》。书中对犹太教的每一条律法的含义进行了追踪和评述，把自《塔木德》形成到成书年代各阶段的观点都囊括进去，最后提出自己的观点。1565年出版的《布就筵席》是卡洛为青年人理解《约瑟之家》所写的法典。因其内容清晰严谨、简明实用，对有争议的问题作出个人的判断，很快为各地犹太社团奉为范本，至今仍为正统派犹太教的权威法典。

作为一种传统法律文化，律法吸收和借鉴了周边法律文化并保持独特性。就形式和内容的完整性和系统性而言，律法远不如周边国家的法律。比如，公元前两千年稍后中期亚述人颁布的《亚述法典》已是比较集中的法律泥板文书，其各种条款详细具体又连续集中。法典按照泥板顺序分编三表和若干彩片，每表又分若干条。赫梯古王国时期的《赫梯法典》也是逐条逐款地刻在泥板上，属于较为独立的法律文献汇编。古代巴比伦的《汉谟拉比法典》是上古时期较完整的法典，有序言、条文和结语三部分。比犹太教律法稍晚的罗马《十二铜表法》具有更完备的形式。它按表分类，每表都有独立的内容和明确的主题，下设具体条款。

事实上，在生成和发展过程中，成文律法受到更为古老的《汉谟拉比法典》的影响，同时也从埃及、亚述、波斯等文明古国的法律中吸取养料。但对其影响最大的，还是犹太教。因而，托拉律法与犹太教一神信仰密不可分，兼有宗教戒律和伦理规范的性质。以色列人认为他们的迦南邻居有许多社会风俗习惯、文化和行径是可恶、邪恶和低俗的。而且迦南的宗教对以色列的某些人群具有特殊的吸引力，以色列的领导者将区分以色列民族同迦南人的律法和教规视为己任。这样，以色列人将迦南人的许多行为准则定为非法，就成了一个自然而然的必要手段。

二、律法的调整范围和对象

从调整范围看，世俗法律规范的内容涉及权利和义务，而宗教律法的内容主要是义务，特别是人对于神的义务。在近代出现的法治或法律文明秩序中，最重要的概念范畴是权利和法律，而其基础则是理性，其价值取向可以概括为以理性为背景的规则中心主义。其中，法律规范是通过对权利和义务的界定，来调整、控制和引导人们的行为的。①“世界主要文化传统，无论神圣的还是世俗的，一般都对人的趋利性采取抑制的态度，而法治社会则鼓励人们追逐利欲。个人的利欲具体化表现为权利，当权利与权利、权利与权力发生冲突时则需要法律来调整。这样从个人的欲望和趋利性转化为权利，再到由

① 参见於兴中：《法治与文明秩序》，中国政法大学出版社2006年版，第49页。

法律保护权利，这一过程实际上就是法治的核心内容。”[①]国家法就是通过对权利和义务的界定，来调整、控制和引导人们的行为，进而达到法治的目标。

宗教律法主要调整两类关系：神与人的关系、人与人的关系。神人关系，是纵向的上下关系，神对于人是给予启示和诫命，人对于神是服从和听命。人人关系，则是指横向的宗教信徒之间及其与组织外部人群的社会关系。宗教律法中调整神人关系的规范一般表现为义务性规范，它表现出人对信仰对象的皈依和顺从，对于神灵的崇拜和敬畏的情感。在人与人的关系处理上，宗教律法主张孝父母、睦邻里、不偷盗、不抢劫、不奸淫、不诬陷、不杀生、平等爱人，这与人类社会的基本伦理规范相一致。宗教信仰者不仅要在宗教生活中坚持善的原则，虔诚信仰和遵守洁净的仪式规定，更要在日常生活和人际交往中努力实践神圣善良意志的要求。

在犹太教中，律法被认为是神的启示和诫命，由上帝直接或间接颁布，具有神圣性与权威性。它以神人约的形式表现，规定了各自享有一定的利益、义务和责任，其中主要是以色列人的义务和职责。“你作我的仆人，使雅各众支派复兴，使以色列中得保全的归回，尚为小事；我还要使你作外邦人的光，叫你施行我的救恩，直到地极。”(《以赛亚书》49:6)通过神人立约，以色列人被拣选，被赋予神圣的使命，同时必须承担一定的责任和义务。信仰者不仅要在宗教生活中坚持善的原则，虔诚信仰和遵守洁净的仪式规定，还要在日常生活和人际交往中努力实践神圣善良意志的要求。只有在这两方面的生活中都自觉向善的人，才能成为义人。

就调整对象而言，在法律产生之初，它除了调整人的外在行为，也调整人的精神世界，通过对人的精神价值的维护而达到生活中的秩序化、规范化，通过对诸如“尊严”、“荣誉”这一属于道德人格内在东西的维护而实现外在的秩序化。正如伯尔曼所说：“在观念形态

---

① 於兴中：《法治与文明秩序》，中国政法大学出版社 2006 年版，第 6 页。

上，无论是日耳曼社会中的血亲复仇制度还是取代血亲复仇的金钱赔偿制度，都应该由珍惜荣誉来加以解释，因为在一个由战神和敌对、任意的命运支配的世界里，荣誉是赢得光荣的一种手段。对日耳曼人来说，荣誉意味着‘相互扯平’；只有通过相互扯平，他才能征服包围其生命的黑暗势力。而固定的偿付表则提供了使价值相等的标准。”①遗憾的是法律最初诞生时关注灵魂这一神圣使命，后来伴随法律本身的趋向技术化而被忘却。

与之相对，宗教律法既调整人的外在行为，也深入到人的内心控制。宗教律法以神灵作为权威性的来源，使得信徒对其怀有信仰和敬畏之情。法律惩罚已经作出的违法行为，宗教律法则对违规的想法都加以谴责。外在的法律规范要求人们采取某些正确行为，这是一种强制的规范。而宗教律法不仅要让人被动地做到这一点，更重要的是要让这些规范成为人们内在的东西，以至行为主体做符合规范的事是出于他自己内心的选择。在宗教律法中，往往强调“心”的作用。

在犹太教中，律法既调整人的行为，也调整一定的思想观念，这在《摩西五经》中有突出体现。在律法的规范中，不仅关注外在行为，而且关注人的内在意向和心态。比如，在献祭的规定中，如同看重祭物本身，也看重献祭者之内心。在犹太人看来，人趋向于“看外貌”，而“耶和华是看内心”。（《撒母耳记上》16:7）“诚心乐意地侍奉他，因为他鉴察众人的心，知道一切心思意念。”（《历代志上》28:9）众先知一再哀叹说，以色列人只用有关敬虔的外表行为，来代替献祭应有的内在先决条件。（《以赛亚书》1:11～18;《耶利米书》7:21～23;《何西阿书》6:6;《弥迦书》6:6～8）可见，犹太教律法不仅关注人的外在的行为，也关注人心及态度。

在犹太教律法的命令性条文中，不仅谈及行为与态度，也涉及引

---

① ［美］伯尔曼：《法律与革命》，贺卫方等译，中国大百科全书出版社 1993 年版，第 65 页。

致禁止之事的一切动机、诱因或压力。律法的实际条款，有的是具体规定，有的在一般原则之后还附有对犯罪动机的分析，或对何以实施这些原则的说明。比如，在司法的经文中，有分辨“故意与过失”的规定，用以分辨谋杀与意外伤害。“若有处女已经许配丈夫，有人在城里遇见她，与她行淫，你们就要把这二人带到本城门，用石头打死，女子是因为虽在城里却没有喊叫；男子是因为玷污别人的妻。这样，就把那恶从你们中间除掉。”(《申命记》22:23～24)“若有男子在田野遇见已经许配人的女子，强与她行淫，只要将那男子治死，但不可办女子，她本没有该死的罪，这事就类乎人起来攻击邻舍，将她杀了一样。因为男子是在田野遇见那已经许配人的女子，女子喊叫，并无人救她。”(《申命记》22:25～27)

与犹太教律法类似，中国传统社会的礼法文化，也很重视“心”，并以之作为司法裁判的根据。汉儒董仲舒以《春秋》大义为断讼依据，讲的是“原心定罪”。法律可以直探人心，这要归因于礼与法的合一。最初，礼与法不同，礼“禁于将然之前”，而法“禁于已然之后”。随着汉代开始的“儒法互用”、“援礼入律”，礼往往直接转化为法律规范，法不过是罚则。“礼之所去，刑之所取，失礼则入刑，相为表里者也。”“人心违于礼义，然后入于刑法。”伦理纲常因为附有罚则而变成了法律，它对于人心的要求因此外在化为强制性的制度。比如，《唐律》规定，父母在不得别籍异财，否则即为不孝之罪，依律处徒刑三年。因为此举“不仅有亏侍养之道，且大伤慈亲之心”。又，父母虽亡，丧服未满而别籍异财者同罪。这里，法律所惩处的乃是其“忘亲之心”。①

三、律法内容的混杂性和典范性

不同于世俗法律的清晰与明确，犹太教律法包罗万象，具有混杂性、宽泛性和包容性：其中既有法律性质的规范，也有道德伦理性质

① 参见瞿同祖：《中国法律与中国社会》，中华书局1982年版，第16页。

的规范，还有习俗性质的规范等；律法既惩恶又扬善，它不仅要求不得作出一定行为，而且必须作出正当的行为；在律法的实际运用中，不仅应遵循字面的要求，而且应遵循其引申的含义。

律法的内容既有封闭性又有开放性。律法不是一个静态的、封闭的框架，而是一个动态的、开放的法律体系。在其延续和传播过程中，根据形势的变化和信众的需要，及时调整、改进一些不适应或者是危及自身生存发展的方面，表现出较强的环境适应性和生存能力。在犹太文化的内涵构成上，既有对大量异质文化的吸收，更有对本原文化的完好保存，以及对两者的融会、综合。①

在公元 2 世纪以前，犹太文化的主要成就集中体现在希伯来《圣经》中。这部百科全书式的经典巨著是名士文人花费了整整六七百年时间，对浩如烟海的历史资料进行采集、整理，并从理论上加以升华、艺术上进行创造而最终形成的。由于《圣经》是在特定的历史条件下形成的，再加上树立民族独尊地位的需要，希伯来人力图使《圣经》神圣化、经典化，从而使《圣经》成为闭合性的、名副其实的"圣书"。为了弥补《圣经》与实际生活之间的鸿沟，为子孙后代制定一套生活的准则，犹太社团的宗教贤哲编纂了口传律法集，即《塔木德》。从某种意义上说，作为理性与智慧结晶的《塔木德》的问世，正体现了犹太民族的开放性心态。

律法的内容包罗万象，具有混杂性、宽泛性和包容性的特征。作为一种法律文化和民族生活方式，犹太教律法包含了信仰、法律、伦理、习俗等各种要素，并以民刑法、祭司礼仪、伦理规范、饮食律法、节期礼仪等形式表现出来。犹太教拉比认为，《托拉》触及到人类生活的各个方面，它所处理的是人类的全部存在，宗教、道德、肉体生活甚至迷信活动。事实上，涉及人的一切无一不落入律法所关照的范围之内。因此，无论是贤哲、拉比还是门徒都不可能把他们的讨论仅仅限制在律法的范围之内。他们与人民群众保持着密切的联系，而普

① 参见刘洪一：《犹太文化要义》，商务印书馆 2004 年版，第 417 页。

通男女们的所思所言都进入了学园之中，并且在《塔木德》的字里行间找到了一席之地。①

从性质上看，律法与伦理密不可分、融为一体、相互支持，律法既是法律规范，又是伦理规范。保罗·里克尔在《恶的象征》中指出，从以斯拉到《塔木德的》编纂者甚至直到今日犹太民族教育者所展示的整个精神历史中，法利赛人是决定性的因素。他则要人们破除对法利赛人的“重重偏见”。里克尔认为，法利赛人的律法书恰恰不是像出自拉丁人精神的罗马法，它意指训导和教训，而不是法律。律法书的法既是宗教的又是伦理的：因其诉诸要求、命令，所以是伦理的；因其是上帝有关人类旨意的明白传达，所以是宗教的。② 在犹太教中，律法是善恶的标准和根据，律法要求行善，道德要求通过律法规范的他律而实现。依照律法而生活，是犹太教对人的伦理要求。

仅就成文律法而言，根据涉及内容的不同，《摩西五经》中的律法大致可以分为三类：

第一类，宗教仪式律法。这类内容构成律法最大的一部分，包括整卷《利未记》和《出埃及记》、《民数记》以及《申命记》的许多内容。这些仪式律法教导以色列人如何实行敬拜仪式，从敬拜器具的设计、祭司的责任、献祭牲的种类，到献祭的方式，每一件事都有详细的说明。其中，还包括与日常生活有关的宗教禁忌。据统计，在613条律法中，有近350条是关于希伯来民族祭祀制度和圣洁习俗的，内容涉及捣毁偶像，禁用妖术和异教祭祀方法，要求守安息日、逾越节和三个朝拜节日等方面。

第二类，伦理律法。这一类的律法包括“十诫”，还包括两条大诫命：“你要尽心、尽性、尽力爱耶和华你的神”（《申命记》6:5）；“不可报

① 参见[美]亚伯拉罕·科恩：《大众塔木德》，盖逊译，山东大学出版社2000年版，“导论”第25页。

② 参见翁绍军：《神性与人性：上帝观的早期演进》，上海人民出版社1999年版，第225～227页。

仇，也不可埋怨你本国的子民，却要爱人如己”(《利未记》19:18)。律法具有契约、法律、宗教和道德四者合一的特点，伦理规范是律法构成的重要内容，甚至有些律法就是伦理规范。如《出埃及记》第22章规定:“不可亏负寄居的，也不可欺压他，因为你在埃及地也作过寄居的”;“不可苦待寡妇和孤儿”，“不可毁谤上帝，也不可毁谤你百姓的官长”。

第三类，刑事和民事律法。刑事法律性质的规定，如禁止谋杀、掠夺、乱伦和通奸等，载明各种大小罪行应受到刑罚，犯罪的人会被逮捕和审判。民事律法包括许多世俗的法律条款，对以色列人世俗生活的诸多方面都有具体的规定。比如:要周期性地解放希伯来奴隶，每七年轮休土地一次并取消借债者的债务，孝敬父母，尽量保护陌生人的权利，救助穷困者的不幸，在法庭上严守公正，要向祭司和利未人缴纳什一税，长子要用特殊的费用来救赎等。民事律法决定了以色列人作为神的子民的日常生活，兼有宗教规范和世俗法律双重功能。[①]

律法的内容具有典范性。律法不是一张完整的清单，它无法将古代以色列人为了讨神喜悦所能做或当做的事全部罗列出来。相反，律法所呈现的是忠于神的范例或样本。律法借着一个实例来设立一项标准，而不是将每一种可能的情况列出来。总体上说，613条律法仅仅是犹太教律法的一个总纲，而“十诫”又是613条律法的总纲，是以色列人立法的基本点。根据犹太教的传统，《托拉》是神的启示，即由犹太人的祖先摩西在西奈山接受的由神直接颁布的戒律，而其中最重要的“十诫”是刻在石板上，后来存放在犹太教的会幕或圣殿里的。

“十诫”的宗教意义在于，它确认了对耶和华作为“独一真神”的信仰。对于刚刚结束在埃及长期奴役的命运，即将迈入新的土地建

---

① 参见[加]戈登·菲、[美]道格拉斯·斯图尔特:《圣经导读(上):解释原则》，魏启源等译，北京大学出版社2005年版，第140页。

立国家的以色列人来说，“十诫”的意义也涉及社会生活的方方面面。“十诫”作为律法的总纲，涉及宗教和伦理道德等方面，并不属于严格意义的法律。依照犹太人的说法，对“十诫”的解释应当注意：这些规范既惩恶又扬善；不仅要求不得作出一定行为，而且必须作出正当的行为；不仅要遵循字面的要求，而且要遵循引申的含义。比如：在《摩西五经》中，《申命记》第 6 章命令以色列人侍奉神，也是禁止他们侍奉其他神；在命令孝敬父母时，也禁止咒诅他们；禁止偷盗的律法，也意味着工作中及整个人生路程上都要勤奋。

第三节　律法中的婚姻家庭制度

犹太教传统认为，结婚并且抚养家庭是一条宗教律令；事实上，这也是上帝向人颁布的全部律令中的第一条，《塔木德》也强调了这一点。家庭是种族延续的育婴室，父母与子女的关系如同上帝与其子民的关系。父母不仅有义务照料子女的身体健康，还有义务关注孩子在道德和精神上的成长。反过来，子女必须尊敬父母，在父母生病或年老时孝敬和侍候他们。

一、婚姻神圣

由于性本能是种族生存和繁衍的自然手段，婚姻得到了《托拉》的祝福。按照《圣经》的说法，上帝造人后，“神就赐福给他们，又对他们说：‘要生养众多，遍满地面，治理这地；也要管理海里的鱼、空中的鸟，和地上各样行动的活物。’”(《创世记》1:28)婚姻不应被看作是对肉体欲望的纯粹认可，而应被看作是由神确定的律法制度。拉比们把“要生养众多，遍满地面”这条诫命解释为《摩西五经》613 条律法之首。婚姻不仅必须建立在生理本能的基础上，还必须建立在诸如渴望伴侣、感情及爱之类的心理因素的基础上。在一夫多妻制的时代，妻子被称为男人的助手。(《创世记》2:18)“十诫”的第七诫“不可

奸淫”，表明了婚姻的神圣性，强调夫妻正当关系不可违背。在《圣经》中，婚姻关系被称为“神圣的盟约”。（《箴言》2:17）

对于婚姻，《塔木德》的说法是：“不结婚的人生活中没有快乐，没有幸福，没有好事”(Jeb. 62b)；“未婚的男人并不是完全意义上的人，如《圣经》所说，‘并且造男造女。神赐福给他们，称他们为人’(《创世记》5:2)”(Jeb. 63a)。妻子意味着家，因此说，“男人的家是他的妻子”(Joma 1:1)；“拉比约西说，我从不称妻子为妻子，而是称她‘我的家’”(Shab. 118b)。娶妻是如此的重要，以至于“一个人为了结婚的目的可以卖掉一卷《托拉》”(Meg. 27a)，可以允许这样做的唯一的另外一个理由是求学。人们普遍相信，婚姻不仅是上天安排的，而且早在人出生之前就已经注定了。《塔木德》反复教诲人们，美满的婚姻是至高无上的。婚姻常常被称为 Kiddushin，它包含“圣洁”的意思。这样称谓婚姻是因为“丈夫视妻子为献给圣所的物品，禁止世人亵渎”(Kid. 2b)。这暗示双方都应绝对的贞洁。就像偶像崇拜和杀人一样，即便面临死亡的威胁，犹太人也绝不允许乱伦和通奸。忠实、纯洁和贞洁是婚姻的根本条件。[①]

犹太教传统允许离婚。关于离婚的条件，根据《塔木德》的律法，如果丈夫和妻子希望离异，解除婚姻并不难。“不好的妻子对其丈夫来说犹如麻风病。怎么治疗呢？如那个丈夫与她离婚就治好了这麻风病。”(Jeb. 63b)《塔木德》甚至宣称，“如果男人有坏妻子，他有宗教上的责任与她离婚”(Jeb. 63b)。如果丈夫患有令人厌恶的疾病或者从事令人反感的工作，妻子也可提出离婚。然而，精神失常不仅不能作为离婚的理由，而且还是离婚的障碍。“妻子精神失常，丈夫不得与之离婚；丈夫精神失常，不能与妻子离婚。”(Jeb. 14:1)不允许与患精神病的妻子离婚的理由是，一旦失去了保护人，她可能会成为心术不正之徒的猎物。精神失常的丈夫之所以不能与妻子离婚，是因为

① 参见[美]撒母耳・S・科亨：《犹太教：一种生活之道》，徐新、张利伟等译，四川人民出版社 2009 年版，第 133～135 页。

递交离婚字据必须是意识清醒的行为。遗弃也不构成离婚的理由，无论丈夫多长时间杳无音讯。只有确凿地证实丈夫已经死亡，才可允许妻子改嫁。[①]

律法的婚姻制度在不同的历史时期，经历过很大的变化。关于婚姻的成立，律法主要吸收了原始掠夺婚和寡妇内嫁制等形式。在结婚方式上，律法保留了较多的原始掠夺婚遗迹。律法规定，若某人奸污了一个未曾许配的女子，要拿出50舍客勒银子作为聘金，并娶她为妻。这里，污辱处女并不以强奸罪论处，而成为强行成婚的方式之一。若男方交出聘金，经女方家长同意，其婚姻成事实，具有律法的效力。寡妇内嫁制的规定，目的在于不使家产流散外族，也是氏族习惯的反映。律法规定，若兄长死后无子，其弟有娶嫂为兄续嗣的义务和继承其兄财产的权利。如果弟不尽此义务，嫂可在祭司和族人出席的场合，脱去他的鞋子，将唾液吐在他脸上，以示剥夺其继承权。(《申命记》25：5～10）在古代以色列，他的家要叫作“被脱鞋之家”。律法规定，寡妇只有“脱鞋”之后才被准许外嫁他人。

在如今的以色列国，寡妇内嫁制发生很大变化。1950年，以色列国拉比院规定，死者兄弟必须给其兄弟寡妇“脱鞋”权，以让她自由出嫁外人；同时还规定，即使死者兄弟有意也不能娶其兄弟寡妇为妻。1953年，以色列国议会颁布了婚姻法，授权拉比法庭全权处理此事。婚姻法规定，在拉比法庭下令给其兄弟寡妇以“脱鞋”权三个月后，死者兄弟仍不执行，拉比法庭可以判决死者兄弟坐牢。

二、重视家庭生活

犹太教从本质上来说“是一种以家庭为首要基础的‘家庭宗

① 参见[美]亚伯拉罕·科恩：《大众塔木德》，盖逊译，山东大学出版社2000年版，第183～192页。

教'"[1]。犹太教的中心不仅仅是犹太圣堂,家庭也是实践宗教理念的重要场所。尽管犹太教和基督教双方都接受了先知文献中所阐明的那种纯洁的理想,但它们却利用不同的社会工具去实现这种理想。基督教发展形成了修道制度,并把它作为一种提高纯洁的理想的手段;而犹太教则崇尚家庭制度,并且使它成为纯洁为之服务的目标。[2]

犹太人的家庭不仅建立在经济和生理等的考虑上,而且建立在宗教的基础上。《塔木德》说:"离开了女人,男人就无法生存;离开了男人,女人也无法生存;如果没有舍金纳,男女都无法生存。"因此,一个人对家庭的责任和对上帝的责任是统一的。家庭的完整性为犹太教的永久生存作出了贡献,而反过来,犹太教也一直在致力于完善家庭制度,使之在犹太人的生活中成为一种社会化和精神化的媒体。

重视家庭生活是犹太宗教和文化的重要方面,保持幸福的婚姻和家庭是犹太人的一种宗教义务。一个不结婚、不要孩子或者不愿承担家庭责任的人,在犹太社团中是一个不会受到尊敬的人,也不能担任社团中的重要职务。犹太教规定许多宗教仪式应该在家庭中举行,律法还规定了夫妻之间、父母子女之间的义务和责任。只有丈夫和妻子团结一致来生活,才能把上帝的精神、圣洁的精神带入家庭。这样的家庭充满自信,无惧于任何灾难与痛苦,恒久永存。上帝的祝福充满整个家庭。家庭情感与宗教情感进入一种虔信的契约。在很大程度上,所有这些都应当归功于律法。[3]

在散居时期,律法尤其是习俗、圣日和节日成为犹太人家庭的藩篱。社团和家庭在古代希伯来传统中本来就是紧密联系在一起的,

---

① 黄天海、梁慧:《论犹太家庭与社会观念的传统》,载《浙江大学学报(人文社会科学版)》2004 年第 2 期。

② 参见[美]摩迪凯·开普兰:《犹太教:一种文明》,黄福武、张立改译,山东大学出版社 2002 年版,第 476 页。

③ 参见[德]利奥·拜克:《犹太教的本质》,傅永军、于健译,山东大学出版社 2002 年版,第 233 页。

家庭生活中留有需要由会堂和公众意识来填充的空间，而会堂也同样为家庭留下了空间。“在犹太社区里，每一个家庭都是一个袖珍社区，所有习俗在保护社区的同时也护卫着家庭。它们成为维护犹太家庭的围墙。它们通过奉献劳作与平凡的家庭生活来洗清尘世的罪孽。这是通过大量的信条——宗教观念的语言来完成的。从信条中，安息日及节日获得了富有诗意的魅力和气氛；在神圣域所内，人们可以躲开外面所有的肮脏与压抑，呼吸纯净的空气。律法使日常闲暇得以纯净，给晚间娱乐以礼遇，在这两者中，人的个性与自由展露无遗。在‘护栏’内，上帝的和平降临其间；在围墙中，生命被护卫，被滋养，而不再狭隘。尽管这些条规的设立只是为了保护宗教，但它们最终却丰富了宗教。”①

家庭是种族延续的育婴室。父母与子女的关系就如同上帝与其子民的关系。父母不仅有义务照料子女的身体健康，还有义务关注孩子在道德和精神上的成长。因此，教育成为犹太人的一项基本职责。反过来，子女必须尊敬父母，在父母生病或年老时孝敬和侍候他们。孝敬父母的义务应延伸至父母去世以后，温馨地回忆逝去的父母，在父母的忌日诵读“卡迪什”祷文，都是在尽孝敬父母的义务。正是这种纯洁和温馨的家庭纽带，帮助犹太人维系了犹太民族，将犹太民族维系在一个健康和道德的层面上。

《塔木德》的内容揭示出：“《圣经》将敬奉父母与敬奉无所不在的上帝放在同等的地位；经文说，‘当孝敬父母’（《出埃及记》20:12），还说，‘你要以财物尊荣耶和华’（《箴言》3:9）。《圣经》同样还把对父母的敬畏（即敬奉）与对上帝的敬畏放在同等的位置；经文说，‘你们各人都当畏惧母亲和父亲’（《利未记》19:3），还说，‘你要敬畏耶和华你的神’（《申命记》6:13）。”(Kid. 30b)“敬畏指的是不得站在父亲的地方，不得占他的座位，不得反驳他的话和不得对抗他的意见。敬奉指

① [德]利奥·拜克：《犹太教的本质》，傅永军、于健译，山东大学出版社 2002 年版，第 231～232 页。

的是为他提供吃、喝、穿、住，并帮助他出出进进。”(Kid. 31b)“孝敬父母的律法举足轻重，因为神圣的上帝认为这比敬奉他自己还要重要。”至少在一个方面对上帝的敬奉超过了对父母的敬奉，这就是当敬奉父母需要违抗神的律令时。

对父母不仅要实实在在地孝敬，而且孝敬的行为还必须是出于正确的心态。敬奉父母的家庭能得到上帝的光临以表示恩宠。“当一个人敬奉父母时，上帝说，‘我犹如住在他们中间一样，并且我感到荣幸。’当一个人让父母伤心时，上帝说，‘没跟他们住在一起，我是做对了；因为，如果跟他们住在一起，我也会伤心。’”(Kid. 30b)①

在以家族为本位的中国传统社会里，“孝”是联结从高祖到玄孙的九族关系的精神纽带，也是儒家伦理的核心。两代与一代之间，父子相承，“孝”字相通。在儒家的观念中，“孝”不仅是一个伦理概念，也是一个具有法律意义的概念。《礼记·祭义》中说：“孝有三，大孝尊亲，其次弗辱，其下能养。”可见孝包括三重内容：第一，尽心奉养父母；第二，绝对服从父母；第三，显荣父母。在这一点上，律法传统与中国礼法传统有相通之处。

① 参见[美]亚伯拉罕·科恩：《大众塔木德》，盖逊译，山东大学出版社 2000 年版，第 204～206 页。

第五章　犹太教律法的社会治理模式

在法律文化视域下，犹太教律法不仅是静态的规范制度，而且是动态的、开放的体系，是信仰观念、规范制度和行为实践的结合。律法不仅包括以经典文本存在的双重托拉，而且包含不断的解释、评注、交流和整合活动，包括运用律法解决信仰及生活问题的过程。律法作为一种纠纷解决机制和社会治理模式，在追求目标、权威机构、惩罚机制和秩序形成等方面具有一定的特色。

第一节　古代以色列的司法机构

各种规范制度的实施都是由一定的社会组织来承担的。在具体实施过程中，一旦发现有违反规范的越轨行为，或发现制度本身有缺陷，社会组织中的权威机构就会采取行动，控制越轨行为，或对规范制度进行某些调整。实施法律的组织和机构一般是世俗性质的，不需要借助神圣者的名义。与之不同，宗教律法的权威机构则是宗教组织及神职人员。按照各个宗教的说法，神圣者、超越者是宗教律法的立法者、执行者、裁判者和监督者。实际上，各大宗教都形成了一定的法律组织机构，包括宗教法律的立法、执法和司法系统，有自己的法律程序和法律方法，也有自己解决纠纷、调控社会的途径和渠道。而“神圣者”作为一种象征，掌握的往往只是最终的或来世的裁判权能。

以色列王国建立之前的部落时期，是一个完全神治的时代。以色列人信奉的神是立法者，摩西被看作神的代言人，即律法和制度的颁布者。摩西之下的长老、祭司、千夫长、百夫长、五十夫长、十夫长等，成为律法的执行人和监督者。据希伯来《圣经》记载，在西奈旷野，摩西的岳父叶忒罗建议摩西为以色列百姓颁布上帝的律例和法度，这样就可以向他们指明，什么才是当行的道和当做的事。叶忒罗还建议，设立由千夫长、百夫长、五十夫长、十夫长构成的四级行政长官制。(《出埃及记》18:13～26)摩西接受了这一建议，将自己的审判职能移交给他任命的百姓首领，自己只处理最复杂、最重要的案件，正式的纠纷解决机制和社会控制体系初步建立起来，律法中的司法机构具有了雏形。

随着以色列从半游牧的氏族社会向民族统一的农业社会过渡，其政治结构发生深刻的变化。从占领迦南直到扫罗统治时期，犹太人实行王权制，史称"士师执政的时代"。当时以色列的政治结构，集中表现为宗教联盟，也就是将十二个部落团结在一神信仰周围。虽然各部落按照传统在出师前或举行宗教典礼时，应在吉甲和示剑两地集会，可是他们仍选择示罗作为共同的宗教中心，而装有"十诫"石板的约柜就保存在这里。各部落在这里向唯一的上帝祈祷，欢庆节日，以象征上帝与他们同在。在两个世纪的士师时代，士师们平时管理民事和司法审判，战时率兵打仗，肩负着先知、统帅等多重职能，其背后依然是神的统治。

希伯来王国建立后以色列进入王权时代或君主时代。国王是一国之君，但是上帝仍然对国家起着重要的作用。在犹太教看来，上帝是真正的国王，神权高于世俗的王权，因为国王是由先知膏油、加冕的，而且国王要和他的臣民一样遵行神的旨意。在神权政治体制下，国王的统治不是目的，而是借以实现神之目的的手段，一切政治生活都服务于上帝。以色列民族的长远目标是在未来实现一个"神圣的国度"，即"地上的上帝王国"。这一时期，上帝依然被看作最高统治者；神权和行政权都是神圣律法的维护者和执行者。

随着统一王国的分裂与衰败，以色列持续受到列强的掳掠和统治。《塔木德》中的证据表明，在圣殿被毁、国家沦丧之时，以色列的土地上曾经存在着一个完整的法庭体系，其功能是裁定宗教习俗的疑问，审判违法分子，以及解决各种争议。人们还进一步断定这一体系从其国家生活的最初阶段就一直存在着。[①] 根据拉比文献，在第二圣殿时期的以色列社会存在着三种法庭：3 人法庭、23 人法庭和 71 人法庭。在所有这些法庭中，其成员既是法官又是陪审员。法庭的主要职能是为涉及宗教活动的问题提供咨询，不过，它们也处理民事争端和刑事案件。刑事指控由 23 人法庭裁决。民事案件则由 3 人法庭管辖。设在耶路撒冷圣殿辟石院的犹太教公会（Sanhedrin），是古代犹太教的最高律法法庭，由以纳西为首的 71 位著名拉比组成。[②]

据拉比文献记载，从希腊化时代开始，大祭司主持的犹太教公会就成为国家和法律事务中的最高权力机关。犹太教公会素以严守律法著称，它负责解释律法，讨论有关财产诉讼、刑事诉讼、证人审查、刑罚执行以及国王和大祭司对判决的权力等方面的律法。同时，它还是监督人们守法的司法机构。犹太教公会平日在圣殿集会，按照摩西律法审理民事案件。按规定，只有在圣殿晨祷仪式结束后才能开会，对一个人的宣判也不得在当天作出。公元前 65 年罗马人统治巴勒斯坦后，犹太教公会只审理罗马裁判官不受理的犹太人案件，但这时仅有传讯被告之权，而无判决权。全体犹太人必须遵守犹太教公会通过的律法决议，接受它对律法所作的解释。如果有人破坏和抗拒犹太教公会的决议，依据律法应当被判处死刑。

公元 70 年第二圣殿被毁后，犹太人流散世界各地，犹太教公会

---

① 参见[美]亚伯拉罕·科恩：《大众塔木德》，盖逊译，山东大学出版社 2000 年版，第 343 页。

② 参见[美]亚伯拉罕·科恩：《大众塔木德》，盖逊译，山东大学出版社 2000 年版，第 345～351 页。

解散，犹太社团逐渐成为各国犹太人生活的重要载体。它对外协调犹太人同统治者的关系，充当所在国对犹太人税收的代理人，为犹太人的利益辩护；对内实行自治，有效发挥管理、经济、文化和宗教上的整合功能，保护其成员的基本利益。在漫长的中世纪，司法自治是犹太人社团自治的最重要保证。拉比犹太教时期几乎每个犹太人社团都建有"法庭"(Beth Din)，成为审理有关犹太人刑事、民事和一切涉及宗教律法案件的机构，被称为"拉比精神法庭"或"犹太教法庭"。它既处理私人民事性质的案件(结婚、离婚等)，也处理宗教性质的案件(监督对饮食律法的遵守等)。在原告、被告双方同意下，它还可以成为仲裁法庭。拉比作为杰出的《塔木德》学者，既是犹太经学院的领导者或布道者，同时担任社团法庭的法官。在犹太教法庭中，拉比们处理事务依据的仍然是《圣经》和《塔木德》法典。

根据流散时期的社团法令，犹太教法庭的权限和职能具体包括：

第一，有权对犹太事务作出裁决，实行属地与属人相结合的管辖原则。对拒不执行法庭裁决的人，社团可以对其进行罚款及没收财产，甚至可以将其逐出社团。这种裁决不仅针对当地犹太社团的成员，而且对任何不属于本地犹太社团，而来到当地的犹太人同样有效。这项法规有效地防止了外来者借口他所属社团并无这一习俗而违反当地犹太习俗，扩大了犹太律法的实用性。[①]

第二，授权被告有权中止在犹太会堂举行的祈祷，以有机会向会众陈述与自己有牵连的案子。这种"中止祈祷"的做法，极大地依赖于社团群体内部的亲密关系，有效地保证了每一个受到指控的犹太人向整个社团申诉的权利，以获得公正处理，从而避免社团法庭的不当处理。

第三，严厉禁止犹太人之间的诉讼到非犹太法庭去解决。针对可能出现的犹太人将自己的同胞带到异教徒法庭的情况，社团法令规定：受异教徒支持的犹太人要确保将他的同胞带回来，保证其人身

---

① 参见徐新：《犹太文化史》，北京大学出版社 2006 年版，第 170 页。

及财产不受伤害。法国1155年的特鲁瓦大会及德国13世纪的拉比大会都着重强调了这一原则，并且这一原则为法国和德国的犹太教社团广泛接受。

第二节　律法中的纠纷解决

一、犯罪形态及性质

犹太教以一神信仰为理论基础，犹太人生活的各个层面都归于上帝的绝对统治，有悖律法的任何行为都是对上帝的背叛和犯罪。根据希伯来《圣经》，罪主要包括三类：违抗上帝的罪、危害人身安全的罪和危害家庭的罪。首先，违抗上帝的罪，包括拜别的神、亵渎圣名、行巫术等，是从根本上否定上帝与以色列的关系。其次，以色列人十分看重人身的自由与安全，不少学者相信，"十诫"的第八诫（不可偷盗）说的不是泛泛的偷盗，而特指绑架。再次，既然非自然地终止生命是犯罪行为，那么干扰创造生命的自然环境——夫妻关系——同样也是犯罪。一切婚姻以外的性行为，无论是乱伦、同性恋还是通奸，都被看作重罪。这些罪行，都与以色列对上帝选民之身份的理解有关。在这样的背景下，犯罪即是否认圣约信仰的实在性。[①]

偶像崇拜被列为诸罪之首，是因为它会导致对神的启示的否定，从而破坏完整的宗教和道德体系的基础。在《圣经》的经文中，耶和华命令："除了我以外，你不可有别的神。不可为自己雕刻偶像；也不可做什么形象仿佛上天、下地和地底下、水中的百物。不可跪拜那些像，也不可侍奉它，因为我耶和华你的神，是忌邪的神。恨我的，我必追讨他的罪，自父及子，直到三四代；爱我、守我诫命的，我必向他们

---

① 参见[英]约翰·德雷恩：《旧约概论》，许一新译，北京大学出版社2004年版，第319～320页。

发慈爱,直到千代。不可妄称耶和华你神的名;因为妄称耶和华名的,耶和华必不以他为无罪。”(《出埃及记》20:3～7)犹太教拉比对此解释说:“凡承认偶像崇拜者不仅否定了十诫,也否定了授予摩西、先知们以及始祖们的律法;凡摒斥偶像崇拜者便承认了全部的《托拉》。”又说:“凡先知命你去做的,即使触犯《托拉》,你也要听从,但偶像崇拜除外;即使他让太阳在中天停住不动,也不能听从他。”①

在《圣经》中,“我们要照着我们的形象,按着我们的样式造人……上帝照着自己的形象造人,乃是照着他的形象造男造女”(《创世记》1:26～27)。人既然是按照上帝的形象所造,那么,任何人的生命都超然重要。“十诫”的第六诫规定“不可杀人”(《出埃及记》20:13)。杀人罪是一种重罪,律法对杀人行为按不同情况分别作出具体规定:情有可原的(《出埃及记》21:13)、意外的(《民数记》35:23)或合理的(《出埃及记》22:2)杀人均不构成犯罪,律法为此特设了避难城,对无罪杀人者的生命给以保护,同时也是对死者的灵魂表述一种安慰。但是故意杀人是犯罪行为,将受到律法的严厉制裁。律法规定:“打人以致打死的,必要把他治死。”(《出埃及记》21:12)无论是对他人还是对自己犯罪,都是忤逆上帝。因为律法规定:“流你们的血、害你们命的,无论是兽是人,我必讨他的罪,就是向各人的弟兄也是如此。凡流人血的,他的血也必被人所流,因为上帝造人,是照自己的形象造的。”(《创世记》9:5～6)

犹太教传统认为,结婚并且抚养家庭是一条宗教律令。而且,这也是上帝向人颁布的全部律令中的第一条。《塔木德》强调了这一点,拉比们把“要生养众多,遍满地面”这条诫命解释为《摩西五经》613条律法之首,认为婚姻不仅必须建立在生理本能的基础上,还必须建立在诸如渴望伴侣、感情及爱之类的心理因素的基础上。拉比们认为,“十诫”的第七诫“不可奸淫”,表明了婚姻的神圣性,强调夫

① 参见[美]亚伯拉罕·科恩:《大众塔木德》,盖逊译,山东大学出版社2000年版,第112页。

妻正当关系不可违背。《塔木德》反复教诲人们，美满的婚姻是至高无上的。婚姻常常被称为 Kiddushin，它包含“圣洁”的意思。这样称谓婚姻是因为“丈夫视妻子为献给圣所的物品，禁止世人亵渎”（Kid. 2b），暗示双方都应绝对的贞洁。拉比们强调，就像偶像崇拜和杀人一样，即便面临死亡的威胁，犹太人也绝不允许乱伦和通奸，因为忠实、纯洁和贞洁是婚姻的根本条件。[①]

在犹太教中，“罪”被理解为破坏与神所立的圣约关系、悖逆神的意志的行为。拉比们认为，上帝将其意志显示在了《托拉》之中，对其中任何一条律法的抗拒就是犯罪。顺从《托拉》就是美德；漠视《托拉》便是犯罪。这一态度在下面的文字里表述得十分清晰：“人不应该说，我不可能吃猪肉；我不可能与乱伦的人为伍。（他应该说）我有可能去干这种事；但是看到天父为我定下如此的律条，我能这样做么?”人不做违禁的事如果是出于没有欲望去做，这并不是美德。欲望本身会存在，但是却应受到抑制，因为它是违禁的。[②] 一般而言，全体以色列民都入“耶和华的会”，只要恪守律法，“与神同行”，就可以达到圣洁的标准。“圣洁”的反面当然就是“污秽”或“不圣洁”，既然“圣洁”来自于神的要求，那么“不圣洁”就是“罪”的体现。

犹太教传统认为，“罪”是多层次的，道德观念上的错位也是犯罪。概括起来，罪分为三个层次：第一个层次，诸如杀人放火、贪污盗窃等，是最重的罪，在英语中的对应词是 crime。第二个层次的犯罪是待人不真诚，英语对应词是 sin。第三个层次的犯罪是指对自己错误或罪行的认知，英语对应词是 guilt。从罪的程度来讲，第一个层次最重，后两个层次较轻。在犹太教中，“人的邪恶”可能指罪恶的行为，但主要是指“心中的恶念”。古代以色列人已经认识到，人的行动

---

① 参见[美]撒母耳·S·科亨：《犹太教：一种生活之道》，徐新、张利伟等译，四川人民出版社 2009 年版，第 135 页。

② 参见[美]亚伯拉罕·科恩：《大众塔木德》，盖逊译，山东大学出版社 2000 年版，第 111 页。

是由人的思想来支配的，人想到了，就有可能付诸行动。“十诫”中的第十诫（“不可贪恋人的房屋，也不可贪恋人的妻子、仆婢、牛驴，并他一切所有的”）不仅是要禁止罪恶的行为，而且要禁止贪念。在犹太教中，上帝对只是出于对诫命的服从而履行诫命的行为并不悦纳；他主要想叫人有一颗纯洁的心，努力达成真正的崇拜。心是身体其他器官的王和指导者。因此，如果心不能说服自己去崇拜上帝，身体的其他器官对上帝的崇拜就没有生命价值。所以，经上说：“我儿，要将你的心归我。”[①]

二、惩罚与责任归结

在世俗法律中，惩罚被称为“法律制裁”，指国家通过强制对法律责任主体的人身、财产和精神实施制裁的责任方式。国家通过强制力的运用，使责任主体受到压力、损失和道德责难，从而发挥法律的报复、预防和矫正作用。法律制裁针对的是已犯行为，其处罚是看得见的惩罚，比如徒刑、罚金、没收财产等。与之不同，宗教律法的惩罚措施主要是宗教性的。宗教律法的权威性既要凭借宗教团体的强制力维系，更要借助于信仰者对上帝的敬畏去树立。在犹太教中，律法来自上帝，立法是上帝之旨意，上帝是审判的标准，是公义的化身。既然“罪”被理解为破坏与神所立的圣约关系、悖逆神的意志的行为，是违反公义的行为，那么律法中对犯罪的惩罚就是“神罚”。

犹太教传统认为，公义与仁慈、圣洁是上帝的固有属性。在上帝与人类之间，存在某种伙伴关系。上帝以意志行为创造了天地，并以自己的慈爱继续支撑天地；他提出日常行为的伦理道德和宗教律法要义，将“生与福、死与祸”明陈在人的面前，赋予人选择自由，使人向上帝负责。上帝又是至公至圣的，公义的上帝严格按照善恶报应的法则治理世界。上帝自有永有且无所不能，但不是无所不做。对于

① 参见[美]亚伯拉罕·海舍尔：《觅人的上帝：犹太教哲学》，郭鹏、吴正选译，山东大学出版社2003年版，第434页。

他所创造的万物,他只做正当之事。希伯来《圣经》说:“主啊,你照着各人所行的报应他。”(《诗篇》62:12)可见,上帝是根据每个人的行为来审判人,表彰公义、惩罚恶行。

因为上帝是公义的,他的一切作为,包括启示给以色列人的律法,都是公义的。因为上帝是公义的,公义就不是人的某种选择,而是上帝赋予每个人的使命。公义成为人类行为的理想模式,代表着行动中的信仰和真理。由于以色列人的生活和宗教建立在神人立约的基础上,公义就意味着忠实履行契约上的条款。若行公义,好怜悯,在心灵上必接近上帝;若行不义,多恶行,在心灵上必远离上帝。在对犯罪的审判过程中,上帝成为正义的化身,一些重大的疑难案件,一般来说都是以上帝的名义进行判决。惩罚犯罪的基本目的不是处治,而是教育和改正,是给人以重新开始其生活的忏悔机会。因为,“我指着我的永生起誓,我断不喜悦恶人死亡,惟喜悦恶人转离所行的道而活”(《以西结书》33:11)。

为维护上帝的公义和人间的公义,《摩西五经》的律法往往附有祝福与诅咒:遵行诫命的将会蒙福,背逆诫命的受到诅咒。(如《利未记》26:14～16;《申命记》28:15～68)《塔木德》中也规定,叛教罪是诸多罪行中最严重的一种,刑罚的手段是钉十字架,更可怕的后果是遭受耶和华神的咒诅。按照希伯来《圣经》,人是肉体与灵魂的统一体。人产生于尘土,死后埋葬,亦回归尘土,没有来世的天堂和地狱。到了拉比犹太教时期,拉比们发挥了《圣经》中已有的弥赛亚观念,同时吸收希腊哲学中所谓灵魂不死的思想,构成犹太教自己的来世观念。在《塔木德》中,人被说成是可以死而复活的。到了世界末日,所有死去的人都将复活,然后接受弥赛亚的审判,义人进入天堂,恶人则入地狱。

死刑是古代以色列作为国家所实行的唯一一种刑罚。《摩西五经》的《出埃及记》第21～23章被称为“约书”,全部是以法律形式尤其是刑罚形式表示出来的。其中,不仅“打人以致打死的,必要把他治死”(《出埃及记》21:12),而且“打骂父母的”(《出埃及记》21:15,

17)、“行邪术的”、“与兽淫合的”、“祭祀别神的”，都要处以死刑。(《出埃及记》22:18～20)甚至，有人在禁止劳作的安息日外出拾柴，“全体会众将他带到营外，用石头打死他”(《民数记》15:32～36)。律法中诸如石击、火刑、分尸、锯刑等处死罪犯的规定，表明其中遗存了早期以色列人的氏族习惯。

事实上，死刑在古代近东各国法律中频繁出现，而在《摩西五经》“证据立法”中最为著名的一条，规定死刑的定罪至少要有两个证人(《民数记》35:30;《申命记》17:6)。由于谋杀大多不是在大庭广众、光天化日之下进行的，两个证人出庭作证就比较困难了;加上古代以色列律法规定妇女、儿童、奴隶不能作为证人，找到两个成年的自由男性作证人就更难了。圣经学者的研究表明，在古代以色列社会，执行死刑实际上是比较少见的。

虽然在断案期间犯罪人可能被拘押，但古代以色列社会直到“巴比伦之囚”回归以后才引进监禁制度。罚款制裁，不过被视为过犯者对受害者的赔偿，属于民事司法范围。甚至像人身侵害或偷盗等案件，也是如此办理。而凡判死刑的罪行都与“十诫”有着这样或那样的关系，因为凡受到整个以色列社会处罚的行为，都与以色列对上帝选民之身份的理解有关。在这样的背景下，犯罪即是否认圣约信仰的实在性。[①]

针对犯罪的责任承担，按照当代的正义论原则，责任主体一般应是实施了违法行为的人，即谁违法谁承担责任。法治文明的标志之一，就是把行为者的认知能力和主观心理状态作为法律责任要素引入归责程序。但是在东西方古代社会，普遍采用连带责任原则和罪刑擅断程序，实行株连(连坐)。从客观责任发展到主客观相统一的责任，从责任株连到责任自负，是法律责任发展的普遍规律。在这一方面，犹太律法也经历了一个由集体责任到个体责任、由集体归罪到

---

① 参见[美]华德凯瑟:《旧约伦理学探讨》，谭健明译，台湾中华福音神学院出版社1987年版，第178页。

个体归罪的发展过程。

神人约典型地反映了律法中的集体责任、集体归罪和集体惩罚观念。律法具有神人约的性质，它是神人之间的沟通和交流，神人双方都有履约的义务和责任。以色列作为一个民族整体与上帝立约，每个成员都要遵奉上帝的诫命律法。神在立约后关注的是整个民族对约的践履，而不是个人信仰的虔诚程度。神的奖赏和惩罚针对的往往是整个民族，而不是针对单个的人。神人约代表的是神与整个以色列民族的关系，拯救和审判都是针对集体而言的，惩罚同样也是针对整个人群的。“以色列人中不当这样行”、“在以色列家这本是不该做的事”已经成为以色列人生活的导向原则。一旦有人“在以色列中做了丑事”，将会招致集体的审判。比如亚干因为从耶利哥“取了当灭的物”，以色列人全体受到连累。（《约书亚记》7:1～26）

个体责任、个体归罪和个体惩罚的观念，是在反思和批判集体观念的基础上产生的。有一些希伯来先知，尤其是后期先知，对上帝将灾难降及整个以色列的集体归罪做法提出质疑。面对全民族遭受的浩劫，先知耶利米悲愤地质问道：“耶和华啊，我与你争辩的时候，你显为义。但有一件，我还要与你理论：恶人的道路为何亨通呢？大行诡诈的为何得安逸呢？你栽培了他们，他们也扎了根，长大，而且结果。他们的口是与你相近，心却与你远离。耶和华啊，你晓得我，看见我，察验我向你是怎样的心。求你将他们拉出来，好像将宰的羊，叫他们等候杀戮的日子。”（《耶利米书》12:1～3）以西结先知引用以色列境内流传的一句俗语“父亲吃了酸葡萄，儿子的牙齿酸坏了”，表达出他自己与民众一样，都对集体归罪的做法存有疑虑。他构想了上帝对持有集体归罪传统观念的人们的对话，明确提出，上帝将以个体归罪取代集体归罪。（《以西结书》18:3～32）

三、法官责任与判案原则

根据拉比文献，律法对于法官的任职资格有着严格的规定，尤其是高一级法庭的法官。选任法官的基本原则是：“所有的以色列人都有资格审理民事案件;但刑事案件只能由祭司、利未人以及那些能把女儿嫁与祭司们为妻的人审理。"①至于责任更为重大的职位则需要具备许多完美的素质——体能上的、道德上的以及智力上的。"被任命为城中法官的人应该聪慧,谦恭,惧怕犯罪,有好的名声,受同胞欢迎。""凡任命不称职的人为法官者等于在以色列竖起了一个偶像。"②

为了使公正和慈悲相得益彰,律法要求不得将缺乏人情的人包括在内。"我们不任命老人、太监和无子嗣的人担当法官。拉比犹大又补充说,铁石心肠的人也不行。"(Sanh. 36b)"我们只任命有才干,具有智慧和威严,年纪成熟,通晓巫术和 70 种语言的人担当大法院的法官,这样法院就没有必要通过翻译之口来听取诉讼。"(Sanh. 17a)③

拉比们认为,正义的执行者负有重要的责任,因为整个社会的命运就系在他们身上。"法官应时刻想着利剑对着心窝,地狱就在脚下。"(Sanh. 7a)"何以知道三人坐下行审判时,神与他们同在? 经文上说,'神在诸法官中行审判'(《诗篇》82:1)。"(Ber. 6a)"以公正执法的法官使神光临以色列;如经文所说,'神在诸法官中行审判'。不以公正执法的法官使神离弃以色列,如《圣经》所说,'耶和华说:因为困苦人的冤屈和贫穷人的叹息,我现在要(升)起来'(《诗篇》82:5)。"(Sanh. 7a)④

律法要求法官审慎裁判。在《摩西五经》中,《出埃及记》第 23 章、《利未记》第 19 章、《申命记》第 1 章和第 19 章都规定了法官判案应当遵守的原则:不可偏袒不义的人,不可受贿赂,不能持有偏私,不可惧怕人,不能偏护穷人,不能偏护邪恶者,不能顾惜已被定罪的人,

---

① [美]亚伯拉罕·科恩:《大众塔木德》,盖逊译,山东大学出版社 2000 年版,第 352 页。

② [美]亚伯拉罕·科恩:《大众塔木德》,盖逊译,山东大学出版社 2000 年版,第 237 页。

③ [美]亚伯拉罕·科恩:《大众塔木德》,盖逊译,山东大学出版社 2000 年版,第 352 页。

④ 参见[美]亚伯拉罕·科恩:《大众塔木德》,盖逊译,山东大学出版社 2000 年版,第 236 页。

不可对寄居者和孤儿屈枉正直;处理争讼之事时,某一争讼人陈述理由时,另一方必须在场;争讼之事不可随众偏行,除非法官被另一法官的道理说服,不能接受他人的意见。比如:“不可在争讼的事上随众偏行,作见证屈枉正直。”(《出埃及记》23:2)“不可杀无辜和有义的人……不可受贿赂,因为贿赂能叫明眼人变瞎了,又能颠倒义人的话。”(《出埃及记》23:7～8)

在《塔木德》中,贤哲们提出:“世界立于三块基石之上:至理、公正的审判及和睦。”“你自己不要充当辩护人。在当事人站在你面前时,你当视他们一如有罪;而一旦他们得到判决,从你面前脱身而去,你就应当视他们一如清白无辜。”“要彻底审查证人,还要注意你自己的言词,以防他们会从中得到诱导而说谎。”[①]因为审判属于上帝,司法诉讼和裁判中要公正。在争讼上,既不可以受贿偏袒富人,也不可以偏袒穷人。任何人,即使不是本族人,也要予以公平对待。

关于举证原则,摩西律法规定:“不可凭一个人的口作见证,总要凭两三个人的口作见证才可定案。”(《申命记》19:15)律法对于证人的资格要求苛刻。除非证人极有声望并且与讼案完全没有利害关系,否则他的证言不能被采纳。通过担当证人来协助法庭确立公正,被认为是一项神圣的职责,而“能为同胞作证而不作的人虽不受人的裁判,却要受上天的裁判”[②]。律法要求,法官必须对所有证据作严格审查,不可只凭表面证据判案。既不可接纳恶人的见证,也不可接纳案件当事人亲属的见证。律法严禁作伪证,规定对作伪证的人须进行严厉处置。

证据以证词、证物和誓言为主。凡以上帝的名义,在特别庄重的宗教仪式上发誓后所作的证词,被视为重要证据之一,在审理案件时

---

① 《阿伯特:犹太智慧书》,[以色列]阿丁·施坦泽兹诠释,张平译,中国社会科学出版社 1996 年版,第 23、18～19 页。

② [美]亚伯拉罕·科恩:《大众塔木德》,盖逊译,山东大学出版社 2000 年版,第 353～354 页。

能发挥特殊作用。但是,如果妄称耶和华的名,作了假见证,会被视为渎神之罪,要受到严厉的处罚。如果案件牵涉到死刑,证人受到严肃的告诫使其明白事情的严重程度:"你要记住刑事案件不同于民事案件。对于后者来说,人可以破财而求得赎罪;然而在刑事案件中,人必须为自己的血和后代的血负责,直到世界的末日。"①

对于刑事案件与民事案件审判程序的不同,律法作了详细规定。律法要求法官对死刑裁决要慎重。犹太民族一直受到教导,要把他们自己视为上帝之子(《申命记》14:1),并把这种神人关系延伸至所有信仰和所有种族的人。在犹太教中,人本身就是人的价值的中心,就是他本身的目的。不论其出身贵贱和地位高低,每个人都被认为是神赐的,是拥有灵魂的。拉比以利扎说:"整个世界只是为人创造的。"《塔木德》指出:"人是被单独创造出来的。这句话是教导你:根据圣经,谁毁灭以色列的一个灵魂,就好比毁灭了整个世界;而保护一个灵魂,就如同拯救了整个世界。"②

如果案件没有牵涉到死刑,法庭上的盘问则不应太严苛,因为它可能会影响到人与人之间的关系。比如,在对律法的诠释中,涉及父子相隐问题时如此处理:"'不可因子杀父,也不可因父杀子。'(《申命记》24:16)这句经文是什么意思呢?如果其意图是要告诉人们不可因孩子所犯的罪而处死父亲,也不可将其颠倒过来,那么经文上明确写着'凡被杀的都为本身的罪'!然而,其真正的意思是不可据孩子作的证而杀死父亲,反过来也是一样。"③

古代以色列社会也存在弱势群体,他们在争讼中往往处于不利地位,得不到公平的对待,所以,《圣经》一再要求给他们以格外关注。"不可在穷人争讼的事上屈枉正直。"(《出埃及记》23:6)"学习行善,

① [美]亚伯拉罕·科恩:《大众塔木德》,盖逊译,山东大学出版社2000年版,第358页。

② [美]撒母耳·S·科亨:《犹太教:一种生活之道》,徐新、张利伟等译,四川人民出版社2009年版,第128页。

③ [美]亚伯拉罕·科恩:《大众塔木德》,盖逊译,山东大学出版社2000年版,第355页。

寻求公平，解救受欺压的，给孤儿伸冤，为寡妇辨屈。”(《以赛亚书》1:17)《圣经》无意在审判时偏袒弱势群体而压制富人，而是考虑到弱势群体往往因其弱势而得不到公平对待，所以要求人们特别予以关照，以免他们受到“屈枉”。

人类社会产生初期，公平最初可能只是作为一条简单的原则而出现的，即在各部落首领和神祇面前，所有部落成员都是平等的。在律法中，这一原则体现为血亲复仇和同态复仇法，对伤害他人者要“以命偿命，以眼还眼，以牙还牙，以手还手，以脚还脚，以烙还烙，以伤还伤，以打还打”(《出埃及记》21:23～24)。对于律法中的这一规定，拉比们进行了人性化的解释。在他们看来，既然“以眼还眼”的字面意义，并不是总能被恰当地采用，那么这句话必定有一种可以普遍应用的解释，即用金钱赔偿。

在中世纪的西欧各国，由国王确定的王国法是所有的人都必须遵守的。而且，各国政府在王国法或地方城镇的法规中，往往都有专门针对犹太人的规定。比较典型的形式是，国王或皇帝颁布特许状或给予犹太人各种特权，另一方面，根据犹太教传统，犹太人在处理与自己生活有关的事务时，需要依据犹太教律法。犹太人散居波斯帝国时期，萨穆尔提出“王国的法律就是律法”的司法原则，表达出犹太贤哲被迫正式承认波斯国家法在财产所有权和税收等事务上的权威性。该原则限制了哲人们所阐释的托拉律法的适用性，因为它承认非犹太的民事法可超越托拉律法，而且这种超越具有道德上的约束力。

在散居状态下，犹太社团承认“王国的法律就是律法”，而且，社团法庭在审理一些涉及商业的案件时，严格遵照此原则。有这样一个相关的案例：A 从领主那里租得一个制酒厂的经营权，领主命令所有的人都要买产自这个酒厂的酒。后来，B 私自将酒卖给了农民，便被 A 带到社团法庭。结果法庭裁定 B 的行为属于偷窃，理由是

"王国的法律就是律法"，因为领主已经规定酒只能由 A 来卖。[①]

犹太社团之所以承认王国的法律是律法，一方面是因为所有的人都必须遵守王国法，犹太人自然不能例外；另一方面也是更重要的原因是，对处于从属地位的犹太人来说，这一原则涉及到对所在国的忠诚问题。根据这一原则，当律法与王国法发生冲突时，律法要让位于王国法。事实上，散居地的犹太社团实践着双重忠诚的政治哲学：一方面，参与异族的政治生活，忠诚于异邦君王；另一方面，犹太人的根本福祉又在于对上帝和律法的忠诚。在犹太人看来：一方面，至高之神是掌管一切历史的最终力量；另一方面，所有治理国家的人又都是至高之神的安排。两者都是犹太人需要效忠的对象。

需要指出的是，"王国的法律就是律法"这一原则是有所保留的。在犹太人的社会生活中，王国的法律更多地适用于商业贸易领域，尤其是犹太人与基督徒之间的贸易。犹太人的民事案件（包括离婚）甚至刑事案件，则完全依照犹太教律法来处理。而且，犹太社团决不允许王国法干涉其宗教事务，决不允许王国法应用于犹太教的宗教仪式和礼仪中。例如，在法国和德国，如果一个拉比的任命是受了世俗政权的介入的话，即使该拉比得到了社团大多数人的同意，他也不能担任任何的职务。

第三节　律法中的社会治理

一、律法治理的目标

美国法学家庞德指出："社会控制的主要手段是道德、宗教和法律。在开始有法律时，这些东西是没有什么区别的……在近代世界，

① 参见［美］利奥・兰德曼：《大流散时期的犹太律法：面对与调整》，费城德罗普西大学出版社 1968 年版，第 61 页。

法律成了社会控制的主要手段。在当前的社会中,我们主要依靠的是政治组织社会的强力。”[①]近代以来,世俗法律的追求目标是建立法治。法治是外向型的、权利本位的、重规则、权威文本至上的文明秩序类型。其核心要素包括以法治理想为主导的权威系统,以权利和法律为中心的概念范畴系统,以司法制度为社会根本制度安排,和以个人权利及法律为依归的文明秩序意识。[②] 在法治社会,法律通过对权利义务的界定,来调整、控制和引导人们的行为。作为社会控制的一种手段,法律越系统、完备和充分,对社会的控制也就越有力和有效。但是社会结构存在一定的弹性空间,法律规范也就存在某些真空领域。法律对社会生活的介入不是无度的,它也为其他社会规范的调整和治理留下很大空间。

与之不同,犹太教律法的追求目标则是建立一种宗教文明秩序或神权政治。“在这种文明秩序中,不论人事、神事均被置于一种无所不包的宗教系统中予以理解和处理。人与人的交往、人与人的关系、人与自然的关系,人与政治的关系等等都被打上了宗教的烙印。它的概念范畴系统指向超自然的王国;它的制度安排体现了敬神的虔诚和提供了按神的意志行事的可能;它的权威系统集中于天上的主宰及其在尘世的代表之手,既注重文本又注重解释者。生活在其中的人,把生命的意义寄托在为救世主的来临做准备或寄托在来生,一切按神的意志为依归。”[③]

在这种文明秩序中,政治、经济、文化以及社会生活的各个方面无一不处在犹太教的信仰原则和伦理精神的规范之下。耶和华上帝作为概念范畴的创造者、规范制度的设计者、世界的本质和生命的源泉享有最终权威,自由与公义的追求完全寄托在对它的服从和听命

---

① [美]庞德:《通过法律的社会控制·法律的任务》,沈宗灵、董世忠译,商务印书馆1984年版,第9～10页。

② 参见於兴中:《法治与文明秩序》,中国政法大学出版社2006年版,第20～21页。

③ 於兴中:《法治与文明秩序》,中国政法大学出版社2006年版,第28页。

上。作为一种社会治理模式，律法是他律与自律、禁锢与自由的统一。一方面，强调外在的强制与惩罚；另一方面，以色列人对律法充满敬畏和爱，认为律法是上帝之道，给予人以自由。另外，律法注重践履和实践，强调走上帝之路。心归向上帝，遵行他的道，谨守律法和诫命，是神人关系良好的基础和条件。在律法的解释和评注中，犹太教的学者主张"六经注我"，成文律法服务于口传律法。对待律法，他们的态度是务实，解决具体的问题，虔诚而不僵化，富有灵活性。

二、他律与自律的结合

在社会治理方面，世俗法律主要通过外在的他治达到其构造秩序的目的。与之不同，在犹太教中，律法一方面是绝对必须履行的命令，强调外在的强制与惩罚，不遵守必将受到惩罚；另一方面，外在的强制往往转化为内在的自觉履行，注重激发信徒的自律意识。以色列人对律法充满敬畏和爱，认为律法是上帝之道，给予人以自由。可以说，作为一种社会治理模式，律法是他律与自律、禁锢与自由的统一。

犹太教主要是"他律"的宗教。在犹太教中，上帝不仅是律法的制定者，而且是律法的执行者、监督者和审判者。上帝无所不知，无所不在，人们必须随时随地敬畏他，严肃认真地奉行律法。在《塔木德》中，犹太贤哲声称："当心三件事，你便不致越入罪孽之域：明白在你之上，有眼在看，有耳在听，你的一切行为都记录在案。"(《阿伯特》2:1)他们还说："生者必死，死必复生，复生则必受审判。"上帝"不偏心，也不受贿"，他的审判绝对公正。(《阿伯特》4:29)作为审判者，上帝具有很强的威慑力。《圣经》中说："敬畏耶和华是智慧的开端，认识至圣者便是聪明！"(《箴言》9:10)敬畏上帝，就要依照律法行事，接受外在的约束。律法以独一神的观念为思想基础，律法的权威不仅是靠国家强制的力量推行，更主要的是借助人对上帝的敬畏去谨守遵行。律法对犯罪的惩治被认为是"上帝的惩罚"，这样耶和华上帝就成为正义的化身。《托拉》提供了一个惩罚体系，根据冒犯上帝的程度和它们已经构成的结果不同而不同。惩罚的应许主要是此世的和民族性的。上帝以现世的苦难作为惩罚犯罪者的手段,但又以引导人们弃恶向善、扶弱除暴为目的。

近代以来的犹太教改革派认为,犹太教也有“自律”的一面,律法是上帝的爱、信仰和神恩的具体体现。在犹太人看来,律法不是一种教条和禁锢,而是一种可亲近的、可欢喜的对象。犹太人绝不认为律法过分严苛、不近人情,绝不认为律法是沉重的负担,相反,他们对律法表现出赞美和热爱:“大哉《托拉》,因它赋予其实践者以今世与来世之生命。《圣经》说:‘因为得着他的,就得了生命,又得了医全体的良药。’又云:‘这便医治你的肚脐,滋润你的百骨。’又云:‘他与持守他的作生命树,持定他的俱各有福。’”[①]作为一个弱小民族,犹太人屡遭强敌的侵略、蹂躏、屠杀和奴役。由于长期处于流散和危机状态,犹太人迫切希望获得解放和拯救。与其他民族不同的是,他们把自己的失败归于曾做过对上帝不虔诚的事情,因而遭到上帝的惩罚。这表明犹太人不是简单地渴望上帝的拯救,而是以道德自律向上帝表明诚意。

在犹太教中,《托拉》中的道德义务被看作是神的命令——诫命,是人在顺从神的意志过程中必须遵循的。由于与成文法的联系而获得权威性的“哈拉哈”,也具有宗教约束力,遵守它预示着对神的顺从。在先知耶利米看来,《托拉》不应仅是一部外在的法典,更是写在人们的心上。(《耶利米书》30:31～34)尽管律法颁布给了人,但只有当人自愿接受律法的制约,律法才能对人进行约束。宗教是内心的选择和承诺。它所包含的责任和义务必须是自愿承担的,否则就违背了责任和义务的本意。尽管《托拉》作为律法主体在形式上是他治的,但它并没有剥夺人在道德上的自治。人的道德行为和宗教行为

① 《阿伯特:犹太智慧书》,[以色列]阿丁·施坦泽兹诠释,张平译,中国社会科学出版社 1996 年版,第 13 页。

不是由经济、民族或身体决定的，而是自由选择的。①

从本质意义上说，法律是一种自律和自由，宗教律法就是信徒的自律手段。其意义在于，当人们直面现实生活时，能够以理性的态度合理地选择自己的行为与生活方式，从心所欲不逾矩。一般而言，一个人有宗教信仰，即使是外界刚性约束崩塌，其内心仍然有一条最后的防线。恪守最基本的做人准则及其行为规范，不至于轻率坠入为所欲为无所顾忌的境地。宗教律法建立在信仰的基础上，信仰是一种自觉的行为，在这一前提下，对其遵守就有了基本保障。对于世俗规范，人们由于缺乏对之的信仰，往往视之为外在的强制力量，没有内化为人们内心的约束。对于一个虔诚的信徒而言，宁愿受世俗政权的极刑，也不愿受自己信仰的神明的裁判，因为最残酷的剥夺莫过于精神上的剥夺。因而，宗教信徒不是将宗教律法仅仅视为外部的强制，而是更多地看成内在的约束力量。

在犹太教中，遵循诫命与人的自由是统一的。利奥·拜克指出，人愈充分认识到上帝的诫命，他就愈能意识到自己自由的后果。人理解到他是为自由而被创造，善是意志的实质，人甚至在上帝面前是自由的，就像先知们所说的那样：他“选择了上帝的意志”(《以赛亚书》56:4)。人从中获得力量并构造自己生活的精神性力量的独立性来自神。但人是作为伦理性的存在立于神面前的，所以，根据意蕴深远的《圣经》隐喻，人是在“神的面前”(《创世记》17:1)经历他的生活的。他可以接近上帝，让上帝的造物及其良心说话。虽然我们谦恭地感到我们所承认的万物皆由上帝赐予，但有一物——上帝告诉我们——属于我们，从它那里我们的生活获得价值和意义：自由的道德行为。我们感谢上帝赐予我们万物，但道德行为由我们自负其责。

---

① 参见[美]撒母耳·S·科亨：《犹太教：一种生活之道》，徐新、张利伟等译，四川人民出版社2009年版，第88页。

责任使我们在上帝面前获得一个由我们自己选定的特定位置。[①] 总之,律法把神祇的仁慈和惩治结合在一起,善行得到神祇的仁慈而上天堂,恶行要受到神祇的惩罚而下地狱。不像世俗法律规范表现为冷冰冰的工具理性,律法强调忏悔及内心的皈依,给人以团体的温情、信仰的力量。

三、律法重视践履

关注今生现实,在日常生活中遵守上帝律法,并最终实现改造现实的目的,是犹太教的根本旨趣。律法注重践履,强调走上帝之路。心归向上帝,遵行他的道,谨守律法和诫命,是神人关系良好的基础和条件。尽管犹太教有《摩西五经》和《塔木德》等经典以及相关的信条和学说,但注重当下生活的道德践履和道德行为的现实化诉求,却是律法的重要特征。在《摩西五经》中,充斥了大量有关宗教礼仪和伦理方面的法令、条例和戒律。相形之下,教义方面的记载寥寥无几。《塔木德》中提到了以色列人应当遵行的 613 条律法,其中有 365 条是否定性的,另外的 248 条是肯定性的。所有的这些律法都是有关行为规范方面的,而非教义性的。有学者指出,在塔木德时代,犹太拉比们根本就没发现有必要借助于一系列教义来规范自己人民的思想,或要求教义的一致性,而且在周围的民族当中,犹太人民也没有发现这种可供仿效的先例。[②]

犹太教律法的基本特征之一,是不尚教义或信条,而注重日常生活的躬行践履。就其本质而言,律法是一种生活之道,其重心在于一个“行”字。犹太教要求信徒在生活实践中全身心地履行律法,旨意是教人如何做人和如何行为,要“因行称义”。行就是践履和履行律

---

① 参见[德]利奥·拜克:《犹太教的本质》,傅永军、于健译,山东大学出版社 2002 年版,第 107 页。

② 参见[美]大卫·鲁达夫斯基:《近现代犹太宗教运动:解放与调整的历史》,傅有德等译,山东大学出版社 1996 年版,第 59 页。

法，其目的是使人成为一个义人。“义”有正当、公正的含义，正当和公正就是依照诫命和律法办事。[①] 利奥·拜克指出：“犹太教的第二个观念是行动的观念。这一倾向是犹太民族精神气质中固有的，它来自如下的事实：犹太人的运动神经天生就比感觉神经要强，他的运动系统比他的感觉系统工作起来更强劲。他在行动中比在知觉中能够显示出更多的意义和更伟大的人格，他认为他平生所成就的事业比他巧遇的事情要更加重要。……甚至在古代，对犹太人的虔敬来说，其核心的东西并不是信仰而是行动。事实上，这一思想可以被看成是东西方之间的根本区别：对东方人来讲，人和上帝之间决定性的契约是行动，而对西方人来讲则是信仰。犹太人特别表示和强调了这一区别。”[②]

当代犹太学者柯恩认为，犹太教“不仅仅是一种学说，而且应是生活各方面的指南。它创造了犹太人行动与生存的世界。从《摩西五经》的613条律法这些根上长出了一株枝桠繁茂的树，其果实为愿意享用它的人们提供每日的精神营养”[③]。对犹太教拉比来说，《摩西五经》是永恒的圣书，而《塔木德》则是规范犹太人日常生活的指南，旨在提供宗教生活的准则与立身处世、待人接物的行为准则。犹太教的律法之所以伟大，在于它导向实际事务。通过强调它在行为和生活中得到明证的道德偏好，犹太教明确地与其他异端邪说划清了界限。

犹太人在践履律法的过程中，一方面是不苟地、严格地遵守律法，另一方面又并非僵化地、教条式地遵守。根据犹太教传统，上帝是永恒的，《托拉》是西奈山的神启，因此，律法是牢固不变的，可以适用于不同的社会和时代。它们既不是一系列在日常生活中逐步结合

① 参见傅有德：《论犹太教的信与行：兼与基督教比较》，载《文史哲》2005年第3期。

② [德]马丁·布伯：《论犹太教》，刘杰等译，山东大学出版社2002年版，第40页。

③ [美]亚伯拉罕·科恩：《大众塔木德》，盖逊译，山东大学出版社2000年版，第169页。

在一起的相互作用的行为标准，也不是统治者为应付特殊情况而规定的一系列命令。相反，它是一种超越社会全体的规范秩序，就像上帝超越整个世界一样。“所谓的公义之德就是逐字逐句地去遵守各项法令。伦理道德上的完善被犹太人等同于不苟地遵从每条法律。”①

然而，可以肯定的是，古代以色列人（如众先知）的理想与实践，在历史发展过程中不是静止不变的，而是随着新形势不断地演进。婚姻和家庭的问题就是很好的例子。规范饮食、守安息日、割礼的律例各时代也有不同，在以色列民族被掳往巴比伦之前较其后要宽松得多。先知们宣称，对上帝真正的崇拜必须表现在实际生活中，而不仅限于殿堂里的宗教仪式；但众先知和历史书作者都十分清楚地表明，古代的以色列人从来没有接受先知的这一观念。

践履律法必然伴随不断的解释和评注。在律法的解释和评注中，犹太学者主张“六经注我”，成文律法服务于口传律法。对待律法，他们的态度是务实；解决具体的问题，虔诚而不僵化，富有灵活性。拉比犹太教时期，拉比们虽然强调《圣经》为其权威教诲的渊源，但并非以盲从的、教条式的思维方式引经据典，而是相反，他们按照自己的理解，根据现实的需要解释圣经，解决新形势下各地犹太人面临的种种问题。事实上拉比们并非仅限于对律法的解释，他们为了增补律法中的漏洞，或适应不同时代的思想、需要和环境，有时也涉足于新律法的制定，尽管他们本人对此讳莫如深。

---

① [德]卡尔·白舍客：《基督宗教伦理学》第1卷，静也等译，上海三联书店2002年版，第27页。

第四节 律法与生活的一体化

一、律法是犹太民族的生活之道

犹太人是虔诚信仰宗教的民族。在犹太传统中,把敬神作为人生的一大义务。但犹太教又是一种现世性宗教,从不对立宗教世界与世俗世界。也就是说,对世俗性的兼容一直是犹太教的特征。在犹太教传统中,通向上帝之路并不是要逃离今世和自我苦修。尽管神圣性代表着一种独特的精神品质,但它可以在人的尘世生活中得以实现。拉比犹太教认为,虽然现实生活中有不可避免的灾难与痛苦,这一切在来世的幸福中可以得到补偿(即不否认来世),但不要把眼光仅盯在来世的希望上,而是要力求在现世的生活中实现自己的目标。生活的每一个层面,不仅仅是履行宗教义务,应该是献身上帝的载体。真实的精神或神性,体现在日常的社会生活中,其中也包括祈祷、研读和苦行实践。①

无疑,在精神和世俗生活之间维持真正的平衡是困难的,但律法文献的主要内容之一就是致力于解释通往这一平衡的方法是可以实现的。承认现实生活的重要并不是要排斥理想的道德,犹太教所授予人们的真谛是:适度地享受生活而不忘追求道德境界的才是最贤明的。作为伦理一神教的犹太教,在处理宗教信仰与社会现实的矛盾时,表现出了更多的现实性。这就使得犹太教不只是一种虚无缥缈的生活理想,而且还是一种实实在在的生活方式。正如马克斯·韦伯所说:“在犹太人被放逐后,尤其在犹太法典的形式中,犹太教可归属于在某种意义上与现世相适应的宗教之行列。犹太教并不排斥现世本身,而只排斥现世中流行的社会等级秩序。就此意义而言,犹

---

① 参见[英]诺曼·所罗门:《当代学术入门:犹太教》,赵晓燕译,辽宁教育出版社1998年版,第75~76页。

太教至少是与现世相适应的。”[①]

律法的现实性意味着注重行动，要求因行称义。海舍尔指出，犹太教最关心的是生活的问题(the problem of living)。犹太教重视行为更甚于重视物。在某种意义上讲，犹太教律法就是一门关于行为的学问。犹太教律法的主旨不仅仅只是如何在特定的时候崇拜上帝的问题，而且是如何时时刻刻与上帝同在的问题。每一个行为都是一个问题，而每个时刻都有一项使命。生命中的每时每刻就是我们所面临的问题和使命。[②] 门德尔松认为，犹太教没有任何可以超越于理性之外，并必须为其信徒无条件信仰的教条。在神学和宗教领域，犹太人为思想、解释和判断的自由留下了余地；因此，它所要求的并非是教义的统一，而是行动上的一致性。它通过一系列戒律和法令，试图把神的意愿强加于人的心灵，并促使个人去寻求一条最终导向灵魂拯救的行动之路。[③]

律法是犹太民族的生活之道。以色列人所关注的并不是彼岸的世界，而主要是此岸世界和现实生活，其整个一生都是与律法及宗教传统紧密结合在一起的，其行为与生活方式深受犹太教传统的熏陶。“‘《托拉》’的概念通过暗示的形式强调了一个极其重要的真理：人类社会与低级动物群体应该说是不同的，因为人类社会并不是把本身的凝聚力建立在本能的或血缘关系的盲从力量之上，而是建立在创造一种生活方式的共同目标之上，而其中的每一位成员作为一个自由个体应该遵守这种生活方式。”[④]通过割礼、成年礼、圣日与节日、饮食律法等各方面的规定，律法塑造着一种不同凡俗的生活世界。

---

① 转引自张倩红：《犹太人》，三秦出版社2003年版，第240页。

② 参见[美]亚伯拉罕·海舍尔：《觅人的上帝：犹太教哲学》，郭鹏、吴正选译，山东大学出版社2003年版，第276页。

③ 参见[美]大卫·鲁达夫斯基：《近现代犹太宗教运动：解放与调整的历史》，傅有德等译，山东大学出版社1996年版，第51～52页。

④ [美]摩迪凯·开普兰：《犹太教：一种文明》，黄福武、张立改译，山东大学出版社2002年版，第468页。

二、律法来源于社会生活

在法律文化视域下，法律并不仅是一套法条或规范，用以安排、测量或判断社会的关系而已，它还是社会的现象之一。也就是说，除了把法律看成为具有逻辑完整性而彼此不互相矛盾的概念体系以外，或看成法律理念的体现或历史事实以外，它还是一种社会现象。法律建基于整个社会生活当中，与社会生活之间存有功能方面的关联。霍姆斯认为，经验是法律的基础和生命。生活经验先于法律，自生自发的秩序是法律产生的基础。在古代社会，还没有现代意义上的立法者，因而法律并不是特定的个人制定出来的，而是在长期的社会实践中逐渐形成的，法律所表达的是无意识的全体人民的共同意志，其表现形式是风俗习惯，它对人们权利的保护是通过对其义务的规定而实现的。

宗教作为一种社会文化现象，不仅是抽象的世界观和意识形态，而且是活生生的社会综合体系和文化生活方式。宗教的形成和发展最终取决于社会物质生活过程。相对于其他社会意识，宗教需要经过一系列的中间环节才能与经济基础联系起来。正如恩格斯所说："更高的即更远离物质经济基础的意识形态，采取了哲学和宗教的形式。在这里，观念同自己的物质存在条件的联系，愈来愈混乱，愈来愈被一些中间环节弄糊涂了。但是这一联系是存在的。"[①]律法是信仰观念得以实现和印证的必不可少的手段，宗教与社会生活的紧密关联必然在律法的内容中体现出来。

律法作为犹太教的核心，与社会生活密切关联。可以说，律法是犹太民族的行为模式和生活之道。律法中的规范制度和思想观念是早期希伯来人生产和生活状况的反映。《创世记》中记载了以钱易物、以物易物等多种商贸方式。由于经济活动的高度发达，许多重要的经济概念在律法经典中都有表现，诸如市场、买卖、债主、债务、负

① 《马克思恩格斯选集》第 4 卷，人民出版社 1995 年版，第 249 页。

债者、利息、关税、信托、赎地、雇工等。这种商贸经济和商贸思想，直接影响了早期希伯来人关于世界的看法。契约观念尤其是神人约观念，就包含了这样一种典型的经济学思维。

犹太教的习俗惯例中，与日常生活关系最密切的是饮食律法。饮食律法规定：除了植物、禽类外，可吃分蹄且反刍的动物；不得食用无鳞、无鳍的鱼类；不得食用非正常死亡的动物，不得吃生肉，不得食血，不得同餐食用牛羊肉和牛羊奶。即便是可以食用的动物，也必须按照律法由职业屠宰师屠宰，否则即为不洁食品，不得食用。在犹太教看来，吃不仅是为了活着，它还带有献祭的性质和神圣的味道。律法的目的大都是为了杜绝偶像崇拜的侵蚀，借以维护和巩固犹太一神教，饮食律法也是如此。开普兰指出："由于饮食方面的禁忌，犹太文明已经赢得了一种高度的声誉与尊贵。饮食习俗改变了进食的过程，从一种纯粹的动物行为变成了一种精神性在其中扮演主要角色的行为。"①

犹太教的圣日有三个，即安息日、新年和赎罪日。三个圣日都具有浓重的犹太教特色，其中又以安息日为最。有研究表明，"安息日"(Sabbath)一词源于阿卡德语，原义为"七"。安息日最初是与民众的生息劳作相结合并适应了人们的生息节律的，巴比伦、埃及、迦南等地都曾有安息日风俗流行。犹太教传统认为，上帝用了六天的时间创造世界，"到第七日，神造物的工已经完毕，就在第七日歇了他一切的工，安息了。神赐福给第七日，定为圣日，因为在这日神歇了他一切创造的工，就安息了"(《创世记》2：2～3)。《圣经》中摩西借上帝的口气说："当记念安息日，守为圣日。……因为六日之内，耶和华造天、地、海和其中的万物，第七日便安息，所以耶和华赐福与安息日，定为圣日。"(《出埃及记》20：8，11)犹太人每逢七天便要"安息"一次，以纪念这一神圣之日。

---

① ［美］摩迪凯·开普兰：《犹太教：一种文明》，黄福武、张立改译，山东大学出版社2002年版，第497页。

从刑罚制度的演变看，律法中的血亲复仇和同态复仇是氏族习惯的遗留。如对伤害他人者要“以命偿命，以眼还眼，以牙还牙，以手还手，以脚还脚，以烙还烙，以伤还伤，以打还打”(《出埃及记》21:23)，律法中有关诸如石击、火刑、分尸、锯刑等处死罪犯的规定，也表明律法遗存了早期的氏族习惯。另外，神明裁判、耶和华神的咒诅等(如《利未记》26:14～16;《申命记》28:15～68)，也来自古老的信仰传统。审判过程中，上帝是正义的化身，一些重大的疑难案件，一般来说都以上帝的名义判决。①

律法经典不仅总结了早期希伯来人的生产和生活经验，还描述了其时的各种社会弊端。当然这些弊端是以负面的生活事例呈现出来的，在《圣经》中往往被以戒律的形式加以禁止。比如《利未记》规定：“不可露你母亲的下体，羞辱了你父亲。她是你的母亲，不可露她的下体。……不可与兽淫合，玷污自己，女人也不可站在兽前，与它淫合，这本是逆性的事。”(18:7～23)这里以戒律的形式所禁止的，均为乱伦败俗之事，这从一个侧面透露了当时社会生活中的某些弊端丑行。这些行为在《圣经》中被严格禁止，体现了当时社会的正面道德取向。②

犹太教律法和宗教礼仪的发展以习俗为基础。在《圣经》和律法文献外长期流行的宗教习俗，不论是地方的还是普遍的，均得到认可。成俗的约束力低于律法规定，但若发生冲突，可优先考虑。只有与律法根本抵触的成俗，在案件处理中才不予考虑。犹太教拉比要求人们严格遵奉其家乡和访问地的成俗，甚至说“成俗就是托拉(律法)”。流散时期，各地方社团或教派对传统礼仪所作的增补或修改而形成的差异，也视为成俗。

开普兰谈到了习惯和习俗的功能和地位：“这些习惯和习俗恰如表现它的语言和历史一样，能够赋予一种文明以个性与特色。它们

---

① 参见梁工等:《律法书·叙事著作解读》，宗教文化出版社 2003 年版，第 131 页。

② 参见刘洪一:《犹太文化要义》，商务印书馆 2004 年版，第 357～358 页。

给予这种文明中的每一位个体以心理癖好、思想特色、情感反应类型，从而使他同其他每一种文明中的个体区别开来。"①"一旦一个民族失去了自己独特的习惯与习俗，它这种文明本身就会开始解体。由于自身的本性使然，习惯易于在其原始含义早已经老化过时多年之后依然保持着它们原来的形式，并且只要它们能获得新的阐释，把它们保留下来就没有什么不妥。"②

与律法中对习惯和习俗的重视相类似，在中国的礼法传统中，司法官的审判实践也很重视"生活中的法律"。由于实际上审判的目的在于追求息讼止争，司法官总是不得不努力达到使双方当事人都不再诉说冤抑的结果或状态。因而，司法官进行具体案件判决时，与其说依据自身的正义感，不如说总得沿着当事人的日常生活感觉，或者说沿着双方当事人都共同接受的日常性规范意识来考虑解决的方案。这些确实不是制度性的规范依据，而只是一种"事实性的参照"，但着眼于纠纷的解决乃是建立在这些日常生活感受上的实际状态来说的话，也可以说判决"依照"或"遵循"了当事人之间已经存在的某种"共有规范"。

现代法治以国家法和制定法为中心，但社会中的道德、习惯、风俗等民间规范也是社会秩序形成的重要来源。任何正式制度的设计和安排，都不能不考虑这些非正式的规范因素。如果没有内生于社会生活的自发秩序，没有这些非正式规范的支撑和配合，国家法也就缺乏坚实的基础，难以形成合理的、得到普遍和长期认可的正当秩序。另一方面，即使国家法也不可能完全转化为法律秩序，因为由立法到秩序的生成之路复杂漫长。其中，由形式法治到实质法治，需要一个自治性同构阶段，法治建设需要各方社会主体的共同参与。

---

① [美]摩迪凯·开普兰:《犹太教:一种文明》，黄福武、张立改译，山东大学出版社2002年版，第494页。

② [美]摩迪凯·开普兰:《犹太教:一种文明》，黄福武、张立改译，山东大学出版社2002年版，第495页。

第六章　犹太教律法的解释和评注

作为法律文化现象，宗教律法既是一种独特的社会规范形态，又是宗教群体和信仰者的特定生活方式。犹太教律法作为犹太教信仰的规范化与制度化形态，是以神的诫命形式确立的人类行为规范体系，也是犹太人的生存样式或生活之道。在犹太教律法的历史演变中，有着丰富的法律解释实践，构成富有特色的释经传统。

第一节　解释和评注的必要性

一、维护一神信仰和民族生存

在犹太教的宗教结构中，上帝、《托拉》、以色列人三者构成一个相互支持、相互依赖、相互说明的整体。上帝赐予以色列人《托拉》，而永远信守、维护和传播神圣的律法乃是“上帝的选民”义不容辞的使命。《托拉》被看作上帝给以色列人的启示，其神圣性来源于上帝。由于上帝是永恒的，《托拉》就是牢固不变的，可以适用于不同的社会和时代。《托拉》是独一无二的书，人间的作者以其全部能力和人格写作，上帝则始终参与写书过程，因此书上的话要完完全全体现上帝的意愿。而且，寓于《托拉》中的上帝意愿通常都比人间作者表面写出的文字更为深刻、更加奥妙。

但是，《托拉》运用的语言是人的语言。人的语言对于神意起着一种限制的作用，这种限制随着人类生活世界的变动不断地变动。此外，《托拉》中那些阐述某一题目的段落并不总能一以贯之，其重点变化不定，有时还自相矛盾。这就必须先作出审慎解释，而后才能加以运用。因此，阐释上帝授予的《托拉》，寻求上帝启示的真义，就成为犹太人的神圣义务。在犹太人看来，回应《托拉》就是回应上帝的召唤。处于困境的犹太人需要不断借助托拉的文本诠释，将上帝的圣言翻译为有利于“上帝选民”的启示和盼望。因而，对于托拉的解释，是犹太人面对生存困境，为解决信仰和生活问题，期望在经典中寻求上帝真义的需要。

律法的解释活动与解释者及整个民族的生存处境密切相关。律法在犹太教中占据无比重要的地位。犹太人的同一性并不取决于共同的地域或任何特定的政治结构，而是共同拥有的律法。律法解释的根本目的，就在于保持犹太教一神信仰的生命力，进而维护民族文化的延续。根据拉比犹太教的说法，“《托拉》，摩西受自西奈，传之于约书亚，约书亚传众长老，众长老传众先知，众先知则传之于大议会众成员。他们所言要事有三：慎于判决；广树门生；设屏藩以护《托拉》”①。“设屏藩以护《托拉》”的含义是，应当对托拉进行各种修订，指明各种应做和不应做的事情，以格外谨慎的手段防止人们对《托拉》的无意冒犯和违背，以此维护律法本身的严肃性。希伯来《圣经》奠定了犹太教稳固的基础，使得犹太教能够经受住变化和外来冲击的考验。《塔木德》作为仅次于《圣经》的犹太教经典，其意义在于为犹太教和民族文化筑起一道保护性栅栏。在犹太教和希伯来民族备受压迫的岁月里，律法为犹太人和犹太教提供了“坚实的栅栏”，从而保证犹太教的园地不受其他外来文化或宗教的侵犯。

---

① 《阿伯特：犹太智慧书》，[以色列]阿丁·施坦泽兹诠释，张平译，中国社会科学出版社 1996 年版，第 13～14 页。

二、律法经典的封闭与开放

从规范解释的角度观察，有别于纷繁杂乱、变化多端、灵活务实的世俗法律，宗教律法被赋予了普遍通行、至高无上、万流归宗的神圣性和权威效力。然而，一种宗教传统的诫命或律法通常只是一些原则性的规定。要把这些一般要求变成具体的行为准则，要把宗教律法转化为社会秩序，针对规范的解释是必不可少的。根据犹太教传统，上帝是永恒的，托拉是西奈山的神启，因此，律法是牢固不变的，可以适用于不同的社会和时代。然而，犹太教律法并非静止不变，而是随着新形势的出现，不断得到创造性解释和评注。

律法经典具有内容的封闭与意义的开放性。律法的活力就在于通过不断解释，开发律法经典对于当下社会的意义，使经典文本与现实生活相关联。在犹太人看来，《托拉》的心扉永远向热爱她的人们敞开——这一观念把阐释者的宗教才智摆到关注的焦点上来。犹太教传统认为，神在西奈山的启示"是每一个以色列人都听到的，只不过听到的程度随各人的能力和觉悟水平的高低而异"。"《摩西五经》共有六十万个阐释方面或方式，相应于传统上所说的见证西奈山启示的那六十五个人。而根据犹太人关于移居方面的律法，那些人又显现在每一代以色列人之中。"[①]也就是说，每个时代都有自己的《圣经》，每一时代都有自己的圣经阐释者。"《圣经》能够满足每一个新时代提出的新问题：有着道德和宗教意蕴的新关切和新要求。《圣经》能为新的关切提供安慰，能够满足新的要求。"[②]通过不断的重新阐释，犹太教律法得以维持宗教连续性，保持其生命活力。

犹太教拉比认为，应该用上帝赋予的理性去灵活解释和评注《托

① [美]W. E. 佩顿：《阐释神圣：多视角的宗教研究》，许泽民译，陈维纲校，贵州人民出版社 2006 年版，第 136～137 页。

② [美]摩迪凯・开普兰：《犹太教：一种文明》，黄福武、张立改译，山东大学出版社 2002 年版，第 435 页。

拉》，而不应以教条主义对待《律法书》的文字。当一条律法由于时代的不同或情况的变化已经过时，就应该赋予它以新的、能为当下人们接受的意义。在拉比们的提倡下，从成文律法中寻找新的含义成为保持犹太教活力的重要文化活动，由此开启了不同学者和不同学院之间多元辩驳的风气。由于解释评注和多元辩驳的重要性，托拉律法离开《塔木德》及拉比犹太教传统，将会成为无源之水。海舍尔指出："《圣经》包括上帝之言，也包括上帝赐予的对他的语言的理解力。权威的根据不在于文本，而在于以色列对文本的理解。学者是先知的继承人，他们确定和阐释《圣经》的含义。……如果形势需要的话，他们有权废除《托拉》中的某一条诫命。在地上，他们的观点可以否决在天堂里有效的观点。"①

第二节　解释和评注的传统

犹太教律法的解释和评注传统是与犹太教的历史发展相伴随的。犹太教的历史，大致可以划分为圣经犹太教、拉比犹太教、中世纪犹太教和近现代犹太教等几个阶段。② 与之相应，犹太教律法也经历了漫长曲折的演变历程。从历史上看，散居是和犹太人的命运息息相关的，犹太教律法的解释活动也是在希伯来民族散居的大背景下进行的。在曲折跌宕的历史进程中，犹太民族形成了丰富的法律解释实践和理论，塑造了富有特色的释经传统。

圣经犹太教指的是圣经时代，即自犹太教的诞生至公元70年耶路撒冷第二圣殿被罗马军队焚毁期间，以希伯来《圣经》为经典的犹

---

① ［美］亚伯拉罕·海舍尔：《觅人的上帝：犹太教哲学》，郭鹏、吴正选译，山东大学出版社2003年版，第260～261页。

② 参见傅有德：《犹太哲学与宗教研究》，中国社会科学出版社2007年版，第125～143页。

太教。对唯一神上帝的崇拜，是圣经犹太教的主要活动形式。最早的崇拜仪式是祭礼，而圣殿中祭礼由祭司主持，因而祭司成为犹太民族中的一个特殊阶层。祭司也是社会事务的仲裁者，他们还担任教师，向人们宣扬宗教教义。对于律法规范，尤其是献祭的礼仪规范和圣洁律法，祭司的态度是刻板坚持字面意义，反对律法解释活动。先知是圣经犹太教时代出现的一个特殊的社会群体。他们被看作是在上帝的召唤下，站出来为上帝代言的人群。他们把自己看作是从摩西开始的上帝的许多使者中的一员，以忠实《托拉》来证明自己的合法性，并且不断地引用上帝与以色列先祖所立的神人之约。他们是当时社会的批评家、政治改革的倡导者和民族的精神导师。在律法解释和传播实践中，先知们主要不是运用理性思维，而是通过发达的想象力或形象思维，来阐述信仰、描述事物、叙述事实和预见未来。这就使他们区别于后世的律法解释者。

圣经犹太教后期，罗马帝国统治下的巴勒斯坦发生严重的社会分化，出现撒都该人、法利赛人、奋锐党人以及艾赛尼派等阶层。其中，撒都该人是犹太社会的上层，他们坚持《圣经》的绝对权威性，否认口传律法和对诠释《圣经》的合法性。他们坚持要按字面意义解释成文律法，一切观点如果不能直接出自《托拉》或直接从《托拉》引申出来，都将受到怀疑和拒绝。法利赛人是当时的平民知识分子群体，他们自诩为摩西的继承人，其领袖人物是文士和圣哲。“与撒都该人相反，法利赛人的目的是要把口头传说提高到与律法书相并列，以便把它当作一种神的教训，而不是一种抽象的道德体系。如果宗教就在于时时刻刻地服从上帝，那么，律法书就应当是现实而又生动的。现在，生活所形成的状况、处境、场合是成文律法书所无法表达的；因此，需要一种解释，这种解释既要信实，同时又要有所创造，它可以被看作是摩西律法书的揭示，尽管不是成文的。”[①]因而，法利赛人坚持《圣经》解释的必要性，认为在解释律法时不应盲从于《托拉》中的文

① 翁绍军:《神性与人性:上帝观的早期演进》,上海人民出版社 1999 年版,第 226 页。

字，而应该用上帝赋予的理性进行解释。他们在尊重成文法的同时，接受犹太民族的口传法传统，认为除《圣经》律法外，还有世代传承的口传律法。在律法解释中，他们主张在更广泛的意义上来把握律法的精髓，不能囿于《托拉》的字面意义。具体解释律法条文时，他们更是着眼于律法的精神，挖掘其深含义，不断赋予新的、更加切合此时此地条件、易为人接受的意义。

第二圣殿被毁以后，犹太人的主体流散到故土之外，并在随后的1800年中散居在世界各民族当中。为了适应民族与国家分离的现实以及改变了的生活环境，法利赛人或文士逐渐演化为拉比，成为民族的精神领袖和生活导师。由此，开始了拉比犹太教时代。拉比犹太教不承认任何特权阶层和特权集团，认为犹太教是属于人民大众的，任何研习《托拉》的人都可以成为犹太教的发言人。在各地的犹太经学院中，无论一个人的家庭背景、社会地位、经济状况如何，只要有能力和热忱都可以学习《托拉》。任何人只要被证明有智慧、有学识，都可以由其他拉比冠以“拉比”头衔。同时，尽管要求拉比必须言而有据、言之有理，但他们表达的思想并不具备“神圣性”或只有神才能具有的“权威”。

“从任何意义上讲，拉比都不是上帝与其子民之间的中介。他们从来也没有行使巫术的功能，并且一概拒绝把这种功能归诸他们身上的做法。他们仅仅是把《托拉》中规定的律法应用于摆在自己面前的特定案情，同时通过自己的道德权威推动律法的执行。但是，由于个体的和民族的幸福完全依赖于是否履行上帝的意志，那些圣哲以及‘智者的门人’享受着通常赋予那些支配着其他人幸福的人的威望。他们的权威一直得到人们的服从。犹太人应该对拉比表现出绝对的忠诚，因为他们被认为是律法方面的大师。”[①]诠释构成拉比犹太教的核心，《塔木德》和《米德拉什》等拉比经典无不是对正典的阐

① [美]摩迪凯·开普兰：《犹太教：一种文明》，黄福武、张立改译，山东大学出版社2002年版，第429～430页。

释与补充。尤其是《塔木德》中的每一个观点、每一句话都可以从《圣经》里找到注脚，几乎每一种陈述的后面都有“如《圣经》所说”或“如《圣经》上所写的”这样的字样。也正因为如此，《塔木德》学者才不承认他们是犹太思想的创始者，只承认他们是《圣经》的继承人，其使命就是进一步挖掘和展示蕴藏在《圣经》深层的神圣启示与丰富智慧。

在中世纪的散居状态下，犹太社团既是犹太人在散居状态下可以依靠的群体，又发挥着相当于政府的职能。在犹太社团中，拉比们作为杰出的《托拉》学者，在担任社团法庭的法官的同时，还是经学院的领导或布道者，其重要职责之一就是对律法的解释。贤哲和拉比是先知的继承人，他们确定和阐释《圣经》的含义。在律法的解释中，拉比们主要是以希伯来《圣经》为根据来论证口传律法的权威性，用想象力来发挥和解释经书中的律法内容。在《塔木德》和《米德拉什》等经典中，信仰和形象思维占了主导地位，理性思考和推论则是零散、不系统的。比如《圣经》规定：以色列人要守安息日。在《塔木德》中，圣哲们用 260 个双面对开的页码详细阐述“怎么才算是遵守安息日”。这就意味着圣哲决定托拉的意义，《托拉》律法不再挂在天上，而是与犹太人的流亡生活实际联系起来，即使上帝也不能干预圣哲对它的解释、应用和范围的扩展。

到了近现代社会，拉比犹太教经过理论和实践的改革、论争与妥协，逐渐分化出改革派、保守派以及正统派等派别，后来在美国又出现了重建派。这些不同的派别对待律法的解释和变更，持有不同的态度。正统派相信，《托拉》是摩西在西奈山接受的上帝的启示，《圣经》和《塔木德》中的诫命和律法是超时空的、永恒的，因而不可更改。他们认为改变了的社会现实应该适应不变的犹太教，而不是相反。与之不同，改革派犹太教认为，犹太教是活生生的发展着的信仰体系，是一个在历史发展中形成传统，进而将整个民族都卷入其中的动态过程。他们主张犹太教必须随着时代的变化而变化，应该与时俱进，舍弃过时的、不合理性的成分，适应现代生活的需要。保守派犹太教则是介于正统派和改革派之间的温和派。重建派在礼仪上接近保守派，而在理论观点上甚至比改革派还要激进。该派主张自由地解释传统，以会堂为犹太生活的中心，主张宗教生活的民主化。[①]

纵观古今，犹太教律法的解释传统呈现开放的态势。这一传统只有开始和不断地丰富、发展和完善，而永无休止和终结。在这一传统中，解释主体除了记忆和理解传统的宗教文本，最重要的能力是学会创新。在《塔木德》中，那些后期的评注者总是宣称自己只是对前期圣哲的观点进行简单的增补而已，事实上他们确实是在不断进行着创新。有时候甚至是为了创造而创造、为了思考而思考。然而，律法解释的功能不仅在于给人以道德训诫，更重要的是训练人的思维能力。学者们更多关切的是问题，而非答案；关注的是对律法的意义探索，而非律法的实践功用。

第三节　解释和评注的方法

西方历史上有代表性的《圣经》解经原则，主要包括校勘文字、阐明道德、探索寓意、渲染神秘几个方面。“校勘文字”强调对《圣经》经文要依据它的语法结构、语言特点、历史背景等传达出来的“直接意义”进行诠释，《圣经》文本的字面意义与其作者的原本意义是一致的。“阐明道德”注重理解《圣经》文本的伦理意义。“探索寓意”认为《圣经》文本中出现的人、事、物，无不内含着特定的深刻寓意。“渲染神秘”则强调经文的神秘意义，试图将《圣经》中的事件渲染为对未来生活的预言、提示等。[②]

在犹太传统中，类似的四种解经方法由“乐园”(Pardes)一词的

---

① 参见傅有德：《犹太哲学与宗教研究》，中国社会科学出版社2007年版，第140～142页。

② 参见《简明大不列颠百科全书》第11卷，中国大百科全书出版社1991年版，第138～139页。

辅音字母所表示。它们分别是:“简述”(Peshat),即字面阐释;“暗示”(Remez),即比喻性解释;“注疏”(Derash),即说教性评释;“神秘”(Sod),即秘传教诲。犹太教的贤哲和拉比用这些方法累积了丰富的观念,从而构成了“阿嘎达”的素材。[①] 这四种解经原则虽各执一端,却也并非截然对立,只是各有侧重而已,有时还往往互有联系。一般而言,犹太教对于律法的解释,大都诉诸文字的或者经学的诠释;“灵恩”性的自我理解,更需要神秘的诠释;护教学则往往认为寓意的诠释最为有利。

寓意解经法是用象征的方式理解《圣经》文本,从而指向更深层的意义。寓意解经法的前提是,《圣经》中的文字普遍包含两层含义:一是字面意义,二是隐含意义。寓意解经法的目的,是寻求文本的隐含意义,即超字面意义。由于隐含意义是隐而不显的,所以需要学者努力地揭示出来。在这里存在两种基本动机:其一是为了向后看,证实古代经卷的真实性和贴切性;其二是为了向前看,把经卷的权威性扩展至当代,表明当今信仰和实践的正确性。历史上第一位犹太哲学家斐洛被认为是此种方法的肇始者。斐洛是公元1世纪生活在亚历山大的犹太人,在其律法解释的著述中,大量运用了寓意解经法。例如,斐洛认为,犹太人的割礼是去除欲望的部分而守理性的精神;犹太人的饮食禁忌是因为爬行动物和用肚腹行走的动物象征着欲望的追求;逾越节主要指一种德性实践,目的是将情欲从德性中消除出去。通过寓意解释,斐洛主要向希腊人、罗马人和埃及人及其他民族解释犹太教律法的精神价值,指出其道德普世性和表述的特殊性,为生活在多元文化处境中的犹太人活出犹太信仰指明途径。[②]

中世纪犹太思想家迈蒙尼德也大量运用寓意解经法。在犹太教

① 参见[美]亚伯拉罕·科恩:《大众塔木德》,盖逊译,山东大学出版社 2000 年版,“导论”第 29 页。

② 参见斐洛:《论律法》,石敏敏译,中国社会科学出版社 20007 年版,“中译本导言”第 3 页。

律法中，各种各样的诫命多达 613 条，迈蒙尼德择其要者，录为犹太教的十三信条。比如，在论述其中的第三条“上帝的非形体性”时，迈蒙尼德的解释是：《圣经》中所有说他（上帝）具有身体功能的地方，如行、立、坐、说话等等，所有这些都不过是一种说法而已。先贤们所说的也正是这个道理：“《托拉》用人的语言说话。”另外一些人也说过许多类似的话。《圣经》中的这句话所指的正是这第三个信条：你们没有看见什么形象，这就是说你不能认为他具有任何形象，因为正如我们所说，他既不是一个物体也不是物体中的力。[①] 在《迷途指津》一书中，迈蒙尼德大量运用寓意解经法，以诠释《圣经》中的疑难字句，发掘字面背后符合理性的内涵。

不同于哲学家注重寓意解经法的倾向，犹太拉比们通常采用经学的诠释方法，即“米德拉什”。这种方法立足于《圣经》，从原文中为拉比的解释或新法规寻找理由或根据，从而把口传律法和成文律法紧密联系起来。不限于对律法进行字面意义等方面的诠释，“米德拉什”更多的是发展对文本的评注，以便更好地把握经典的原本意义。“米德拉什”实质上是一种以经释经的方法。《圣经》的正典文本在深层次上蕴含着一对相辅相成的概念：经与释经。前者是实体的圣经传统，后者是对圣经传统的解释。以经释经的方法，也就是文本单元之间的互释。在古代信仰群体中，这一互释直接表现为书写的整理、重述和编修等。这种方法试图更深入地解读文本，以揭示字面意义背后的真正内容。但是解释者显然也担心“启示性的诠释”会导致有意或无意的误读，因而很早就有一套具体的规则产生出来，并且不断被完善。这些规则主要强调文本语境的重要性以及相似文本之间的关系，以便通过各段经文的“对观”达成更准确的诠释。

早在公元前 1 世纪，希勒尔就在前人的基础上提出了释经七规则。之后，以实玛利发展为十三条规则。再后来，以利泽又提出了三

---

① 参见摩西·迈蒙尼德：《迷途指津》，傅有德等译，山东大学出版社 1998 年版，第 57 页。

十二条规则，圣哲阿奇瓦的学派还提出了另外的释经方法。其中，以实玛利拉比的十三条解释规则最有代表性。其内容主要包括：由轻及重；近似的表述可类比；个别结论的普遍适用；一般适用于受限的个别；从个别到可扩展的一般；从个别到一般，再到个别；一般与个别相辅相成；如果一般规则中的个别事例出于特殊原因而被除外，那么，一般原则所包含的所有个别事例也都可以例外；在具体对待一般性法则所包含的某些个别情况时，如果已被描述翔实，则宜宽不宜严；在具体对待一般性法则的个别情况时，如果已被描述翔实但与一般性法则所涵盖的具体事例不同，那么，则可以既宽又严；在一般性规则所含个别事例被作为特殊情况对待时，除非经文有明确规定，否则，一般性规则所述之细节也适用于此个别事例；根据语境或从一段经文中包含的推理中推演经文的含义；两条经文矛盾时，以第三条经文为依据作决断。①

自犹太人于公元70年开始散居世界各地，如何在犹太社区保持信仰和文化的统一，便作为问题提了出来。为了解答流散时期犹太社团和个人提出的种种律法问题，拉比们发展出了"答问"的律法解释方式。人们往往把在新环境中遇到的新问题向犹太权威机构或著名拉比提出，以寻找解决这些问题的答案。尽管有时拉比在社团里不一定担任具体的职务，但由于他们具有渊博的学识及其在社团宗教文化生活中无可争议的地位，很多社团会用信函的方式向他们咨询涉及律法及仪式、婚姻等各方面的问题，他们的《律法答问》往往成为各社团的行动指南。

在中世纪的犹太社团中，鉴于律法规范不能完全适应犹太人面临的新问题，拉比们就不断地制定新的法规，以规范犹太人的社会生活。比如，"知名学者大会"具有最高的立法权，它直接决定各社团的政治、经济和社会决策，它所制定并颁布的各项条例（Takkanot），为

---

① 参见傅有德：《犹太哲学与宗教研究》，中国社会科学出版社2007年版，第46～52页。

德国和法国的社团广泛接受，并且具有法律的效力。当时的社团法规规定：拉比法庭有权对犹太事务作出裁决；对拒不执行法庭判决的人，社团可以对其进行罚款及没收财产，甚至可以将其逐出社团；被告有权中止在犹太圣堂举行的祈祷，以使其有机会向会众陈述与自己有牵连的案子；严厉禁止犹太人之间的诉讼到非犹太法庭去解决。总体上看，历代贤哲拉比在对律法的解释中，主张"六经注我"，成文律法服务于口传律法。他们的态度是务实，虔诚而不僵化，为了解决具体的问题，在解释过程中富有灵活性。

为了弥补律法中的漏洞，或者适应不同时代的思想、需要和环境，圣哲们有时也涉足立法领域，尽管他们对此讳莫如深。一个有力的例证是公元1世纪犹太贤哲希勒尔的"在法庭上"，它的出现使每隔七年(安息年)减免所有债务的减免法(《申命记》15:1～3)成为一纸空文。这种减免法适用于以色列早期的农业经济，当时信贷的作用是微乎其微的。然而，到了后来的商品经济阶段，情况已大不相同，信贷业的缺乏会导致商业活动的瘫痪，甚至崩溃。为避免在以色列出现这种金融危机，希勒尔借助律法巧妙地绕过了减免法。他声称，根据《圣经》，个人无权收债，但如果债方可以证明一桩交易，法庭是可以这样做的。[①]

法国哲学家列维纳斯曾对犹太教律法的解释传统进行了现代意义上的思考。在他看来，希伯来《圣经》包含两种意义，表面的平常意义和背后的"奥秘"意义，其间需要一种"解释学"，其任务就是要将《圣经》中隐含的意义释放出来。基于这种理解，他认为真理是隐秘的，包含多重向度，并可无限延伸。因而，《塔木德》的解释活动具有两个特点：一方面，《塔木德》解读属于历史，只有经过历史学家的检视和批判才能为人理解。《塔木德》经文的记述和思想的解析属于这个层面。不求助于历史的方法，就不能从神话中得出《圣经》的事实

---

① 参见[美]大卫·鲁达夫斯基：《近现代犹太宗教运动：解放与调整的历史》，傅有德等译，山东大学出版社1996年版，第99页。

状况和象征的特点。另一方面更为重要，解读经典必须贴近更近的时代，也就是说，必须与目前的事实直接相关，也必须与目前的理解直接相关。这是列维纳斯所强调的，他称之为一种"活的传统"。[①]

第四节　解释和评注的思维模式

一、吸收和借鉴

犹太教律法是在犹太人的信仰和生活实践中产生的。尽管犹太人的生存环境发生持续不断的改变，律法仍然能够存在和延续下去，关键的因素在于犹太人对于一神信仰和民族身份的坚定认同。不同时代、不同派别的解释者，尽管存在律法解释的意见分歧，但是都相信律法的神圣起源和完美无缺，都切实维护自身的犹太民族身份。在维护一神信仰和民族身份的基础上，律法的解释者也在不断吸收和借鉴其他法律文化的精华。比如，斐洛身为客居亚历山大里亚的犹太人，非常重视规范犹太人身份的三条律法：敬畏神、守割礼和安息日。在借助希腊文化对律法进行阐释时，他始终未曾放弃他的犹太教立场和犹太文化本位。

拉比犹太教时期，在圣哲的律法解释中，已经表现出明显的形式逻辑特征。以实玛利释经规则的第十三条指出：两条经文矛盾时，应依据第三条经文作决断。例如：《托拉》的一处经文说，上帝降临在西奈山顶，另一处经文则说从天上听到上帝的声音。要处理两处经文矛盾的问题，可以取第三处经文的说法：上帝携诸天降临西奈山说话。这条规则在本质上遵循了亚里士多德的逻辑规则，但它比亚里士多德更加活泼灵动。可以看出，拉比犹太教的律法解释受到了希

① E. Levinas, *Nine Talmudic Readings*, translated by Annette Aronowicz, Bloomington: Indiana University Press, 1990, p. 8.

腊哲学的影响。

马丁·布伯认为，犹太人是东方的后来者。他们在东方其他各伟大民族逐步塑造自身、从而形成了自己的决定性的和创造性的经验之后，很久才来到。只是等到那些民族在流传很广的各种文明中相互交流彼此的经验很久以后，犹太人才开始显示出自身的创造性力量。然而，犹太人的精神仍是原创性的和富有生命力的。因为“创造乃意味着会聚所有的元素于自身，并把它们融入一个单一的结构之中，除了赋予形式这一点之外，并不存在真正的创造性和独立性”①。利奥·拜克指出：“犹太精神所具有的将它接触到的形形色色的文明成分吸收在自身中的能力，证明了它的创造力；对犹太文明来说，它已证明了自己能够消化并且完全能够同化外来的文明成分。犹太文明为外来影响所左右的情况几乎不存在，即使发生这种情况，它自身具有的那种自由而独特的本质也会最终战胜外来影响。外来影响被纳入犹太传统中并被赋予了独特的特征。”②

二、灵活性和创造性

律法的解释实践，呈现出灵活性和创造性的特点。犹太人一般认为，《圣经》是受上帝的默示写成，上帝的意志贯通其中，往往在《圣经》文本的字面意义之外尚有较字面意义更深奥、更值得沉湎、感悟的隐喻意义和超字面意义。犹太拉比认为，应该用上帝赋予的理性去解释《托拉》，而不是以教条主义的立场对待律法书的文字。当一条律法由于时代的不同或情况的变化已经过时，就应该从发展的眼光出发赋予它新的、更能够为人们接受的意义。

希伯来《圣经》中有这样一句话：“所吩咐你们的话，你们不可加添，也不可删减，好叫你们遵守我所吩咐的，就是耶和华你们神的命

---

① [德]马丁·布伯：《论犹太教》，刘杰等译，山东大学出版社 2002 年版，第 59 页。

② [德]利奥·拜克：《犹太教的本质》，傅永军、于健译，山东大学出版社 2002 年版，第 10 页。

令。”(《申命记》4:2)也就是说，它禁止任意增减、变动成文律法，从而限制了对律法的解释权。然而，《申命记》的另一处文字恰恰又成为这种解释权的根据所在：“去见祭司利未人，并当时的审判官，求问他们，他们必将判语指示你。”(《申命记》17:9)按照犹太教拉比的解释，这句话暗示出根据时代的不同来解释律法的必要性。因为“你是否能设想一个人去见一位不属于他的时代的审判官？”[①]

按照希伯来《圣经》，上帝通过与亚伯拉罕、摩西立约，从万民中选中以色列人，赐给他们托拉，使之和外邦人区别开来，成为上帝的“特选子民”。散居犹太人侨居各国，解决好与其他民族的关系成为重要问题。拉比犹太教在坚持犹太人“选民”地位的同时，认为“外邦人”也有律法，也可以有来世。拉比文献中表述的“挪亚律法”是对《创世记》第 9 章的解释，具体内容是：“做事公道，不得亵渎神明，禁止偶像崇拜，禁止不道德行为，不得杀人，不得抢劫，不得从活的动物身上撕下肢翼。”拉比们认为，犹太人作为上帝的选民应该履行 613 条律法，其他民族只要遵照“挪亚律法”，凭借自己正直的行为，便能获得神的赞许。[②]

对于《摩西五经》中的“以眼还眼”这个词，人们的通常理解是：“别人怎样向你行，你也怎么向他行。”因此，按字面意思，如果别人挖了你一只眼睛，你也可以把别人的一只眼睛挖出来，别人打碎了你一颗牙，你也可以打碎别人一颗牙。然而，在《塔木德·首门》中，圣哲们的理解则是：你可以拿金钱去赔偿而不是用肉体惩罚，换句话说，如果你打伤了别人的眼睛，那么你只需要赔偿他受损眼睛的同等金钱价值即可。

在对律法的诠释中，拉比们提出“行动超出严格的正义界限”的

---

① 参见[美]大卫·鲁达夫斯基：《近现代犹太宗教运动：解放与调整的历史》，傅有德等译，山东大学出版社 1996 年版，第 98～99 页。

② 参见[美]亚伯拉罕·科恩：《大众塔木德》，盖逊译，山东大学出版社 2000 年版，第 76 页。

原则，即为了达到绝对的善，以特别仁慈和怜悯的方式，行事可以超出律法文字的特定要求。在拉比们看来，以色列人守安息日的目的，是为了休息、养心和精神升华。但当生命受到威胁时，应毫不犹豫地破戒求生。《塔木德》中说："我们应当用上帝给我们的戒律去生活，而绝非去死。"又说："上帝把安息日托付给我们，不是把我们托付给安息日。"因此当失火时，应毫不犹豫地去灭火。当毒蛇等动物袭击人类时，应立即杀死它们。当国家的安全受到威胁时，应毫不犹豫地参加保卫国家的战斗。

三、具体思维和动态思维

律法的解释过程，也透露出具体思维和动态思维的特征。犹太教律法的解释者反对抽象的系统化思维，注重具体问题的讨论。《塔木德》中有这样的例子："学者们说：如果一个人在安息日逮到一只盲鹿或睡着的鹿，他是有罪的；但如果那鹿是跛足的或者生病的，那么他是无罪的。阿巴叶问拉比约瑟：'这有什么不同吗？'后者回答说：'盲鹿或睡着的鹿想要跑，但病鹿不会怎么想逃走。'但是我们在其他地方读过：'如果一个人逮到病鹿，他是有罪的！'拉比色克色说：'这不难解决！一种意见指的是那种发热的鹿（因此它很狂热），而另一种意见指的是虚弱不堪无力的病鹿。'"[①]可以看出，圣哲们提出的问题是具体的，回答是具体的，援引的根据也是具体的。

另一方面，在律法解释中，圣哲们的讨论往往是从一个问题开始，在展开讨论的过程中，逐渐过渡到相关的另一个问题，然后接着讨论。也就是说，任何争论绝不局限于某一个固定的问题上，而是习惯于从某个问题跳跃到另一个问题上。但是这种动态思维仍然有着一定的规律，思维的跳跃建立在两个问题存在内在相关的基础上。《塔木德》中有这样的例子："如果一个人在新墙的洞里找到东西：假设东西在洞中间靠近墙外的地方，东西属于你；假设东西在洞中间靠

① 转引自 http://www.xici.net/b84677/d69675371.htm，2015年3月1日访问。

近墙内的屋子，东西属于这个屋子的主人。如果这个屋子住的人是租客，那么即使东西在洞中间靠近墙内的屋子，东西仍然属于你（因为没有任何方法去知道是以前哪个租客留下的失物）。在讨论租客的屋子所遗留的物品过程中，圣哲们转而论述另一个相关的问题。'因为耶路撒冷的市场每天都有人清扫，从这里我们得知，那些我们在耶路撒冷城外捡到的钱说不定是从城内扫出来的。因此，这里的观念是：在节日前你所丢的钱，和节日中你所捡的钱，多半是不同的。那么类似的，在这里，我们也认为以前的旧租客所丢的东西，早就丢到其他地方去了，而我们在墙洞里发现的东西应该是属于新近的租客的。'"①

四、求异思维

犹太人善于求异和存异是有传统的，比如一神教不同于周边的多神教，上帝选民概念也是如此。在希腊罗马帝国，或在伊斯兰、基督教一统天下的国度里，为了坚定信仰、民族生存、文化延续，犹太人千方百计维护自己的宗教，拒绝改宗，坚持自己的律法和风俗习惯。律法贯穿了犹太民族特有的求异思维特征。

犹太人有这样的说法："两个犹太人，三种意见。"拉比们通常会遇到这样的问题：如何对待不同甚至针锋相对的意见，如何面对权威的解释。《塔木德》的做法是：全体拉比都有资格参加这种解释，而且所有拉比的观点，无论如何对立，一律都是神的话语，都要收入经典。同时，将有关律法的辩论与其执行区别开来。辩论时畅所欲言，辩论过后则按一定的程序（一个常见的程序是少数服从多数）决定哪个看法是用于实际生活的律法。最后，律法一旦确定，则任何人都有义务维护，仍不服从者则可能面临被开除的危险。与此同时，少数人的不同观点并没有因为"被否决"而遭彻底抛弃，相反，这些观点受到应有的尊重，不仅被记录在犹太文献中得到永久的保存，而且还在日后讲

① 转引自 http://www.xici.net/b84677/d69675371.htm，2015 年 3 月 1 日访问。

授给学院的学生。[①]

求异思维的必然结果，是在犹太教律法的解释传统中，始终容有学术性的论争。“在古代犹太教法体系中，我们可以发现，法官可以对君主保持一种实质程度的独立性，更重要的，还有一些负责解释神法的饱学之士。在犹太教中，他们被称为贤人或犹太法律学家。学术性评论的权威可以进行争论。”[②]犹太教的撒都该派在后马卡比时代，曾批评过法利赛派运用口头律法轻易地约束人们心灵的做法。在拉比犹太教时代，希列和沙玛伊分布代表了两个不同的思想派别。沙玛伊强调律法原则，其做法和态度可谓墨守成规；希勒尔则更现实，态度也较宽容与灵活。《塔木德》记载了他们的316次辩论，内容涉及宗教律法、礼仪和道德等方面。在《塔木德》中，可以说没有一个问题只有一种回答、一种意见。更有甚者，不仅对于同一个问题有多种不同的答案，而且都可以为真，都具有律法的效力。因而确切地说，《塔木德》并不是犹太教法典，而是法典的汇编。

在《塔木德》中，非常普遍的是拉比们不仅在同一问题上有着相反的意见，甚至对同一段经文也都有不同甚至相反的解释，而它们的意见都可以在《圣经》中找出依据。《塔木德》的争论常常使用这样的句子：“如果你不如此说，困难如斯”(即，如果你否定我对这些法案的描述，则面临下列困境)，“如果你相信这，那么”(我们面临下列困境)，“你如此主张，但其反面更合理”等等。[③] 在列维纳斯看来，这不单是一个语言或文本理解的问题。他认为，《塔木德》中对意义的争论恰恰显示了《塔木德》的本质力量。不同拉比对于同一经文的不同理解的对话正是“人类意识中的永恒对话”的体现。正是在《塔木德》的讨论中，显示了问题的各个方面。所以，《塔木德》的权威性不是来

---

① 参见傅有德：《犹太哲学与宗教研究》，中国社会科学出版社2007年版，第55～56页。

② [美]昂格尔：《现代社会中的法律》，吴玉章、周汉华译，译林出版社2001年版，第112页。

③ [美]罗伯特·塞尔茨：《犹太的思想》，赵立行、冯玮译，上海三联书店1995年版，第271页。

自于教义的一致无误，而是来自于一种探索问题的精神。[①]

《塔木德》解经中的歧义性和含糊性，同一问题往往有着相反意见，同一经文有着不同的解释，恰恰显示了《塔木德》的本质力量。《塔木德》的权威性不是来自于教义的一致无误，而是来自于一种探索问题的精神。门德尔松说："如果拉比们的观点出现了分歧，那么任何一个犹太人，无论是受过教育的还是没有受过教育的，都可以赞成一方，或者是这一方，或者是那一方……[不仅这一方而且那一方，都是活生生的上帝话语]，在这种情况下，拉比们常常会明智地说出这句话，虽然这句话常常遭到某些不了解其含义的人的嘲笑和斥责，常常被理解为否认矛盾原则。"[②]学者阿丁·施坦泽兹也指出，学习《塔木德》的乐趣在于，它教导我们习惯于看问题的其他角度，去信仰同时去怀疑并提出疑问。《塔木德》让我们保持理智的健全，告诉我们这个世界上存在无数我们所不能解决的矛盾，但我们不应该因此消沉，因为我们必须学会如何和自相矛盾的事物一起生活。[③]

第五节　解释和评注的意义

一、塑造犹太人的日常生活

如果把"文化"看作人群的生存样式或生活方式，宗教律法作为一种法律文化，其解释和实践就是宗教群体和信仰者的特定生活方式。在信仰者看来，宗教律法来自"神圣者"的启示或命令。它以人对神圣对象的虔信为效力根据，并且依靠信仰者的崇拜和敬畏之情

---

① 参见傅有德等：《犹太哲学史》下卷，中国人民大学出版社 2008 年版，第 768 页。

② [德]摩西·门德尔松：《耶路撒冷：论宗教权利与犹太教》，刘新利译，山东大学出版社 2007 年版，"代译序"第 20 页。

③ 参见《阿伯特：犹太智慧书》，[以色列]阿丁·施坦泽兹诠释，张平译，中国社会科学出版社 1996 年版，"诠释者前言"。

来维持。宗教群体和信徒不是将律法仅仅视为外部的强制，而是看成内在的约束力量。在犹太教中，律法之于犹太人，是净化、提升自己、追求圣洁目标的手段和途径，是值得尊崇和喜爱的。遵法行为与内心虔诚之间是有机统一的，律法来自于神，犹太人守法是为了仿神，在一神论的基础之上，律法的起源和守法的目的都归于神。犹太教律法作为特定群体和个人的无所不包的日常行为规范体系，塑造着一种不同于凡俗的生活样态。

犹太教信仰的基础是托拉，具体表现为希伯来《圣经》和《塔木德》等经典。作为宗教经典，希伯来《圣经》目的在于教人以信仰和律法，借以让人知道应该做什么样的人，如何做人。它的对象是普通大众，无论男女老少、聪明愚昧。对于信徒来说，《圣经》提供的上帝之言，适用于任何时代；每个时代都能在《圣经》那里寻找到最中肯和最有特色的东西；每代人也都能从《圣经》的言语中发现自己的希望和思想；每个个体也都能从圣经中寻觅到他心底的热望。[①] 因而，《圣经》奠定了犹太教稳固的基础，使得犹太教能够经受住变化和外来冲击的考验。由于《圣经》及其解释，犹太人被称为"圣书之民"，其民族的延续便是通过一代接续一代的释经。托拉律法的解释活动，成为犹太人的生活方式，成为犹太民族的生活方式。

第二圣殿被毁之后，犹太人成了没有祖国的民族。律法的解释成了犹太人保持民族认同的一种传统，《塔木德》就是在这个过程中形成的。《塔木德》并不简单地是《圣经》的延伸，而是运用《圣经》的资源来阐述其智慧。列维纳斯认为，《塔木德》的文字只是一种"能指"，其"所指"必须在现实的生活中去寻找，这是《塔木德》尽管古老却始终保持活力的原因。"这门学问的所有大师都认为，只有从生活开始，才能理解《塔木德》。"[②]《塔木德》作为犹太人的法典和生活指

---

① 参见傅有德等：《现代犹太哲学》，人民出版社 1999 年版，第 216 页。

② E. Levinas, *Nine Talmudic Readings*, translated by Annette Aronowicz, Bloomington: Indiana University Press, 1990, p. 8.

南，为犹太教筑起一道保护性栅栏，成为维护民族生存的重要保障。在散居期间，以学习和研究《塔木德》为宗旨的经学院大批存在，使《塔木德》的传统得以继承和光大。在家庭中，犹太儿童在父亲的指导下学习《塔木德》；安息日，犹太成年人和孩子们在会堂一起学习《塔木德》；不论男女老幼，人们在实际生活中履行《塔木德》的律法。

尽管犹太教有《圣经》和《塔木德》等经典以及相关的教义、信条和学说，但注重当下生活的道德践履和道德行为的现实化诉求，是犹太教的重要特征。在犹太教中，其经典《摩西五经》充斥了大量有关宗教礼仪和伦理方面的法令、条例和戒律；而相形之下，教义方面的记载却寥寥无几。在《塔木德》中提到了以色列人应当遵行的613条戒律，其中有365条是否定性的，另外的248条是肯定性的；所有的这些戒律都是有关行为规范方面的，而非教义性的。在犹太拉比们看来，《摩西五经》是永恒的圣书，而《塔木德》则是规范犹太教徒日常生活的指南，旨在提供宗教生活的准则与立身处世、待人接物的行为准则。

就犹太教而言，检验一个人是否守教的标准主要不是“信”，而在于是否遵循律法而“行”。它要求信徒在生活实践中全身心地履行犹太教律法，旨意是教人“如何做人”或“如何行为”，要“因行称义”，一个“行”字突出了犹太教和犹太教律法的特色。通过律法的解释和实践活动，犹太人将宗教和生活紧密联系在一起。宗教通过生活被证明，生活为宗教所充盈。宗教信仰不在生活的日常行为中得到确证就没有虔诚，也只有在律法被忠实地践履的地方，才有合法有效的日常行为。

二、促进犹太文化的延续

犹太教《圣经》与口传诠释构成了拉比犹太教的基本内容，而拉比们则以其言其行体现了犹太精神的传承。构成拉比犹太教核心的，首先并非特定的经典、教义、组织或人物，而是体现在《塔木德》中的口传传统的成形方式。换言之，不是某种运作的成果，而是这运作本身,构成拉比犹太教的基本特质。此一运作就是诠释。托拉律法离开《塔木德》及拉比犹太教传统,将会成为无源之水。

在《塔木德》中有这样一个故事:国王给他的两个仆人每人一些小麦和一捆亚麻。一个仆人很愚蠢,有了小麦和亚麻以后根本什么事也不做;而另一个仆人却很聪明,他用小麦烤制面包,把亚麻织成了布。现在,当圣者——愿神保佑他——把《摩西五经》交给以色列人的时候,他交给他们的仅仅是小麦和亚麻:小麦让他们磨出白面,亚麻让他们制作衣服。

这个故事的寓意是,口头流传的解说成为导出书面文字的实义的关键手段。因此,人们不是简单地只研究《摩西五经》,而且也通过《塔木德》来研究。《塔木德》收集的是口头流传的种种成果,包括阐释经典的经典评注准则。《塔木德》是一个约定俗成的阐释镜头。透过这个镜头,《摩西五经》的意义才被看得到,文本中很大一部分的字面意义才可以融会贯通,其精神意义才得到扩大。①

事实上,宗教内部的阐释,本身也是一种信仰行为,解释是一种安身立命的方式。这种行为把自己传统中给定的东西当作神圣的、最为实在的东西来揣摩。如果说宗教性是一种活动、一种行为,那么,宗教的诠释就是那种活动的一种形式。解释经典是一种为了他人的伦理行动。诠释带有道德使命,对成文律法的阐释,目的是要借由经典而塑造出一种流亡意识,并在经典之中创造出回归之地,用列维纳斯的话说,即在经典中争取犹太人的生存空间。正如开普兰所说:“宗教价值的重新阐释是一种精神上的新陈代谢。它是一种不断丰富律法的形式,通过不间断地转化生活方式,以新代老,用生机勃勃的变化来保证生机勃勃的一致性和连续性。”②

在犹太教律法的解释传统中,释经者主要来自学者阶层。由于

---

① 参见[美]W. E. 佩顿:《阐释神圣:多视角的宗教研究》,许泽民译,贵州人民出版社2006年版,第133~134页。

② [美]摩迪凯·开普兰:《犹太教:一种文明》,黄福武、张立改译,山东大学出版社2002年版,第435页。

释经活动的重要性，知识分子受到社会的尊崇。《塔木德》中有这样的说法："国王是尊贵的，其次是祭司和其他官员，然而，这一点仅仅适用于他们在学识上平等的情况下，因为，一个人即使出生于很低贱的家庭，但假如他富有学识，那么他仍然居于国王之上。"也就是说，富有学识的人具有优先权，国王则排在其后。这种基于律法解释活动而产生的对知识分子的敬重，远远超越了权力和金钱，超越了门第出身。对于普通的犹太人来说，律法被视为神赐予以色列人的丰厚礼物，它代表了以色列人与上帝之间神人之约的条件。犹太教律法与犹太民族的生活、生存方式已经融为一体、无法割裂。衣食住行和生老病死等日常生活都涉及到律法，律法贯通着一切生活和行动。

对犹太人来说，律法不仅不是对人的禁锢和约束，恰恰相反，它们是生活的基本的必需品和最可口的营养品；它们不仅可敬、可畏，更重要的，它们还可爱、可亲。在漫长的历史中，政治上总是处于劣势的犹太民族，正是通过一代代人的律法解释活动，珍视并恪守着经典、律法、习俗和传统。利奥·拜克指出，根据古老的格言，犹太人因托拉而存在，而托拉恰恰又是存在于犹太人中间的。仅在理想意义上说，托拉才独自存在，并且，托拉不存在，犹太人也就不存在。这就是犹太人殚精竭虑自我保存的原因所在。[①] 总之，犹太教律法的解释活动，使犹太人坚定了对唯一上帝的信仰，增强了上帝选民的自我意识，从而使整个民族得以生存和绵延不绝。

① 参见[德]利奥·拜克：《犹太教的本质》，傅永军等译，山东大学出版社 2002 年版，第 231 页。

第七章 犹太教律法的功能和影响

犹太教律法在犹太教中占据无比重要的地位，具有维护一神信仰，维护民族生存和文化传承等方面的功能。律法精神是犹太文化精神的重要一环，其中的和谐追求、契约观念、内省精神、群体意识等对后世产生了深远影响。以色列民族是注重践履律法的民族，律法受到极度尊崇。犹太人从来就不把律法当作一种教条和禁锢，而是作为一种可亲近的、可欢喜的对象来看待。律法就是犹太人的生活方式，它使得犹太人得以存续和发展。

第一节 律法的功能

一、律法维护一神信仰

犹太教律法以一神教信仰为其理论基础，人生的各个层面都归于上帝的绝对统治。律法的首要目的是坚定犹太人对上帝的信仰，并且在生活中排斥其他神的存在。信仰上帝与遵奉律法是有机统一的，遵奉律法就是敬拜上帝。

首先，律法是犹太教的核心。

在初民社会中，社会组织与宗教组织是浑然一体、无法分开的。一个氏族血缘群体或一个部落，事实上就是一个由共同的宗教信念和共同的宗教崇拜活动团结起来的宗教性团体。宗教作为大一统的社会意识形态主宰着人的精神活动，宗教组织也成为社会管理的基本机构，宗教律法就是社会生活的最高准则。埃里克·夏普认为，礼仪和实际行为严格说来即是古代宗教的全部内容。“在原始时代，宗教不是一套附有实际应用方法的信仰体系，而是一套固定的传统行动，每一个社会成员都把它作为理所当然的事情来遵从……社会规则的基础是先例，社会要继续生存下去，这就是先前的一套惯例应予继续遵守的充足理由。”①

随后产生的国家—民族宗教与原始宗教一样，也属于原生性的宗教。它是世代传承的传统宗教，是古老信仰的自然延续。从信仰群体看，一个民族、国家的任何成员从其出生之日起，即生活在世代相传的传统信仰和宗教体制之中，必须接受祖先视为神圣的传统信仰。由于国家和社会的全体成员都是传统宗教的信仰者，因此不存在独立于国家和社会的宗教组织和体制，国家与宗教是合为一体的。国家—民族宗教从民族的生存条件中产生，并同这些条件一起生长和发展。其统辖的领域限于本民族的范围，其宗教习俗也与民族习俗大致相同。犹太教是典型的国家—民族宗教，其中信仰、礼仪、律法等并没有严格的分裂。祖先在这样的环境中生活，后代也是如此。他们畏惧和敬奉的对象是神灵，他们依循神灵的诫命和要求而生活。

在犹太教中，占据核心地位的是律法，律法的诫命规范着所有团体和个人的行为。犹太教注重信仰，是以对上帝的信仰为根基或前提的宗教。但是，教义或信条在犹太教中无关宏旨，甚至是可有可无的。在主流犹太教看来，信条不属于“哈拉哈”，而属于“阿嘎达”，在地位上是从属于“哈拉哈”的。在教义和宗教领域，犹太教为思想、解释和判断的自由留有余地；它所要求的并非教义的统一，而是行动的一致。犹太教是一种仅对犹太人生效的、专门启示的礼仪律法，通过一系列的诫命和戒律，以上帝的意旨指引一条最终获得拯救的道路。

---

① [英]埃里克·J·夏普：《比较宗教史》，吕大吉等译，上海人民出版社1988年版，第104～105页。

因而,犹太教是犹太人民特有的律法,而不是一种独特的信仰体系或世界观。尽管《托拉》中包含着其他的内容,包含着道德和精神教义,但律法性的内涵是最为引人注目的。因为有充分的理由说明,一种活的文明的真正标志并不是它提出建议的能力,而是它发布命令的权威。①

从犹太教的宗教结构看,上帝、《托拉》、以色列人是相互关联的三大要素。上帝赐予以色列人《托拉》,而永远信守、维护和传播神圣的律法乃是"上帝的选民"义不容辞的使命。《托拉》律法作为上帝与以色列人之间的纽带,对于古代希伯来民族来说,意味着一种深刻的道德严肃性和个人责任感。律法来自上帝,立法是上帝之旨意,上帝是审判的标准,律法对人之罚是"神罚",上帝是正义的化身。当以色列人敬拜上帝并且彼此相爱的时候,上帝的性情就被表达在他赐予以色列人的律法中。

在犹太教传统中,信仰上帝与遵奉律法是有机统一的,遵奉律法就是敬拜上帝。在日常生活中,恪守宗教戒律成为犹太教信徒最根本的义务。神赐的诫命相当有限,而每一代拉比都为律法增加了新的内容,他们阐述和解释律法的著作汗牛充栋。自古以来,在犹太教中就存在信仰与律法之间的张力:有些人过于强调律法,而忽视了内心的虔敬,使宗教成了一种外在虚伪的表演,背离了信仰最本质的东西;有些人则不堪忍受繁琐的戒律约束,在不同程度上放弃了对律法的严格遵循;有些人企图通过宗教上的革新而在二者间寻找一条中间道路;有许多人则干脆放弃了犹太教。事实上,律法与以色列民族的生活、生存方式已经融为一体、无法割裂。人们生活的目标并不局限于遵守外在的律法,而是通过模仿上帝的行为,最终获得生命的圣洁。

其次,律法维护一神信仰。

---

① 参见[美]摩迪凯·开普兰:《犹太教:一种文明》,黄福武、张立改译,山东大学出版社 2002 年版,第 527 页。

犹太教不同于当时周边民族的宗教，就在于它信仰唯一的神耶和华。整个《圣经》或全部的圣经犹太教的主旨就是接受、维护一神信仰，坚决反对任何形式的偶像崇拜，借以与信仰多神的异教区别开来。《塔木德》虽然不以论证一神信仰为目的，其核心是为犹太人提供适应散居时代的生活之道，但其中口传律法归根结底是对《圣经》中成文律法的诠释，因此，也起到了维护一神教的作用。

当出埃及的以色列人漂泊在西奈旷野的时候，其周围的民族已处在农业社会时期，具有较稳定的政治组织和宗教信仰。像耶利哥人、亚摩利人、迦南人等西亚民族皆有自己的都市国家，由专制君主统辖，一旦有外患，他们就会团结在君王的周围，形成较强的凝聚力。这些处于农耕社会的民族，他们最关心和盼望的，当然是农业的丰产和家丁的兴旺。人的共同愿望往往决定了自己所崇拜或祈求的神的共同性质，西亚一带民族所崇拜的神，因此也具有一些共同特征。

为了能在这样的宗教氛围中确保独立的信仰，从而使民族文化不致被外族所同化，摩西在"十诫"和律例典章中突出强调的，就是一神耶和华的排他性，这种排他性集中表现为对周围民族的敌视与拒斥。犹太教律法的首要目的是坚定犹太人对耶和华一神的信仰，并且在生活中排斥其他神的存在。《托拉》中列出的 613 条律法以及口传律法中规定的一系列法规，涵盖了犹太人生活的方方面面。在 613 条律法中，有 8 条要犹太人公开表示对上帝的信仰，有 51 条与抵制其他神祇有关，这些律法使得犹太人必须表明独特的信仰立场。对于一个犹太人来说，仅仅私下承认一神教是不够的，他还必须公开表明对唯一的、万能的上帝的坚信，和对异教偶像崇拜的谴责和拒绝。

耶和华所定的诫命，旨在维护以色列人与神之间的关系。它们体现出为确立和维护神人之间的圣约关系，神对以色列人提出的基本要求。"十诫"的前后顺序体现了优先关注以色列人与神之间的关系，而后才是以色列人与其他人之间的关系。以色列人要全心全意敬拜将他们从埃及解救出来的神，而且只能敬拜耶和华。就生命、婚姻以及财产而言，他们的社会行为要遵循个人权利优先的原则。他们遵循这些诫命要出于爱神："爱我、守我诫命的，我必向他们发慈爱。"(《出埃及记》20：6)对上帝的忠诚涉及遵守犹太教的法规、纪律以及特别的义务。实际上，"忠诚"(loyalty)这个词与"法律的"(legal)这个词源于同一拉丁词根 ligo，意为"受束缚"。类似地，"义务"(obligation)源于拉丁文 obligo，意为"绑、系"，表示一种受法律或道德约束的状态。在犹太人看来，生活是义务的综合体。犹太教的基本范畴是要求而不是教条，是义务而不是情感。上帝的旨意高于人的信条。尊敬律法的权威，是犹太人爱上帝的具体体现。[①]

遵守律法则生，悖逆上帝则亡。要做到像神那样圣洁、正义和仁慈，就必须全心全意地爱神、敬畏神，遵守神的律法，按神的吩咐行事。尊神与守法是统一的，遵法、守法、守约是维护信仰的必然要求；信仰一神，必须遵守神的律法和诫命。《圣经》与《塔木德》不仅处处将学习、谨守律法宣布为善行或善业，而且不厌其烦地反复强调守法"必蒙福祉"或"永享幸福"等。律法本身也被视为希伯来民族的"产业"(《申命记》33)，乃至"生命"(《申命记》32)。

在《律法书》中，重复最多的诫命是遵守律例典章，并不惮其详地描述不守律法必将招致的惩罚与灾祸。"敌人如鹰来攻打耶和华的家，因为这民违背我的约，干犯我的律法。"(《何西阿书》8：1)"干犯我的律法"，显然是指行了有损于民族利益之恶事。流散时期后，律法成为重新整合信仰的一种最为重要的手段。通过它，以色列人重新找到一种信仰模式和生活方式；也正是通过它，以色列人来观察这个世界，认识这个世界，与上帝进行交流。历代贤哲、拉比尽管不能改变整个社会信仰驳杂的习俗、风气，但却热心于维护自摩西时代开始的一神教传统。对于成文律法的解释、口传律法的整理等活动，成为维系一神信仰传统的重要途径。

---

① 参见[美]亚伯拉罕·海舍尔：《觅人的上帝：犹太教哲学》，郭鹏、吴正选译，山东大学出版社 2003 年版，第 283 页。

可以说，律法的主要目的是维护一神信仰，追求神人关系的和谐，使得以色列成为祭司的国度，圣洁的国民。通过神人约和神圣律法以及由之产生的“上帝的选民”意识，古代以色列人在极为艰难困苦的条件下生存下来，凝聚成强大的力量，战胜众多的敌国，建立了自己的国家，成为一个独立的民族。凭借神人约和律法，以色列人得以在散居和反犹主义肆虐的年代保持了民族的特征，维系了自己的存在、延续和复兴。

二、律法维护民族生存

民族危亡之际，为避免被同化，求得生存，以色列人通过律法建立了与众不同的信仰与生活方式。犹太人的同一性并不取决于共同的地域或任何特定的政治结构，而是共同拥有的律法。

首先，律法赋予犹太人以民族性。

开普兰认为，民族性作为人类生活中的一种动态因素，可以一直追溯到历史的初始阶段。“民族”这个词所暗示的政治条件在古代世界中并不存在，但是，这个词中所包含的理想却是古已有之。从某种意义上来说，每一个比较大的群体，譬如部落、氏族或氏族联邦，由于对共同的利益有着清醒的认识，所以都具有形形色色的情感和观念，并由此而最终发展成为民族性。在古代，这种群体的自我认识总是会采取一种宗教的形式。对一个民族及其目标的忠诚表现为对该民族的神的忠诚。①

作为成文律法载体的《摩西五经》，既是远古历史或神人关系史的记录，又是上帝赐予以色列人的律法文献汇编。作为历史记录，其中记载了上帝创世造人、人类的早期活动、以色列人的由来和迁徙以及摩西带领众人出埃及等事件。主要场景之一是出埃及途中上帝耶和华在西奈山与以色列人立约，向摩西授予“十诫”和各种典章律例。

---

① 参见[美]摩迪凯·开普兰：《犹太教：一种文明》，黄福武、张立改译，山东大学出版社2002年版，第269页。

这些典律由摩西分门别类地转告以色列人，见诸文字后便构成古代犹太教律法文献的总汇。以色列民族的产生既然是因为立约，约的内容或条款（律法）便成为维系以色列民族的原因，把以色列百姓联结在一起。律法以固定的形式把"约"的内容具体表达出来，定义了耶和华上帝与以色列民族以及以色列百姓彼此之间的关系。

律法塑造了犹太民族，并不断维护犹太民族的独特性。塞尔茨指出："同其他任何原因相比，《圣经》的正典化是犹太散居区得以存在和繁荣的最重要的原因。到希腊化时代和罗马时代早期，《圣经》最后定型并成为犹太大众教育的基础。通过《圣经》，犹太人作为一个与上帝签约并必须遵守其诫命的民族，保持了共同的特性。正如犹太人所解释的那样，《圣经》在自觉区别于其他宗教教义中保持了犹太一神教，使犹太人避开散居形势下的自然同化之压力，并在他们及其邻人之间严格划定界限。"①

依据古老的说法，以色列人是为着《托拉》的缘故蒙召而生，而《托拉》也只能通过它的民而存在。《托拉》是上帝创世的工具，《托拉》中的诫命是要在日常生活中实现的道德和宗教目标，而上天的《托拉》是要在地上的人来实现的理想模型。因此需要一个民族在所创造的世界上实现《托拉》；若无《托拉》之民族，创世便毫无意义。只是在理想领域《托拉》才能够自存，所以如果以色列人不再存在，《托拉》也会从地上消失。这就是为什么这个民族要在自我维护上殚精竭虑的原因。正如勒维纳斯所说，以色列的优势不在于它的种族，而在于教育它的律法。犹太教带给世界的东西，既不是出自内心的不难做到的大度，也不是无限的和前所未有的形而上的景观，而是由律法的实践所引导的存在的方式。②

---

① [美]罗伯特·塞尔茨：《犹太的思想》，赵立行、冯玮译，上海三联书店 1995 年版，第 182 页。

② 参见[法]埃马纽埃尔·勒维纳斯：《塔木德四讲》，关宝艳译，商务印书馆 2002 年版，第 121 页。

雅各·纽斯纳认为，各种各样居于世界各地的犹太人都称自己为“以色列”，并视自己为托拉中上帝与之说话的选民。他们又弱小又屈从于人，又因与众不同而不为人们所喜，有时还因此而被虐待、被屠杀，尽管如此，他们仍然为他们是谁以及他们是什么而欣喜，并且想继续与众不同，形成世界上一个独特而重要的群体。他们总是面临着是要做犹太人还是不要做犹太人的选择（大屠杀除外），而他们总是选择做犹太人。假如他们不曾在每一代都作出这样的选择，作为圣民的以色列——相对于作为基督教徒的教会——如此世的犹太民族群体，早就已经从人类中消失了。[①]

其次，律法是应对民族危机的需要。

民族危亡之际，为避免被同化，求得生存，以色列人通过律法建立了与众不同的信仰与生活方式。律法是在以色列民族危机日益加深、各种斗争冲突持续不断的历史进程中形成和发展的，其间既有希伯来民族与周边民族的斗争，也有民族内部君王贵族和平民百姓之间的斗争。在这些斗争中，犹太教律法充当了抵御外来侵略、调和阶级矛盾、巩固国家政权、促进民族复兴的工具。

律法规定了犹太民族的生活和生存方式，犹太民族是律法的民族。在圣经时代，信仰耶和华一个神的就是以色列人或犹太人，信仰他神或崇拜偶像的就是外族异教。对外，以色列人严格拒绝外族信奉的神灵，以便和异教、外族划清界限；对内，竭尽全力维护一神信仰，对于违犯者严惩不贷。对民族团结的迫切要求进一步促进和加强了对耶和华的忠诚。每逢以色列人的命运不济，或即将降临在这个民族头上的暴风雨迹象已经非常明显的时候，先知们提出了全新的解释。阿摩斯、何西阿、以赛亚、弥迦突然向他们的同代人发表了一项令人震惊的断言：当以色列的上帝开始行使这种凡人可见的世界性统治权的时候，第一个感觉到这种新的世界秩序冲击的将是他

---

① 参见[美]雅各·纽斯纳：《犹太教》，周伟驰译，上海古籍出版社 2008 年版，第 126～127 页。

自己的子民。他将把那些不忠之人以及那些蔑视他那公平、正义而纯洁的律法的人从自己的子民中间彻底清除出去。①

由于公元70年军事上的失败，许多犹太人被消灭了，但犹太会堂和法利赛的教义传统，已使其基础牢固，使他们能够在战后建立起一个更严格界定和更稳固的神学和社会结构。大多数犹太人仍然在《托拉》中，发现上帝之爱和上帝之心活生生地存在于他们中间，只要遵守诫命孜孜向上就有获得救赎的希望，而且行善事便能有效地赎取罪孽。"许多民族即便暂时为异族统治，在自己的国土上依然会保持民族独立性。但是，没有哪一个民族能够在几千年的流亡中如此顽强地维护自己民族和宗教的特性，从中汲取力量并重新站起来。散居异乡仍能忠于自己民族的非凡力量是犹太民族所独具的。这正是犹太民族无与伦比之处。……在巴比伦流亡地，以色列人或者更确切地说，现在的犹太民族，就已经有了代表自己世界观和生活方式的'犹太教'。"②

犹太教不仅是一种古老的宗教，而且也是一种生活方式。它以其独特的宗教礼仪，记录了犹太人从生到死的每个重要时刻：出生、青春、婚姻和死亡，形成一个完整的生活礼仪体系，深深地浸透着本民族的文化理念。犹太教的割礼与命名礼强调了犹太人作为上帝拣选的特殊子民身份，犹太教的成年礼和婚礼仪式给犹太人以指导和教诲，帮助他们适应新的角色和要求，犹太教的丧礼与葬礼则给犹太人以安慰。犹太教的人生礼仪充实了犹太人的生活，显示了他们的信仰与民族归属，表达了他们对上帝的忠诚，起到了维护民族稳固与团结的作用。同时，犹太教和律法鼓励和保障慈善事业的开展。犹太人把慈善捐献看作一种纽带，一个联结中心，一个散居共同体的会

---

① 参见[美]摩迪凯·开普兰：《犹太教：一种文明》，黄福武、张立改译，山东大学出版社2002年版，第408页。

② [以色列]阿巴·埃班：《犹太史》，阎瑞松译，中国社会科学出版社1992年版，第61页。

聚点。募捐作为一种犹太传统教育，能有效加强犹太人的民族认同感。靠这种认同感，可以使犹太民族延存下去。

拉比犹太教认为，犹太人通过接受上帝的“诫命之轭”成了圣洁的民族。接受“诫命之轭”就是遵奉托拉中的上帝诫命。约哈南·本·扎卡伊说：“就算你学了很多《托拉》，也不要归功于己，因为这就是为此而被创造的。”[①]犹太贤哲提出“树藩篱以护托拉”，认为希伯来宗教与民族生存的全部意义就在于“捍卫托拉”。实际上，《托拉》也是民族的藩篱，律法是联结民族的纽带。

三、律法维护文化传承

律法使得四处流动的游牧部落和分散各地的犹太社团能在众多的异族文化之间，确保自身的文化认同和群体凝聚。律法塑造了犹太人作为一个群体的选民意识和社群认同，使犹太社团成为思想者的社团、祭司的社团。

首先，律法强化特选子民信念。

根据犹太教传统，犹太人和上帝有着特殊的关系，即他们是“上帝的选民”。其基本意思是：上帝把以色列人从万民中挑选出来，使之成为一个神圣的民族。《圣经》说：“如今你们若实在听从我的话，遵守我的约，就要在万民中作属我的子民，因为全地都是我的。你们要归我作祭司的国度，为圣洁的国民。”(《出埃及记》19:5～6)上帝选择犹太人使之成为一个神圣的民族，其使命就是遵从上帝，奉行并传播律法。犹太人作为“上帝的选民”，其存在的目的就是为了信仰神、服事神，传播神的旨意。

《圣经》说：“所以你们要谨守遵行，这就是你们在万民眼前的智慧、聪明。他们听见这一切律例，必说：‘这大国的人真是有智慧、有聪明。’哪一大国的人有神与他们相近，像耶和华我们的神，在我们求

① 《阿伯特：犹太智慧书》，[以色列]阿丁·施坦泽兹诠释，张平译，中国社会科学出版社1996年版，第29页。

告他的时候与我们相近呢？又哪一大国有这样正义的律例、典章，像我今日在你们面前所陈明的这一切律法呢？”（《申命记》4：6～8）这段经文表明：一方面，上帝与以色列的始祖亚伯拉罕以及以撒和雅各立约，赐给他们土地，让他们子孙繁多。后来，上帝又让以色列人在西奈山确认与以色列三位始祖立的约，启示给摩西“十诫”等613条律法。另一方面以色列人则必须信仰上帝为唯一的真神，不得崇拜偶像，必须无条件地遵行上帝颁布的所有律法，否则就要受到上帝的严厉惩罚。

按照犹太教拉比的说法，尽管以色列是上帝选中的民族，但这并不是要让以色列得到特殊的恩宠。从物质的角度看，这种被选中的结果不仅使以色列远远没有得到比其他民族更优越的地位，恰恰相反，以色列承担了更重的责任，遭受了更多的惩罚。“以色列人是天主的随从，他们的责任就是仿效天主。”“因为上帝爱以色列，他才使其加倍受苦。”（《大出埃及记》1：1）“上帝赐予以色列三件厚礼，并且全都是凭借苦难这一媒介赐予的，它们是《托拉》、以色列的土地以及来世（Ber. 5a）。”[①]

以色列人因为和神立了约，拥有神赐的律法，所以与那些没有圣约、律法的外邦人有了本质的不同。自圣经时代开始，以色列人或犹太人一直自诩为上帝的选民，保持了选民特有的神圣性和使命感，显示了一种自命不凡的意识。散居时期的犹太人侨居于宗主国，处于少数民族地位。作为少数民族的犹太人比以前正直接地面临被同化的危险，因此也比以往具有更强烈的忧患意识和危机感。通过遵行上帝赋予的律法，犹太人得以保持独立性、独特性而坚守自己的民族性。在散居时代，口传律法“哈拉哈”塑造了犹太人的日常生活和文化特征，为流散的犹太人生活发挥实际的支撑和纽带作用。尽管犹太人在将近20个世纪中四处漂泊，但因为有献身“哈拉哈”的拉比以

---

① ［美］亚伯拉罕·科恩：《大众塔木德》，盖逊译，山东大学出版社2000年版，第70页。

及经过拉比注释和诠释的“哈拉哈”，犹太人得以保持统一性。虽然不同的犹太社团形成的习俗不尽相同，但律法中所蕴含的精髓则为它们及其成员普遍接受。

总之，犹太文化自古以来就表现出一种强烈的律法精神，如果说这在犹太文化的早期很大程度上是为了维护犹太人对上帝的忠诚的话，那么在进入流散阶段后，犹太人对其律法传统的恪守和强调就显然具有了某些维护民族特性的企图和功用。律法使得四处流动的游牧部落和分散各地的犹太社团能在众多的异族文化之间，确保自身的文化认同和群体凝聚。律法充当了民族的文化藩篱，补偿了民族地域疆域的不稳定和阙如。律法后来被犹太人称为“篱笆”(fences)，意思是它能保护着犹太民族以及他们的宗教和文化不受其他宗教和文化的浸染。犹太民族尽管散居世界各地，但只要有律法这道无形的“篱笆”，他们与外部非犹太世界的交往就会受到限制，同时，这道“篱笆”也保护着他们免受外部世界的影响和侵扰，不被外族所同化。

其次，律法发挥文化认同的功能。

所谓文化认同，是指一个民族共同体对蕴含在自己的文化传统中的基本价值的体认，它在文化的意义上回答了一个民族是谁的问题。亨廷顿曾指出，不同民族的人们常以对他们来说最有意义的事物来回答“我们是谁”，即用“祖先、宗教、语言、历史、价值、习俗和体制来界定自己”，并以某种象征物作为标志来表示自己的文化认同，如旗帜、十字架、新月形甚至头盖等。亨廷顿认为，“文化认同对于大多数人来说是最有意义的东西”，文化认同是民族认同、国家认同的重要基础，而且是最深层的基础。在当今经济全球化的时代，作为民族认同和国家认同重要基础的文化认同、价值认同不仅没有失去意义，而且成为综合国力竞争中最重要的“软实力”。

犹太民族早在《圣经》时代就曾先后与埃及、亚述、巴比伦、波斯、希腊、罗马等文明相遇；从公元 70 年第二圣殿被毁后，犹太人的主体就生活在故土之外，并在随后的 1800 多年里分散居住在世界各民族当中。无论是在何地，犹太人都是一个从属的群体，一个为主体异质文化包围的少数人团体；然而，犹太人不仅没有因此而被同化，而且还在文化上努力保持一以贯之之势，以一个不变的民族群体留存至今。犹太教能够在散居情势下得到保存与发展，得益于犹太教的律法体系。律法为犹太人和犹太教提供了“坚实的栅栏”，这栅栏保证了犹太教的园地不受其他外来文化或宗教的侵犯。犹太人用律法维护自己的传统，维护作为犹太人的独立性，维护犹太教的独立自存。不管犹太人身居何处，即便是在敌对势力的包围之中，他们仍可将心灵沐浴于繁琐律法所限定、所体现的传统生活之中，与他们的先知、拉比们共同享有既定的生存空间。

利奥·拜克认为，作为对《托拉》忘我奉献的结果，那被残酷压迫与迫害、被迫选择小商人生活的少数民族，成为思想者的社团。对于他们，真可以这么说：“惟喜爱耶和华的律法，昼夜思想，这人便为有福。”(《诗篇》1:2)在这个社团里实现了极度的宗教虔诚：“我今日所吩咐你的话都要记在心上……无论你坐在家里，行在路上，躺下，起来，都要谈论。”(《申命记》6:6～7)同样的事实也可以说明，这个社团变成了一个祭司的社团，他们的虔诚表现在他们认识到，在宗教王国里，一贯的思想需要一贯的行动。这也是为什么礼仪条规如此之多，甚至经常延展到生活的细微末节上去的又一个原因。[①]

犹太教的力量与犹太人的悲伤处境形成了强烈的对比。从公元前450年《摩西五经》形成到今天，犹太人散居世界各地，为数亦甚少，且缺乏一个明确的自我定义。他们不是由一种共同语言联合起来的，尽管各处的圣堂都用希伯来语。他们也不享有一套共同的民族、社会、经济或政治的特征，尽管借着《圣经》，他们沉思着一个共同的过去和未来。所以犹太教描述的是不在场的现实：一群人民、一块土地、一种语言、一个信仰以及一个命运。雅各·纽斯纳指出：“在犹

---

① 参见[德]利奥·拜克：《犹太教的本质》，傅永军、于健译，山东大学出版社2002年版，第232页。

太教的视野和犹太人的日常环境的对比里，我们领会到犹太教为犹太人成就了什么。也就是说，它不是让他们了解事情是如何，而是要他们注意事情应该是如何的，它塑造了他们的视觉，从而使得不管哪里、不管什么样的日常事实都与信仰的结构一致。犹太教使犹太人看到别人看不到的东西，并且用一种只有他们才认为是自明的方式来看。”①

第二节　律法的影响

律法是犹太文化精神的重要一环，其中的和谐追求、契约观念、内省精神、群体意识等对后世产生了深远影响。

一、和谐追求

律法是围绕信仰而建立的社会秩序类型，其中蕴含了多重和谐因素。犹太教就其本质而言是一种生活方式，宗教与生活融为一体，律法是禁锢与自由、规训与引导的统一。在犹太教中，“哈拉哈”与“阿嘎达”相统一，内在精神与外在表达方式相互滋养、相互激发。

首先，禁锢与自由的统一。

在希伯来《圣经》的创世神话中，伊甸园即隐喻了多重的和谐。希伯来文的“伊甸”意为“喜悦”，转喻为“乐园”。作为人类始祖的诞生地和成长的摇篮，伊甸园是一个温馨、和谐、静谧的融融乐园，人类居于其中，至少享受着四个层次的和谐之乐：首先是人神关系的和谐。在伊甸时代，上帝几乎把人置在与其平等的位置，神人共处一园，互相交流和娱乐。神以其受造物为乐，人则以神为荣，二者没有任何矛盾、误解。其次是人与自然关系的高度和谐。再次是人与人

---

① ［美］雅各·纽斯纳：《犹太教》，周伟驰译，上海古籍出版社2008年版，第126页。

关系的和谐。最后是人自身的和谐。①

在犹太教中，尽管上帝的判决是严厉的，要以苦痛严惩邪恶，但是律法被理解为上帝的爱、信仰和神恩的一个方面。犹太教宣称：上帝本人就是立法者和法官，他是仁慈的、公正的，是充满爱心的。他的律法和判决是其仁爱的一个方面，也是恩典本身的一个方面，是神妙之物、崇高与欢悦之物，给予人类福祉。犹太人在晚间祈祷仪式中说，《托拉》是"我们的生命，我们的寿数。我们要日夜沉思（她的话语）"。律法和爱相融合的最具有教导意义的例子，是安息日的律法。"安息日是对每个人的忠诚的一种提示，是对主人和奴隶、富人和穷人、成功和失败之间差异的否定。庆祝安息日就是要使人意识到，人归根到底是独立于文明和社会、独立于成就和焦虑的。安息日体现了人人平等的信念，体现了人人平等就意味着人人高贵的信念。人犯下的最严重的罪恶，就是忘记了自己是一个王子。"②

考察犹太教的历史可以看到，所有典礼仪式的法规都是社会生活乐趣的组成部分。"践履诫命的快乐"这句话正适合他们，而每一代人的实践又将这句话的有效性重新加以诠释。只有那些不曾体验或并不懂得这些乐趣的人，才老是讲"律法之赘"。不管犹太人的虔敬多么重视诫命和奉献观念，但它总是强调上述快乐的要素。至于奉献，有句古老隐喻说得好："契约之方舟承载那些践履契约的人。"对人所加于自身的诫命的无条件服从润泽并升华着人。对于典礼仪式的法规也同样如此，因为通过它们，一个充满着虔诚与责任以及新生的喜悦的精神世界被打开了。③ 撒母耳·科亨指出："为了使宗教生活结出累累果实，内在精神和外在表达方式必须持续地相互滋养、

---

① 参见梁工等：《律法书·叙事著作解读》，宗教文化出版社2003年版，第76～78页。

② [美]亚伯拉罕·海舍尔：《觅人的上帝：犹太教哲学》，郭鹏、吴正选译，山东大学出版社2003年版，第391页。

③ 参见[德]利奥·拜克：《犹太教的本质》，傅永军、于健译，山东大学出版社2002年版，第230～231页。

相互激发。完全平衡的宗教生活产生的结果，将使个人和社团都能在适当的环境中找到自己的位置，坚持把神作为追求的目的，并把从灵性刺激中获得的仪式、形式和组织当作达成这一目标的手段，使宗教真正成为一种 kiddush hahayyim——一种圣化生命的方式。”①

其次，“哈拉哈”与“阿嘎达”的结合。

在以色列人的流散时期，“哈拉哈”与“阿嘎达”构成两类不同性质的拉比文献。“哈拉哈”本指《摩西五经》中各种律法条文在实际生活中如何实行的说明，在代代口传中得到发展，构成《米德拉什》的一部分，作为犹太教徒日常生活的守则。后泛指犹太教所有律法，包括《塔木德》中的律法规则。“阿嘎达”，希伯来语词意指“叙述”，是拉比教导中非“哈拉哈”的部分，是对希伯来《圣经》中的叙事、历史、伦理思想和先知预言等的神话解释。作为律法文献的不同组成部分，“哈拉哈”与“阿嘎达”既存在张力，又紧密联系。二者的相互作用，使律法在封闭的正典文本之外，开发出新的意义，使律法规范与现实生活的关联不断深入。

“哈拉哈”与“阿嘎达”的结合，就是律法行为与内在虔诚的统一。“阿嘎达”必须辅之以“哈拉哈”才完整。只有通过在特定情况下的相应行为，人才能形成一系列良好习惯。可见的符号和具体的行为，是引导人与上帝沟通的最有效办法。以色列人在接受上帝之约时的誓言为：“我们将遵行，我们将听见。”(《出埃及记》24:7)其中词语的顺序是有着深刻寓意的。“命上加命、令上加令；律上加律、例上加例；这里一点、那里一点。”(《以赛亚书》28:10)就其本质而言，犹太教一直致力于行为与信仰的结合，在鼓励人们执行具体的宗教行为的同时，不断向犹太人灌输这些宗教行为的根本动机。②

---

①　[美]撒母耳·S·科亨：《犹太教：一种生活之道》，徐新、张利伟等译，四川人民出版社 2009 年版，第 13 页。

②　参见[美]撒母耳·S·科亨：《犹太教：一种生活之道》，徐新、张利伟等译，四川人民出版社 2009 年版，第 213 页。

海舍尔认为,“哈拉哈”论述律法,“阿嘎达”则论述律法的意义。以色列人的任务,就是要维持“哈拉哈”的要求与“阿嘎达”精神之间的和谐一致的关系。“脱离‘阿嘎达’即不存在‘哈拉哈’,脱离‘哈拉哈’也不存在‘阿嘎达’。我们既不应该藐视肉体,也不应该牺牲精神。肉体指诫命、规矩、律法,精神指内心的虔诚、自发性和自由。如果没有精神,肉体就成了死尸;如果没有肉体,精神就成了鬼魂。因此,诫命既是清规,又是灵性的激励;既是服从的行为,也是快乐的体验;既是接受束缚,也是享受特权。我们的任务,是维持‘哈拉哈’的要求与‘阿嘎达’精神之间的和谐一致的关系。”①

在律法中,“哈拉哈”与“阿嘎达”相辅相生、有机结合,内在精神与外在表达方式相互滋养、相互激发。“哈拉哈”是宗教、道德的具体化和规范化,是确定的行为方式,为人们的日常行为设定了一系列具体的任务,使信仰充满活力。“哈拉哈”并不只是为智力的训练而编纂的,它是权威的行动指南。成文律法与口传律法的规定是社会认可的行为模式和准则。通过制定个人在饮食、社会关系、休息与劳作的日子等方面的具体规定,摩西对个人生活的各个方面无一遗漏地进行了规范。“我们的领袖让律法成为我们生活的准则和规范,这样我们就可以像生活在父亲与主人管理之下一样地生活在律法治理之下,使我们不至于因任性与无知而犯罪。”②总体上,律法秩序的生成,正是在外在的强制与内在的约束、“哈拉哈”与“阿嘎达”的张力与统合中,展示出特有的动态和活力。

二、契约观念

在犹太教中,契约观念特指上帝与犹太人之间所建立的特殊关

① [美]亚伯拉罕·海舍尔:《觅人的上帝:犹太教哲学》,郭鹏、吴正选译,山东大学出版社2003年版,第319页。

② [美]撒母耳·S·科亨:《犹太教:一种生活之道》,徐新、张利伟等译,四川人民出版社2009年版,第210页。

系，上帝在万民中拣选了以色列人做自己的子民，应许以色列人将来会君临万邦；而以色列人作为上帝的选民则需要恪守上帝颁布的律法诫命，对上帝忠贞不渝。犹太教传统认为，律法以神人立约的形式表现出来，圣约是律法的形式，律法是圣约的内容。摩西颁布的“十诫”和“上帝的律例和法度”，采取了以色列人跟耶和华神立约的形式，更确切地说，是采用耶和华神对以色列人诫命的形式。

集法学家、人类学家、社会学家于一身的涂恩瓦，首先提出“相互性”原则是初民社会的法律基础：“当人们尝试从人类行为方式及其与宗教—巫术的玄思的纠缠之间的规则抽丝剥茧的话，人们便会发现，相互性是法律的天平，诸如报复，如血仇或反惩，或如惩罚；再如（在经济领域里的）礼物之回报，或如适当的偿付；（在个人关系上）如社群间的交换女儿，群体间的婚姻规则，如买新娘或在债权上，信用贷款而付利息等等。另一方面，单方面的给予被视为（不公平的）：如下对上纳税、奴隶的经济服务等。但是在依赖关系的组织上，也有相互性的基本原则，如领主与附庸的保护—忠诚的相互对应关系：领主有义务保护，反之附庸有义务缴税服役。如果有滥用，便是对相互性的损害。”涂恩瓦认为，这种“给予—回报的相互性原则”是人类公平感的基础，因此可视为“所有法律的社会心理学基础”。[①]

在作为律法载体的神人约中，立约双方就处于一种相互需要的关系中。神需要以色列人作为圣洁的国度、上帝的选民，去实施在全地的普世性救恩。“一切与上帝的关系，都建立在上帝自己出于恩典和慈爱的行动基础上。……他自由自在地运行，惟一的动机是向世人播撒他的爱。”[②]神与亚伯拉罕立约时说道：“亚伯拉罕必要成为强大的国，地上的万国都必因他得福。我眷顾他，为要叫他吩咐他的众

---

① 转引自林端：《儒家伦理与法律文化》，中国政法大学出版社 2002 年版，第 33～34 页。

② 参见［英］约翰·德雷恩：《旧约概论》，许一新译，北京大学出版社 2004 年版，第 269 页。

子和他的眷属遵行我的道，秉公行义。”(《创世记》18:19)而人也需要神，期望效法神，追寻圣洁，成为义人，实现救赎。

在犹太教中，神乃是“觅人的上帝”，这种认知突出了神对人的关怀和对人的需要；而这种觅人过程中神对人的参与和支持，则展示了人类生命的神圣价值。正如海舍尔所指出的：一方面，人之为人的真谛在于他与意义相联系，而人的意义不在于自身，而在于对超越意义的追求，即努力接近神。另一方面，神也需要与人相联系，需要人来实现他的目的。[①] 神和人的契约体现了神对人的责任和期许。契约意味着神与人的历史有着深厚的牵连关系，是神启示人和人回应神相互碰撞的结果。“神人立约表明，犹太人和神之间的关系不再是一种内在的、无可奈何的‘血缘关系’，而是通过一种外在的、经过思考的‘约’的形式确定的关系，是通过犹太民族选择了上帝，上帝选择了犹太民族这样一种‘双向选择’而确定下的关系。”[②]

对于犹太人来说，神人约代表了整个犹太民族对上帝的集体承诺，对每一个犹太人都具有约束力。这一契约就像日月星辰的运行一样，永远不能废除。犹太人必须遵守这一契约，履行上帝赋予的职责。如果他们背叛了契约的规定，就会招致惩罚，整个民族会遭受苦难。基于这一契约，犹太人也被上帝赋予了拯救全人类的使命。“各路特”(Galut)观念的出现就是明证。“各路特”意为“放逐、流散”，原指犹太人生活在以色列地以外地区，后又指“巴比伦之囚”的历史悲剧。犹太教先知认为，尽管犹太人遭受放逐，罪在自身；然而，犹太人与上帝之间的契约仍然有效，犹太人仍然是上帝拣选的子民，只要悔过自新，终有一天，上帝会赦免他们，使他们受优宠于世界诸民族之中。

古代犹太人不仅重视立约，而且强调履约。由于犹太人的生活和宗教建立在神人立约的基础上，公义就意味着忠实履行契约上的

① 参见傅有德：《现代犹太哲学》，人民出版社1999年版，第272～278页。

② 徐新：《西方文化史》，北京大学出版社2002年版，第41页。

条款。无论是普通民众、国家君王，还是上帝本身，均须接受契约的约束，都要严格按契约办事。《律法书》和《塔木德》通过诸多轶事和寓言明确传达了这样一种伦理精神：守约者得到福分，违约者必遭报应。守约的福分包括：生命，健康，富足，农产丰收，受尊敬，安全。违约的咒诅则有：死亡，疾病，干旱，匮乏，危险，毁灭，失败，放逐，穷困，耻辱。

犹太人如此重视和强调契约观念，源于其作为商业民族经常面临着实际物质性的利益冲突非一般伦理道德所能调节，因而需要具有强制性的契约律法，作为调节人与人、人与社会关系的主要方式手段。犹太教的契约观念在犹太人的历史上发挥了重要的功能和作用：一方面，固定了上帝的报答与选民的忠诚之间的信仰联系；另一方面，固定了目标与实践之间的"义务"和"责任"以及两者之间的对等规则和因果关系，即选民的忠诚和实践是因，上帝的许诺、上帝的目标是果。契约观念在犹太教中居于根本性的地位，犹太教的其他一切观念都是以之为基础产生的。尽管律法的契约制度并不发达，但重视契约精神却始终贯穿于律法之中，构成启蒙时代西方社会契约论的重要思想渊源。后来，英国历史法学家梅因提出："所有进步社会的运动，到此处为止，是一个从身份到契约的运动。"[①]可以说，律法的契约观念对西方法治观念的确立、契约法和证据法的完善，都有重要的启发意义。

三、内省精神

利奥·拜克指出，在犹太教中，上帝是德性的根基与必然的保障。信仰上帝不仅是宗教的一个部分，而且更是其生活的根本源泉和对现实的真正知识。犹太精神的根本性特质是，谁感知到个人的生活与神圣的唯一相关联，谁便会把握到某种以宗教特有方式表达出来的内在必然性和责任与义务。真信仰者面对上帝，就应该对上

① [英]梅因：《古代法》，沈景一译，商务印书馆1959年版，第97页。

帝负责，而遵循善行就是信仰真纯的明证，是每个信仰者必须承担的生命重任。这种本质决定了犹太人特别重视个人的内省、自新和精神上的自我净化。①

希伯来《圣经》同现代历史编纂学明显不同。《圣经》记述的一般主题是以色列人完成圣命时的成败——主要是失败。它旨在权威性地描写一出总的戏剧，这出戏剧是围绕一个与时俱进的民族的历程而创作的。现代历史学家在演员们的动机和他们生活于其中的社会和文化环境所产生的压力中寻求历史过程的原因，排除了对上帝意志的明显关注。由于对有关绝对、确切之真理的宗教性主张视而不见，因而，他们认为，《圣经》对古代以色列的记录，很可能存在着疏漏、歪曲、夸大和纯粹的谬误。②

犹太教《圣经》的编纂开始于巴比伦流亡时期，终止于罗马军队攻陷耶路撒冷，残酷镇压起义者后不久。一个弱小民族，屡遭强敌的侵略、蹂躏、屠杀和奴役，他们的民族处于危机之中，他们希望获得解放和拯救。他们把自己的失败归于自己曾做过对上帝不虔诚的事情和不道德的事情，因而遭到上帝的遗弃和惩罚。当自己处于困境的时候，不是怪罪别人，而是怪罪自己，这是一种道德反省的意识。这表明不是简单地渴望上帝的拯救，而是以道德自律的行为向上帝证明自己的诚意。把“律法书”作为犹太教圣经的核心，充分表达了这种道德意识。在流亡期间和在被罗马帝国灭亡后的犹太人已无自己的政府和执法机构，“律法书”成了道德自律的教材。正是由于这种道德自律的精神，散居在世界各地的犹太人继续保持自己的民族特色，顽强地生存下去。③

---

① 参见[德]利奥·拜克：《犹太教的本质》，傅永军、于健译，山东大学出版社 2002 年版，“译者序”第 18～19 页。

② 参见[美]罗伯特·塞尔茨：《犹太的思想》，赵立行、冯玮译，上海三联书店 1995 年版，第 6～7 页。

③ 参见张庆熊：《基督教神学范畴：历史的和文化比较的考察》，上海人民出版社 2003 年版，第 32 页。

先知思想是内省精神的主要体现。《先知书》告诉我们，古代以色列的先知们激烈抨击国王的腐败和堕落，谴责人们背离了耶和华，制造并崇拜偶像，揭露假先知，斥责谎言、淫逸、抢劫、不公、无义等不道德的行为，预言以色列、犹大、亚述、巴比伦、推罗、埃及等国的覆灭和以色列民族的复兴，宣告上帝有罪必罚，绝不偏袒；呼求人们真诚忏悔，远离罪恶，“行公义，好怜悯，存谦卑的心，与你的神同行”（《弥迦书》6:8）。他们所处的时代不尽相同，有的是在亚述吞并以色列之前，有的是在犹大国灭亡之前，有的是在“巴比伦流放”时期，有的是在波斯帝国时代。所处的国度、地域也不一样，有的在以色列，有的在犹大，有的在巴比伦，有的在耶路撒冷，等等，但他们无不对当时的政治腐败、社会无序、道德败坏痛心疾首，义无反顾地予以尖锐的批评并指明出路。他们传达的是上帝的话语，反映的是社会底层普通民众的利益诉求，代表的是社会的良心。

内省精神在犹太人的生活习俗中也有很多体现。从思想境界角度，以色列的节日可以分为喜和悲两大类。新年节在犹太历元月初一和初二，是一个悲喜参半的节日。新年伊始，辞旧迎新，人们认真探讨、总结过去一年中哪些地方做错了或做得不足。《塔木德》中说，新年是上帝对每一个人作评语，制定每人在新的一年里命运的时候。赎罪日在犹历的元月初十，是“比安息日还要安息的日子”。赎罪日是一个极其悲伤的节日。男人们在赎罪日这天穿白色长袍，表示真诚地谢罪。按照《塔木德》的要求，在婚礼中，应在新郎和新娘的头前撒少许灰，以此哀悼圣殿被毁。新郎要用脚踩碎一个玻璃杯，提醒人们圣殿被毁后至今仍未重建。

由于信仰唯一的上帝，人清楚地发现了自己心灵的价值、同类的价值和人类整体的价值。可见，上帝观念与人的责任感密切相关。基于对上帝的义务，我们施善行，承担起自己的责任。“我们要圣洁，因为‘耶和华我们的神是圣洁的’（《利未记》19:2），这是人对上帝的责任。对于我们的邻居，我们也负有同样的责任：我们必须‘知道他的心’（《出埃及记》23:9），我们要尊奉上帝的形象。上帝与我们同在，我们热爱上帝，因为他喜爱我们。最后是我们以上帝的名义承担对人类的责任：我是上帝在世的见证，纯洁他的圣名为将世界再造为上帝的王国铺平道路。”①

犹太教把犹太民族的一切灾难都归结到对上帝的悖逆，并且自责本族为“悖逆上帝的人”，其目的不仅在于对现世挫折作出一个神学的解释，更重要的是在同上帝的有关联系中，提醒其民族悠远而不幸的历史，提醒民族肩负的历史使命，特别是提醒犹太人在现世生活中的种种迷误——从自相残杀到道德沦丧，从不践前言到骄奢忘忧等等，其根本目的在于催人醒悟，促人自强，通过发现和弥补自身的缺陷去达到民族拯救和民族复兴。

四、群体意识

律法中蕴含着深厚的群体意识。群体意识涉及三个因素：(1)单一性，整个群体常被当作一个单位；(2)可由单一代表人物看出，他常使整个群体具体化；(3)从代表人物变动到群体，个体是群体的化身，并且把群体当作个体。② 群体意识不同于集体主义，后者往往为了社会的目的与目标而牺牲个人。群体意识也不同于共同个体人格，在后者中个体没有独立意识。“以色列人的概念不是从具体的单个事物或单个现象中抽取出来的抽象，而是实际的总体性，这样的总体性已经在内部包含了个体事物。普遍性的概念支配了以色列人的思想。……普遍性、类型是思考的已有出发点，这个类型包含了共同的特性，给群体留下了统一的意志的印记。因此它能够像一个统一体来行动，也能够像一个统一体那样被操作。”③

---

① ［德］利奥·拜克：《犹太教的本质》，傅永军、于健译，山东大学出版社 2002 年版，第 75～76 页。

② 参见［美］华德凯瑟：《旧约伦理学探讨》，谭健明译，台湾中华福音神学院出版社 1987 年版，第 85 页。

③ ［挪威］托利弗·伯曼：《希伯来与希腊思想比较》，吴勇立译，上海书店出版社 2007 年版，第 79～80 页。

梅因认为，古代文明形态各异，但有一个近乎相同的起点，即人们不是被视为一个个人而是始终被视为一个特定团体的成员。传统社会一方面具有群体本位的归属结构，由此严格地设定个人的身份角色和行为界域；另一方面又通过情感纽带的联结，形成了一种浑然一体的团契秩序。在犹太教传统中，家庭、村庄、部族和民族是重要的，一个人只有在同他人享有良好的关系时，才能找到成就感。因而，一个人应当为他从中获得根源的集体而生活。个人只有在与上帝所拣选的以色列民族整体共融时才能获得通向上帝和救恩的途径。作为一般的社会成员，也同国王、祭司一样，是整个群体福与祸的来源，这取决于他们是否虔信与罪恶。[①] 律法代表的是神同以色列整个民族的关系，而且拯救和审判都是对集体而言的，司法过程同样也可以是针对人群的。“以色列人中不当这样行”、“在以色列家这本是不该做的事”已经成为以色列人生活的导向原则。一旦有人“在以色列家做了丑事”，将会招致集体的审判。

从律法得以生成的立约仪式看，其目的和指向就是群体意识。“仪式是为维护信仰的生命力服务的，而且它仅仅为此服务，仪式必须保证信仰不能从记忆中抹去，必须使集体意识最本质的要素得到复苏。”举行仪式的“唯一目的，主要是唤醒某些观念和情感，把现在归为过去，把个体归为群体”。[②] 从圣约律法的性质看，它是神人之间的沟通和交流，双方都有履约的义务和责任。以色列作为一个民族整体与上帝立约，每个成员都要遵奉上帝的诫命。神在立约后关注的是整个民族对约的践履，而不是个人信仰的虔诚程度；神的奖赏和惩罚针对的往往是整个民族，而不是针对单个的人。在希伯来《圣经》中，上帝的保佑是对一个民族的保佑，上帝的惩罚是对一个民族

---

① 参见[德]卡尔·白舍客：《基督宗教伦理学》第 1 卷，静也等译，上海三联书店 2002 年版，第 22 页。

② [法]爱弥·涂尔干：《宗教生活的基本形式》，渠东等译，上海人民出版社 1999 年版，第 498 页。

的惩罚。这只能用民族或部落群体的概念来解释。当时的犹太思想家把个人的命运与民族或部落群体的命运紧密地联系在一起。

群体意识体现在犹太人的救赎制度中。在希伯来语中,“救赎”意为“买回来”、“要回来”。如果某人将他的房屋或财产拿去抵债,那么,血缘关系离他最近的亲属有权利也有义务将其“赎回”。(《利未记》25:25～34)如果某人被杀,那么,他的亲属或族人有义务将凶手或他的族人杀死作为报复,即所谓的“血仇”,在此“报血仇的”就是“救赎者”。(《申命记》19:6～12)为了化解犹太人有可能终生做奴隶的危险,犹太贤哲以文化论证的方式阐述每个犹太人都是自己同胞保护人的观念,以此培养和确立犹太的群体意识。在此基础上他们提出:任何犹太人若是沦为或被卖为奴,他所生活地区的犹太人必须尽其所能在七年内将其赎出。这种观念到中世纪还演变为犹太人有义务救赎其生活地区被俘、遭绑架或被关押的犹太同胞的传统,使得散居的犹太人有了一个群体靠山。

在散居时期,犹太贤哲创造性地提出“民衙”(即法定人数)概念,以律法的形式规定组成会众进行正式宗教仪式的最低人数,即犹太人若要进行集体祈祷或举行割礼、婚礼、葬礼等仪式至少得有 10 名年满 13 岁并行过成年礼的犹太男子在场。若达不到该法定人数,集体祈祷等活动就不能进行,集会的人只能以个人身份祈祷。如果一个地区的犹太人数达到 120 人,便有权组成自己的社区。根据犹太人的传统,犹太社区有权处理涉及本社区的一切事务,规范社区内犹太人的生活,同时还具有民事司法权,可以处理包括宗教、民事纠纷在内的案件。

另外,犹太人的节日很多,其来源和含义各不相同。但所有的节日都与整个犹太民族相关联,而与任何个人的业绩和生平无关。如逾越节和除酵节是回顾整个民族摆脱奴役和获得自由;七七节是纪念犹太民族在西奈山被赐予诫命和律法。“一些社会性和历史性的因素已经将以色列团结起来,而对于立约的上主的信仰又圣化和肯定了这些因素。因为耶和华主义中对于上主的信仰具有排他性,使得其他宗教维系不可能，所以这种信仰特别加强了以民之间的精诚团结。”[①]

尽管律法中蕴含着深厚的群体意识，但并没有忽略个体意识。个体意识的表现：一是在上帝与人的交往关系中，人以单独的个体出现；二是个人由于自己的罪过，需要承担法律或道德责任。早期的圣经故事中，许多个人都因自己的德行而成为义人，得到上帝的特别眷顾。如挪亚、亚伯拉罕、以撒、雅各、摩西等先知，都曾以个体身份与上帝交流，而上帝也与夏甲这样的埃及婢女等普通个体进行交流。(《创世记》16)犹太教传统认为，每一个人，不管他是多么不善表达，也能够变成人群中的信仰传递者。每个犹太人都应该以自己生命的品行来证明自己宗教的意义。犹太人应当努力生活，以使所有人能够了解犹太人的宗教成为可能——犹太教是如何洗清人的罪孽，培养人、提升人并使之成为“圣洁民族”的一员。这就是每个人所承载的布道诫命的意义。[②]

当亚伯拉罕为两个罪恶深重的城市向上帝求情说：“将义人与恶人同杀，将义人与恶人一样看待，这断不是你所行的。审判全地的主岂不行公义吗？”(《创世记》18:25)其中已经透漏出这样的意思：上帝看重的是个人行为。希伯来《圣经》的律例典章，已经对个体与群体行为加以区分，只有违反律法的个体才被处以死刑。(《出埃及记》21:12,15,16,17,20 等)“不可因子杀父，也不可因父杀子；凡被杀的都为本身的罪。”(《申命记》24:16)这条律法揭示出这样的归责原则：只有犯罪者本人为其所犯罪行负责，而非其亲人或家庭成员。《先知书》则对个人意识作了明确的表述：“当那些日子，人不再说：‘父亲吃了酸葡萄，儿子的牙酸倒了。’但各人必因自己的罪死亡，凡吃酸葡萄

① ［德］卡尔·白舍客：《基督宗教伦理学》第 1 卷，静也等译，上海三联书店 2002 年版，第 20 页。

② 参见［德］利奥·拜克：《犹太教的本质》，傅永军、于健译，山东大学出版社 2002 年版，第 235 页。

的，自己的牙必酸倒。”（《耶利米书》31:29～30）“儿子必不担当父亲的罪孽，父亲也不担当儿子的罪孽。义人的善果必归自己，恶人的恶报也必归自己。”（《以西结书》18:20）

可见，在托拉律法中，既体现出浓厚的群体意识，也不缺乏个体意识。个体意识虽然在律法中得到一定的表现和反映，其所彰显的却是群体意识。在神人立约的诸多情境中，与上帝交往的个体，实际上代表了整个以色列民族。上帝所拣选的是整个的以色列民族，立约的后果也由以色列民族来承担。对于群体意识与个体意识的关系，有学者使用了“无名烈士纪念碑”这样一个比喻：将一位军人的遗体埋葬在公共纪念物下面，他代表的是千万个阵亡和就地掩埋的牺牲将士，供后世长久纪念。当人们向这样的纪念碑致意的时候，首先想到的不是埋在这里的战士，而是他所代表的所有牺牲者。①

第三节 对律法的尊崇和传承

犹太民族是注重践履律法的民族，律法受到极度尊崇。犹太人从来就不把律法当作一种教条和禁锢，而是作为一种可亲近的、可欢喜的对象来看待。律法就是犹太人的生活方式，它使得犹太人得以存续和发展。犹太人绝不认为律法过分严苛、不近人情，绝不认为律法是沉重的负担，相反，他们对律法表现出尊崇和喜悦。犹太人不仅从小就开始学习律法，而且一个人只要生命不息，都应潜心研习。

一、对律法的尊崇与热爱

在宗教团体中，信仰者的德行与其信仰的虔诚程度是一致的，虔诚的信仰必须并且只有通过遵行律法才能得到证明。信仰者的这种

① 参见[英]约翰·德雷恩：《旧约概论》，许一新译，北京大学出版社2004年版，第336页。

态度，一方面在于他们追求圣洁、超越，期望达到宗教信仰的理想境界；另一方面，这种态度也与超自然存在的威慑力量有关。在旁观者看来，遵行宗教律法意味着一种束缚和禁锢，而在信仰者看来，“神的诫命使得这种行为免除了那纯属人的徒劳挣扎以及世俗机巧之无知的囿限；而将它提升到了一个崭新的层面——具有宇宙性的适当性与有效性的，那在某种意义上是无限制的以及毫无疑问是永恒的层面。生活在这样的一种生活里：即便是微不足道的旁枝末节如今都具有了终极的意义，即便是单调乏味的日常事务都被提升到了宇宙的高度并触及了那神圣的光辉与荣耀；生活在这样的一种社团里：唯有那不太引人入胜的、尘世性的一面对局外者的观察是开放着的，而他自己则至少可以瞥见它那真正的意蕴、它那宇宙性的作用”[①]。

在宗教群体及信仰者看来，宗教律法不是人为的创造，而是来源于神圣对象的启示和诫命。因而，他们对于律法表现出尊崇和热爱之情，并且予以严格的遵行。犹太教律法被看作是上帝与犹太人订立的契约，对于神人约的推崇必然要求对于律法的遵守。以色列人遵守上帝颁布的律法就是履约的表现，上帝则保护以色列人并应许他在各民族中为大。按希伯来人的通常做法，重大历史事件、历史关头，都要重述先民历史，其主题一般围绕神人之约，强调上帝的信实、先民的背道，从而要求当时的听众回到并信守盟约。《摩西五经》不仅处处将学习、谨守律法宣布为善行或善业，而且不厌其烦地反复强调守法“必蒙福祉”或“永享幸福”等，因此，律法被视为犹太民族的“产业”乃至“生命”。律法与古代周边国家法律最大的差异，就在于它被认为是耶和华神给犹太人的启示和训诫，是神的意志的表现。耶和华神是道德的源泉和人生的目的；要做到像神那样圣洁、正义和仁慈，就必须全心全意地爱神、敬畏神，遵守神的律法，按神的吩咐行事。犹太人生活的各个层面都归于神的绝对统治，有悖律法的任何

---

① [加]威尔弗雷德·坎特韦尔·史密斯：《宗教的意义与终结》，董江阳译，中国人民大学出版社 2005 年版，第 293 页。

行为都是对神的背叛。神既然是公义慈爱的化身，那么运用律法惩罚罪犯便带有神罚性质，这无疑有利于律法在实际生活中的贯彻实施。律法也被视为神赐予犹太人的丰厚礼物，只要他们遵行律法，就会得到许多恩惠。同时，律法的作用在于确立神与其子民之间彼此忠诚的关系，律法与希伯来民族的生活、生存方式已经融为一体、无法割裂。在犹太教传统中，人们生活的目标并不局限于遵守外在的律法，而是通过模仿上帝的行为，获得生命的圣洁。因而，希伯来民族是注重践履律法的民族，律法受到尊崇和热爱。

在犹太教中，尽管上帝的判决是严厉的，往往以苦痛严惩邪恶，但是律法被理解为上帝的爱、信仰和神恩的一个方面。犹太教宣称：上帝本人就是立法者和法官，他是仁慈的、公正的，是充满爱心的。他的律法和判决是其仁爱的一个方面，也是恩典本身的一个方面，是神妙之物、崇高与欢悦之物，给予人类福祉。在以色列人看来，上帝是值得荣耀、尊崇的，遵从律法的要求从来没有被看作是沉重的负担。相反，他们把遵守律法当成满心欢乐的事。原因是，他们看到的不是西奈山上的烟气、烈火，而是在那之前发生的一切。在这个背景下，他们可以体会到，上帝的律法牢固地建筑在他的慈爱之上，对那些因得到以外且白白赐予的恩惠而满怀感激的人来说，持续地恪守律法是心甘情愿的爱的表示。

耶和华的律法全备，能苏醒人心；耶和华的法度确定，能使愚人有智慧；耶和华的训词正直，能快活人的心；耶和华的命令清洁，能明亮人的眼目；耶和华的道理洁净，存到永远；耶和华的典章真实，全然公义。都比金子可羡慕，且比极多的精金可羡慕；比蜜甘甜，且比蜂房下滴的蜜甘甜。况且你的仆人因此受警戒，守着这些便有大赏。（《诗篇》19：7～11）

行为完全、遵行耶和华律法的，这人便为有福！遵守他的法度，一心寻求他的，这人便为有福！这人不做非义的事，但遵行他的道。耶和华啊，你曾将你的训词吩咐我们，为要我们殷勤遵守。但愿我行事坚定，得以遵守你的律例。我看重你的一切命令，就不至于羞愧。

我学了你公义的判语，就要以正直的心称谢你。我必守你的律例，求你总不要丢弃我。(《诗篇》119:1～8)

有位拉比创作了一则供在安息日前夜诵说的简短祷文："主啊，我们的上帝，我们的君王，你出于对你的子民以色列人的爱，你出于对与你立约的孩子们的仁慈，主啊，我们的上帝，你才赐给了我们这个包含着爱的神圣的第七日。"只有认为安息日幸福快乐的人才能说出这样的话，并且这也确是人们对安息日的看法。①

《阿伯特》极力赞美托拉律法："大哉《托拉》，因它赋予其实践者以今世与来世之生命。《圣经》说：'因为得着他的，就得了生命，又得了医全体的良药。'又云：'这便医治你的肚脐，滋润你的百骨。'又云：'他与持守他的作生命树，持定他的俱各有福。'又云：'因为这要作你头上的华冠，你项上的金链。'又云：'他必将华冠加在你头上，把荣冕交给你。'又云：'他右手有长寿，左手有富贵。'又云：'因为他必将长久的日子，生命的年数与平安，加给你。'"②

律法被视为神赐予以色列人的丰厚礼物，只要他们遵行律法，就会得到许多恩惠。律法从来没有被视为一套旨在限制人自由的规条，既专制又令人厌烦。律法的作用在于确立神和它的子民之间彼此忠诚的关系。律法只是代表了以色列与神之间忠诚之约的条件。从这个意义上说，律法有典范(范例)的功用。当以色列人敬拜神并且彼此相爱的时候，神自己的性情就被表达在他赐给以色列人的律法中。犹太教律法与以色列民族的生活、生存方式已经融为一体、无法割裂。同时，人们生活的目标并不局限于遵守外在的律法，而是通过模仿上帝的行为，获得生命的圣洁。对以色列先民来说，衣食住行和生老病死等日常生活都涉及律法，律法贯通着一切生活和行动。

---

① 参见[美]亚伯拉罕·科恩：《大众塔木德》，盖逊译，山东大学出版社2000年版，第176页。

② 《阿伯特：犹太智慧书》，[以色列]阿丁·施坦泽兹诠释，张平译，中国社会科学出版社1996年版，第13页。

他们对托拉异常尊重，视为上帝的礼物，认为上帝启示以色列先祖的律法不仅完备于其他民族的律法，而且其本身也尽善尽美。因此，“爱律法也就成了爱主的自然表达方式，完美地遵守履行律法也就成了伦理行为的完美化”①。

二、律法的教育和传承

罗伯特·塞尔茨指出：“在古代近东，律法通常是小圈子里的秘密事物，以色列律法则不然。祭司们最后甚至以发自预言性启示的圣令形式，把他们的神圣规则插入‘五经’中，而不是把它们看作对天界所发生事物的秘密类比。律法为公众所掌握，要被所有以色列人知道，要用律法教育他们。虽然许多律法并无道理，但个别戒命却是有道理的，其正确的程度在古代法典中是空前的。只是在《圣经》最后定型以后，对律法的研究和解释才成为犹太教的一个重要组成部分。但后来的这种发展潜力是早就存在于五经本身中的。”②

在律法中，教育被赋予了非凡的价值，原因之一是出于对学问的热爱。一则流行的谚语说：“如果你获得了知识，你还缺什么呢？如果你缺乏知识，你又获得了什么呢?”(《大利未记》1:6)。然而，更深一层的则是意识到群体的生存依赖于知识的传播。

在《塔木德》中，贤哲们认为：“经文说，‘不可难为我受膏的人，也不可恶待我的先知’(《历代志上》16:22)——‘我受膏的人’就是学童，‘我的先知’就是学者”；“世界只是因为学童的呼吸而存在”；“即使是为了重建圣殿，也不应中断了对孩子的教育”；“没有学童的城市将遭毁灭”。③ 在犹太传统中，学者是先知的继承人，他们确定和阐

---

① ［德］卡尔·白舍客：《基督宗教伦理学》第1卷，静也等译，上海三联书店2002年版，第26页。

② ［美］罗伯特·塞尔茨：《犹太的思想》，赵立行、冯玮译，上海三联书店1995年版，第74页。

③ ［美］亚伯拉罕·科恩：《大众塔木德》，盖逊译，山东大学出版社2000年版，第196～197页。

释《圣经》的含义，如果形势需要的话，他们有权废除《托拉》中的某一条戒律。

在犹太人看来，上帝的诫命"既不是难行的，也不是离你远的"(《申命记》30:11)。犹太贤哲提出："最好的是学习《托拉》能与一项脚踏实地的劳作一起进行。同时致力于这两项将使人摒除恶念。而任何不伴以劳作的《托拉》学业都终将被荒废并引发犯罪。"[1]律法所关注的不是逻辑或神学的抽象，而是实际行动。正是这一思想倾向才使其在律法和伦理学方面结出累累硕果，而没有沉湎于对神秘事物或超自然现象的探究和钻研。

学习《托拉》其本身并不是目的，通过学习获得的知识能赋予人正确生活的本领。"凡专心研习《托拉》的人，《托拉》给他光明；凡不专心研习《托拉》，对其无知的人，就要迷路。……潜心研习《托拉》的人到处都有光明。就好比一个人虽站在黑暗中，手中却有灯。他看见了石头，因此不会绊倒；他看见了水沟，因此不会掉下去，因为他手中有灯；如《圣经》所说，'你的话是我脚前的灯，是我路上的光'(《诗篇》119:105)。"(《大出埃及记》36:3)[2]研习圣卷，对其品味沉思，并从中获取尽可能多的精华便不仅是犹太人崇高的荣誉，而且是他们至上的责任。如果不了解《托拉》在拉比们生活中所占的地位和他们对其的态度，任何要理解和评价他们学说的努力都是不可能的。

研习《托拉》作为一种习惯在传统的犹太教中是属于基本的东西。它不仅仅是一种文化活动的形式，更是一种精神体验。对《托拉》的研究之所以使得犹太人心醉神迷，是因为他们认为，《托拉》是上帝的意志与意图对于凡人的启示。当一位犹太人熟悉了其中的教义之后，他就可以确定必须怎样去做才能获得拯救，或者在来世赢得

---

① 《阿伯特:犹太智慧书》，[以色列]阿丁·施坦泽兹诠释，张平译，中国社会科学出版社1996年版，第25页。

② [美]亚伯拉罕·科恩:《大众塔木德》，盖逊译，山东大学出版社2000年版，第159页。

自己的一份儿。研究的重要性是无可比拟的,因为它能够产生正确无误的实践活动。《托拉》作为研究的方式决不是指对真理进行独立的沉思默想,而是为了在人类行为的特定问题上获得一种正确的知识而进行集体讨论。[①]

《塔木德》是根植于希伯来《圣经》之中的,几乎每一种观点、每一句话都可在《圣经》中找到注脚,几乎每一种陈述的后面都有"如《圣经》所说"或"如《圣经》上写的"这样的文字。其教义和学说构建了《塔木德》的拉比们不承认他们是犹太思想的创始人。他们只愿承认他们是包含在《圣经》中的神的启示这一取之不竭、用之不尽的矿藏的发掘者,并且把原本隐藏在深处的珍宝展示了出来。[②] 在犹太教中,研读《塔木德》是最高的精神境界,它是犹太家庭愉悦的源泉。学习不仅是孩子和社会精英的事情,也是全体以色列人的事情。[③]

犹太精神中最普及、最易理解和最显著的特点是对《托拉》的研习。希勒尔最杰出的门徒、乌兹尔之子约拿单,据说当他坐下来研习《托拉》的时候,他的激情之火是那样的强烈,以至于当一只小鸟从他头顶飞过时,它也会突然燃烧。《托拉》的每字每句,就好像在西奈山它们被赐予人们时那样,让人感到充满喜悦。[④] 在家庭中,父母担负的主要责任是培养孩子作为以色列这个群体的成员去生活。其目标是要把他们锤炼成延绵不断的链条中牢不可破的环节,从而使先辈们留下来的宗教遗产得以完好无损地传给后代。要实现这一理想,必不可少的一点就是要把《托拉》的知识灌输给他们。"也要殷勤教

① 参见[美]摩迪凯·开普兰:《犹太教:一种文明》,黄福武、张立改译,山东大学出版社2002年版,第524页。

② 参见[美]亚伯拉罕·科恩:《大众塔木德》,盖逊译,山东大学出版社2000年版,第142页。

③ 参见[英]诺曼·所罗门:《当代学术入门:犹太教》,赵晓燕译,辽宁教育出版社1998年版,第97页。

④ 参见[英]诺曼·所罗门:《当代学术入门:犹太教》,赵晓燕译,辽宁教育出版社1998年版,第89页。

训你的儿女"(《申命记》6:7)这条律令被看得很重,并被包括在了每天早晚的祷辞中。[①]

在犹太教的历史上,宗教领袖常常从群体、民族或社团的经验中,选择出可以作为行为模式的要素,并将他们设立为神圣的符号和象征。这些形式和仪式表达了宗教群体的精神追求和道德理想,在人民的宗教教育方面和将人民团结为一个整体方面发挥着积极的作用。比如,《申命记》中确立的圣约更新仪式,使每一代以色列人跟第一代人一样,与神建立同样的关系。在某个重大的历史事件或历史关头,都要重述先民的历史,其主题一般都是围绕着上帝与以色列人的盟约,一方面强调上帝的信实,另一方面则强调先民的背逆,从而要求当时的听众回到并信守他们与上帝的盟约。

在犹太人看来,上帝是值得荣耀、尊崇的,遵从律法的要求从来没有被看作是沉重的负担。相反,他们把遵守律法当成满心欢乐的事。犹太人不仅从小就开始学习律法,而且一个人只要生命不息,都应潜心研习。履行律法的方法,是认真研习《托拉》并熟记于心,其目的使《托拉》的律法成为社会现实生活的约束和引导。在犹太教的每个发展阶段,律法都要求在"以色列人面前晓谕履行职责、遵守律法、坚持原则的理想;它教导犹太人:人的本性需要得到约束,并使犹太人认识到守法的必要性。在分裂因素可能给整个民族带来灾难性后果的时代,律法制度把该民族绝大多数成员维系在一个宗教社会里。其坚强性足以抵制任何可能使之分裂的力量。"[②]

---

① 参见[美]亚伯拉罕·科恩:《大众塔木德》,盖逊译,山东大学出版社2000年版,第196页。

② [美]撒母耳·S·科亨:《犹太教:一种生活之道》,徐新、张利伟等译,四川人民出版社2009年版,第10页。

第八章　犹太教律法的现代转化及其启示

作为一种传统法律文化，律法是犹太人的信仰藩篱、伦理规范和生活之道。律法既是历史传统，又是现存文化，具有顽强的生命力。近代以来，犹太人积极应对现代化带来的挑战，成功地融入西方社会，同时保持了自身的犹太民族性。律法传统也发生相应的创造性转化，较好地解决了传统与现代、民族性与普世性的关系。律法的创造性转化，对当代中国文化重建、法治进程具有一定的借鉴和启示意义。

第一节　律法的历史地位

一、律法是有活力的法律文化

犹太教是人类最早的一神教，又是古老而常新的宗教。对犹太人而言，犹太教不仅是一种表现为宗教典籍、宗教信念和宗教仪式的信仰形态，也是一种体现社会体制、风情习俗的民族文化传统，一种独特的生活方式。犹太教还是一种伦理道德，规定了犹太人的生活准则和行为规范；犹太教更是一种令人敬畏的特殊律法，随时提醒着犹太人与上帝的联系。在漫长的历史长河中，希伯来民族赖以栖息、繁衍、生活的环境和条件发生过天翻地覆的变化；与此同时，犹太教也不断地调整自身，根据时代的要求变换形式，获取新的内容。纽斯纳指出："犹太教必须被归类为一个活着、有着高度生命力的宗教，因为它的信奉者用它的理论构造世界，并且它的观念形成了一个社会实体。为什么会如此呢？原因是：形成于摩西托拉或五经时的起源典范提出了一个问题并回答了它——创造了一个问题并解决了它，而这个问题和答案都与人们所感知的或被教导要感知的社会世界相对应。"①

犹太文化具有动态的文化结构，呈现闭合性与开放性的双重特征。犹太人在长期的历史交往中所积累的最宝贵的历史经验，就是作为民族主体，既能抵御外部社会的强大压力，又能摆脱来自方方面面的迷人诱惑，而保持其民族认同感。自诞生之日起，犹太文化就与古埃及文明、巴比伦文明、腓尼基文明及亚述文明相互接触、相互碰撞、相互融合，并吸收了外部文明的种种特质及要素，丰富了自身的底蕴与内涵，使犹太文化成为古代中东文明的集大成者。进入大流散时代后，犹太人与其他文化的交往更为广泛，犹太文明与希腊、罗马文明的碰撞与交融，使犹太文化发生了内在的深刻变化。作为西方文化的源头之一，犹太文化不仅聚合了数千年的历史沧桑，较为合理地对待了神圣与世俗、信仰与功利、传统与变革、凝聚与分化等思想范畴，实现了本体文化的丰富与完善，而且也为如何处理本体文化与异质文化的交往关系树立了成功的典范。②

只有从动态和发展的观点出发，才能真正理解犹太教律法。作为一种法律文化，犹太教律法一直没有中断，它融会东西文化，贯通古今，强调内心严格自省性，是一种伦理性的精神遗产。律法既是历史传统，又是现存文化，具有顽强的生命力。传统本身不是目的，而是手段。它是一个充满活力的过程。在这一过程中，逝去年代的生命力量和社会习惯，以及道德和宗教的信念和热情，在当代社会中得

---

① [美]雅各·纽斯纳：《犹太教》，周伟驰译，上海古籍出版社2008年版，第124页。

② 参见张倩红：《犹太人》，三秦出版社2003年版，第97页。

以保留并继续发挥着作用。因此,传统被看成是进步的一种手段,因为若不保留人类在生活中已获得的经验,人类就几乎不能前进。

流散时期犹太社区曾长期实行司法自治。凭着一种可靠的本能,犹太人曾在自己历史上最黑暗的时期保留了行使司法权的权利,甚至当那些征服了他们的民族常常禁止犹太法庭开庭的时候依旧如此。开普兰认为,以《简编》(compendia)和《答问》(responsa)这种形式从过去流传下来的犹太教律法大部分都已经不适于现代的环境条件。然而,犹太临时法庭所作出的裁定应该成为未来的犹太习惯法的基础。理性的普遍原则和对诉讼当事人双方平等公正的愿望,毫无疑问会使得各个不同法庭的裁定标准趋于统一。此外,还应该不时地任命一些具有一定资格的人,一旦需要,就让他们来审核和修正由这些法庭作出的裁定所订立的判例。通过这种方式,最后总会发展形成一套犹太教律法大全,从而满足现代生活的各种需要。[①] 犹太人丰富的经历以及他们对此所作出的各种各样的反应,这一切似乎给了我们这样一个明证,古老传统持久的生命力就在于它能不断地更新自身以适应变化的世界。

二、律法的历史地位

现代西方文明从来源看有两条线索:一条是源自古希腊的理性主义,主要表现在哲学、科学、法律、政治思想和制度中;另一条是以古代希伯来文明为主要来源的宗教,主要表现为犹太—基督教的基本信仰、价值观和与之关联的生活习俗。古希腊和希伯来遗产是组成西方文明的骨干,堪称是精神和知识力量的“支柱”。它们以不同的方式,有时是交替的,有时是联袂的,各自依靠其精神实体中固有的特殊内质,一起架构了世界。如果希腊精神可定性为意识冲动型,那么希伯来精神就是属内心的严格内省型,当某一精神遗产在陈述

---

① 参见[美]摩迪凯·开普兰:《犹太教:一种文明》,黄福武、张立改译,山东大学出版社2002年版,第529～530页。

事象时,另一种精神遗产便使它具有了伦理性。犹太教及其律法通过基督教及其《圣经》对西方文化乃至世界文化的影响,极其巨大而深刻。

在犹太教中,占据核心地位的是律法。律法的诫命规范着所有团体和个人的行为,律法而非信条是犹太教的核心。根据希伯来传统,律法来源于耶和华神的启示和诫命,是神人约的主体内容;律法是犹太教和犹太人的道德规范,是伦理善恶的判断标准;律法也是犹太民族精神的体现,是犹太人的行为模式和精神家园。依照犹太教的传统说法,上帝启示给以色列人《托拉》,而永远信守、维护和传播神圣的律法乃是"上帝的选民"义不容辞的使命。律法对于古代希伯来民族来说,意味着一种深刻的道德严肃性和个人责任感。

律法以一神教信仰为其理论基础,人生的各个层面都归于上帝的绝对统治。律法的首要目的是坚定犹太人对上帝的信仰,并且在生活中排斥其他神的存在。信仰上帝与遵奉律法是有机统一的,遵奉律法就是敬拜上帝。犹太教是犹太人的民族宗教,犹太人是信奉犹太教并遵行律法的民族。律法为以色列人赋予文化身份,塑造其作为一个群体的身份意识、选民意识、社群认同,并使犹太社团成为思想者的社团、祭司的社团。

犹太教律法对伊斯兰教法产生过很大影响。阿巴·埃班指出:"像犹太人一样,穆斯林也信仰这唯一的神。人们可以不通过中间人接近他。同样,穆斯林也相信灵魂不灭,认为人应该对他在尘世的行为负责和正义是道德的最高标准。穆斯林和犹太人对于施舍也有共同的看法。他们认为施舍是热爱正义,而不是寻求博爱的行动。此外,伊斯兰教接受了犹太教的历法、安息日和犹太人的饮食规定。虽然他们作了某些修改,但这两个宗教有许多礼仪是相同的。"①

犹太教律法对英美法系也有很大影响。犹太人关于借贷抵押、

---

① [以色列]阿巴·埃班:《犹太史》,阎瑞松译,中国社会科学出版社1992年版,第129页。

免债证明、不动产的习惯法、财产让渡合同、陪审团制度、法律至上主义、“挪亚律法”等法律形式和思想，有的直接被英美法系所吸收，有的对之产生过间接的影响。拉宾诺维茨(Jacob J. Rabinowitz)在其《犹太法对于英国普通法发展的影响》一文中，详细论述了一系列英国近代法律观念的犹太法渊源，尤其在债务、抵押、具结等带有商务性质的法律事务中，许多概念来自犹太法。尽管有的是出自《塔木德》，但其基本观念已蕴含在早期的犹太律法书中。这种状况同犹太民族作为经商的中介民族这一族类性质是有密切关系的。①

马丁·布伯认为，犹太教是东方精神的最佳代表，同时也是沟通东西方文化的唯一桥梁。它赢得了西方人的认可，并且向西方传授东方精神，从而塑造了西方精神发展的历史命运。伟大的东方精神体系，注定要对西方人产生决定性的影响。② 无疑，现代意义的西方民主制度和法律体系是启蒙时代开始逐渐建立起来的，其中吸收了古代希腊尤其是古代罗马法的合理内容，但是不要忘记，犹太教的律法意识和律法体系对西方各国的政治和法制的产生和完善也起过不容忽视的作用。

第二节　律法的现代转化

一、律法现代转化的文化背景

公元70年第二圣殿被毁，此后近两千年中，犹太人失去了祖国。虽然有些人被同化了，大多数人也不得不融入当地主流社会，但整体

① 参见顾晓鸣：《犹太——充满“悖论”的文化》，浙江人民出版社1990年版，第68页。

② 参见[德]马丁·布伯：《论犹太教》，刘杰等译，山东大学出版社2002年版，第62～63页。

上，犹太教和律法仍是其保持犹太民族特征的精神纽带。在国家沦丧、立法和执法团体不存在的情况下，犹太人的社区依然建立起由宗教和社会精英组成的犹太法庭体系，裁决犹太人内部的宗教和民刑事案件。由于政治实体的阙如，律法在犹太人的生活中发挥着前现代其他任何民族见所未见的作用。

在漫长的中世纪，犹太人蛰居在与世隔绝、文化自治的“隔都”里，无权无势，饱受凌辱、歧视和迫害。“中世纪犹太人之所以惨遭迫害仅仅是由于他们对本民族宗教的信仰和忠诚。他们被驱逐和排除在欧洲社会之外并非因为他们情愿自我孤立，而是由于基督教社会对他们的仇视，而这种仇视又来自于他们拒绝放弃祖先的信仰。此外，只要时机来临，犹太人从来没有不为自己的国家尽忠效力。犹太人曾对基督教和西班牙穆斯林政府的贡献就是一个明证。”①

伴随启蒙运动和法国大革命的胜利，犹太人破天荒在一个西方国度里被赋予了政治上的公民权，享有了与法兰西民族同等的权利。此后，由于拿破仑帝国在欧洲战场上的节节胜利，其他一些国家的犹太人也相继获得了这样的政治权利。“解放”了的犹太人陡然进入现代社会，一下子缩短了与西方世界的距离，从而在政治、经济和精神层面上都感到了现代性的优越、冲击和挑战。律法的现代转化，就是面对现代化和世俗化引起的民族危机和信仰危机，由犹太教改革派发起的改革运动的过程和结果。

政治上，“解放”了的犹太人感到不应固守原有的犹太民族性，而应融入到所在国中，真正成为效忠于现代国家的公民。这种国家主义不仅消解了犹太人的民族性意识，实际上也瓦解了原来相对自治的犹太社区和与之相关的司法组织和律法体系。同时，由于把犹太儿童纳入了国家世俗教育体系，从而打破了原有的犹太传统教育，使传统教育降低到次要的甚至可有可无的地位。

---

① [美]大卫·鲁达夫斯基：《近现代犹太宗教运动：解放与调整的历史》，傅有德等译，山东大学出版社 1996 年版，第 173 页。

现代经济使传统犹太教确立的生活方式也难以为继。对犹太教的兴趣已经被工业革命所取代，新的经济秩序破坏了传统的价值观；坚持过一种犹太式生活需要付出高昂的代价；对犹太民族的兴趣已经为阶级斗争所掩盖；中产阶级要想过一种犹太式生活同样受到一定的限制。“不管是犹太生活也好，还是犹太律法也好，都没有对这种现状作出任何积极的反应……说到犹太生活，我们指的是社区组织。它应当关心广大犹太群众的经济福利，并且它应当担负起主持社会公正的重任。说到犹太律法，我们指的是在犹太人中间规范各种经济关系的伦理准则，以及这样的一种司法体系，即它虽然得不到国家警察当局的支持，但却对犹太生活具有维护道德的约束力，并且一旦出现困难，它将能够有效地解决这些困难。”①

现代意识形态对犹太教的冲击尤为直接。现代主义的意识形态包括三种趋向：以科学方法为标准检验一切和人类利益相关事物的真理性的趋向，以社会化意义的幸福为善的标准的趋向，以审美体验和创造为基本的人生需要的趋向。② 从科学的方法看，《圣经》中的上帝观、形形色色的神迹、神的启示都受到了历史学、人类学、心理学以及比较宗教学的挑战。现代的人本主义打破了传统的神本主义，人自身的幸福成为确定事物为善的标准。传统犹太教的饮食律法以及穿衣戴帽方面的禁忌都是有违人类幸福这一标准的，所以没有留存的理由。既然审美可以成为人的精神生活的追求目标，那么传统犹太教的超越的上帝、来世拯救之类的观念就成为多余的了。

总之，现代政治、经济制度以及意识形态对于传统犹太教形成了中世纪以来第一次真正的挑战。《圣经》和《塔木德》中的上帝观念、来世拯救、特选子民、神迹和神启的观念，无不受到质疑。犹太教的

---

① [美]摩迪凯・开普兰：《犹太教：一种文明》，黄福武、张立改译，山东大学出版社2002年版，第38～39页。

② 参见[美]摩迪凯・开普兰：《犹太教：一种文明》，黄福武、张立改译，山东大学出版社2002年版，第41页。

律法、习俗和礼仪都在启蒙理性和现代性的天平上丧失了原有的价值和存在理由。犹太人的生活方式被改变，民族性意识被消弱。在19世纪犹太教改革之前，犹太教已经成为犹太人的负担，靠皈依基督教融入欧洲主流社会已经成为时髦。[①]

二、律法的创造性转化

犹太律法的创造性转化，是面对现代化和世俗化引起的民族危机和信仰危机，由犹太教改革派发起的改革运动的结果。随着法国大革命以及随之而来的犹太人“解放”，一场相对于欧洲来说迟到了的犹太启蒙运动开始了。1801年，以色列·雅克布逊在德国哈茨的一个小镇上建立第一个改革派会堂，拉开犹太教改革的序幕。[②] 此后，在德国的柏林、汉堡、布来斯劳、波恩、海德堡、法兰克福等地相继出现了许多改革派的犹太会堂。尽管由于王权的干预和传统犹太教的阻挠，改革曾几度遭受挫折，但是到1846年第一次自由派拉比大会召开之际，犹太教改革派已经从传统犹太教阵营脱颖而出，成为一个新兴独立的宗派了。

改革派以历史进化论作为思想武器，对犹太教的核心概念进行了新的解释。传统犹太教认为，《托拉》是摩西在西奈山接受的上帝的启示，《圣经》和《塔木德》中的诫命和律法是超时空的、永恒的，因而不可更改。时代可变，犹太教不可变。改变了的社会现实应该适应不变的犹太教，而不应该让不变的犹太教适应变化了的现实。改革派则认为，犹太教是活生生的发展着的信仰体系，是一个在历史发展中形成传统，进而将整个民族都卷入其中的动态过程。犹太教的历史可以分为不同的阶段，每一个阶段的犹太教都有鲜明的时代特

---

① 参见傅有德：《犹太哲学与宗教研究》，中国社会科学出版社2007年版，第285～287页。

② 参见[美]大卫·鲁达夫斯基：《近现代犹太宗教运动：解放与调整的历史》，傅有德等译，山东大学出版社1996年版，第167页。

色。因此,犹太教应该与时俱进,尤其是其中的礼仪、秩序和习俗更应该应时而变。

在法国大革命前夕,作为犹太启蒙运动先驱的门德尔松,提出两个看似相互矛盾的目标:“一方面他试图冲破隔都的禁锢,把犹太人改造成真正的欧洲人;另一方面,他又希望犹太人继续保持自己的民族特性。因此,在犹太人融身于欧洲文化时,他们必须学会如何生活于两个世界——世俗世界和犹太世界,也就是要肩负双重的文化重任。”①就是说,一方面使犹太人现代化,另一方面要保住犹太教,从而维系犹太人作为一个民族或宗教共同体的存在。

改革派犹太教的主旨主要体现在改革派中央拉比大会通过的若干纲领性文件中。从 1885 年到 1999 年,美国改革派犹太教中央拉比大会发布过四个具有重大历史意义的文件,即《匹兹堡纲领》(1885)、《哥伦布纲领》(1937)、《改革派犹太教:百年回顾与展望》(1976)、《改革派犹太教原则声明》(1999)。这四大纲领性文件,阐述了改革派犹太人的文化认同,表明了改革派如何处理传统与现代、民族性与普世性的关系。

改革派主张,犹太教改革是根植于传统的改革。1999 年,美国犹太教改革派的中央拉比会议在匹斯堡通过的《原则声明》明确指出:“纵观我们的历史,我们犹太人一直深深植根于我们自己的传统,即使我们学习了许多与我们相碰撞的文化。”尽管犹太人在过去的两个世纪里经历了启蒙运动、纳粹大屠杀、以色列建国等一系列重大的历史事件,犹太人仍然坚信他们之为一个族群与其传统之间有根深蒂固的联系。对于犹太人而言,是犹太教塑造了犹太人,没有犹太教,就没有犹太这个民族。《原则声明》还指出:“犹太教的核心信条是:上帝(God)、律法(Torah)和以色列人(Israel)。”上帝,是“真实、唯一”的存在,他通过圣约与犹太人密切联系在一起。他创造世界,

① [美]大卫・鲁达夫斯基:《近现代犹太宗教运动:解放与调整的历史》,傅有德等译,山东大学出版社 1996 年版,第 68 页。

按照自己的形象造人，人们敬畏他，崇拜他，以祈祷等方式回应他。律法，“是犹太人生活的基础”，是犹太人珍视的“启示真理”，上帝通过它展现了对于犹太人和人类的爱。对于律法，犹太人需要终生学习和躬行践履，学习和履行律法的结果是超凡入圣，使凡俗的生活神圣化。以色列人，是“一个渴望成圣的民族，一个因着古老契约被特选的民族，一个万族之中唯一历史地见证上帝临在的民族”。[①]

犹太教的改革主要表现为会堂祈祷仪式以及习俗的革新。按照传统犹太教，在会堂祈祷仪式一律用希伯来语，即读希伯来语《圣经》，用希伯来语布道、祷告和吟唱。改革派则将礼拜用语改为当地语言。传统犹太教会堂祈祷时有歌唱而无合唱和伴奏，改革派则引入了基督教的管风琴伴奏与合唱。传统犹太人在会堂祈祷时男女分席而坐，女人没有正式席位，改革派则改为男女混坐。传统犹太教的成年礼只适用于13岁的男孩，改革派的成年礼既包括男孩，也包括女孩。传统犹太教有系统的饮食律法，改革派则废弃了这些“稀奇古怪”、没有根据的陈规陋习。传统犹太教对于犹太人日常的穿衣戴帽也有许多繁琐的律法，这些都被改革派弃之不用。

犹太教改革的直接后果是传统犹太教的分裂。自公元6世纪起，一直到改革之前，拉比犹太教一直是犹太教的主流，是大多数散居犹太人的精神支柱和生活指南。19世纪中期，改革派从传统犹太教阵营分裂出来，成为独立的教派。尽管传统犹太教以正统派自居，其中还是出现了正统派与浪漫主义相结合的新正统派。后来，原本拥护改革派的一些人感到改革派的立场和措施过于激进，从情感上难以接受，就转而趋于保守。这些人移居美国后，建立了保守派的犹太教。20世纪20年代后，美国犹太教又分化出“重建派”，认为犹太教不是以上帝为核心的宗教，而是一种内涵更丰富的文明。

从性质上看，犹太教的改革是对传统的扬弃，是“批判的继承”。

---

① 参见傅有德：《传统与现代之间：犹太教改革及其对中国文化建设的借鉴意义》，载《孔子研究》2005年第5期。

美国的改革派分别于1885年、1937年、1976年、1999年四次发布纲领性文件，其中关于犹太复国主义、饮食律法的条款有所改变，但是其基本信仰和精神没有变，犹太教之于犹太人的作用没有变。1999年的《改革派犹太教原则声明》指出："改革派犹太教的伟大贡献就是能够使犹太人民得以在保留传统的同时进行革新，在确定共同性的同时包容多样性"；改革派的原理"肯定犹太教的核心信条，即上帝、《托拉》和以色列人"。

欧洲启蒙运动和现代化不仅改变了欧洲人的生活方式和命运，也把地球上的大多数族群裹挟其中，在很大程度上改变了他们的物质生活和精神传统。在应对现代化的挑战中，最成功的莫过于犹太人。一方面，犹太人在物质和制度层面上现代化了；另一方面，又在精神上成功地保存了犹太教。正是犹太教作为这个族群赖以安身立命的精神支柱，在文化上维系了犹太人的族性。两百多年来，犹太人积极应对现代化的挑战，成功地融入西方社会，同时坚持了自身的民族独特性。在物质和制度层面，犹太人和犹太社会逐步融入了西方的现代化。而在精神和价值层面，则成功地保存和延续了犹太教和律法。①

三、律法继承与创新的根据

犹太教律法为何能在近代进行创造性转化，且能在现代政治经济文化生活中继续发挥作用？也就是说，律法继承与创新的根据是什么？原因可以从不同层面加以探讨，其中主要的因素包括：

首先，犹太人之所以至今仍然作为一个具有共同信仰、共同文化和共同精神的族群自立于世界民族之林，得益于犹太教，得益于改革了的犹太教。如果没有犹太教，犹太人就没有独立的犹太精神；如果没有犹太教的改革，陈腐的犹太教则不能凝聚犹太人群体，散居世界

① 参见傅有德：《传统与现代之间：犹太教改革及其对中国文化建设的借鉴意义》，载《孔子研究》2005年第5期。

各地的大多数犹太人恐怕早就皈依了基督教，同时被现代化的浪潮冲击得无影无踪了。如果说古代的犹太教塑造了古代犹太人的族性，使之与外邦人区别开来，那么，宗教改革后的犹太教则塑造了现代犹太人的精神和族性，使之在现代甚至后现代社会中仍然作为一个群体而存在。

美国改革派犹太教中央拉比大会1937年发布的《哥伦布纲领》指出："如果以色列人是一个躯体，那么犹太教则是其灵魂……以色列已经靠共同的历史，首先是共同的信仰遗产的纽带紧紧地团结在一起。"①一个民族的维系，没有宗教不行，有宗教而没有与时俱进的改革也不行。正是犹太教和律法作为这个族群赖以安身立命的精神支柱，在文化上维系了犹太人的民族性，犹太人才能够傲然挺立于世界民族之林。"犹太人丰富的经历以及他们对此所作出的各种各样的反映，这一切似乎给了我们这样一个明证，古老传统持久的生命力就在于它能不断地更新自身以适应变化的世界。以色列的优势不在于它的种族，而在于教育它的戒律。的确，戒律的作用比其实施更持久。"②

其次，犹太教及其律法能够及时回应社会问题，改造犹太人的生活世界。雅各·纽斯纳指出："宗教是人们用来一起面对迫切的问题，并透过求助于在他们看来自明的真理来解决这些问题的东西。确实，假如我们想知道宗教观念与其社会环境之间的关系，犹太教就是一个再好不过的例子。我们从犹太教那里知道，宗教是社会现实的一个决定性事实，而不仅仅是一个抽象的、没有历史背景的一套解惑信念。当我们问到脉络与内容之间的关系时，我们会发现，在犹太教回应它们周遭社会里的问题时，它们也在改造着那个世界。事实

---

① [美]大卫·鲁达夫斯基：《近现代犹太宗教运动：解放与调整的历史》，傅有德等译，山东大学出版社1996年版，第342页。

② [法]埃马纽埃尔·勒维纳斯：《塔木德四讲》，关宝艳译，商务印书馆2002年版，第121页。

上,既有的建制犹太教透过在政治环境中作出的重要变革来回答以色列,即犹太人民所面临的问题。”[①]事实上,宗教定义着人们共同创造的社会世界,它按照自己的模式、自己对事件和事实的选择和诠释,重新塑造每一天。以色列人所关注的并不是彼岸的世界,而是此岸世界和现实生活,其整个一生都是与律法及宗教传统紧密结合在一起的。信仰世界、规范世界、生活世界,在犹太教中得到了统一。

摩迪凯·开普兰认为,在传统社会,律法具有惩罚与教化的双重功效。当代社会,犹太人社区在放弃了实施成文律法的特权的同时,犹太教也就放弃了任何一个群体或民族实施能力范围之内的那种最文明化的功能。因为通过律法的实施,社会群体不仅能够防止那些有可能做坏事的家伙伤害他们的同胞,而且它还能够制造一种公众舆论,从而帮助群体中的每一位成员克服身上的反社会倾向。在此状况下,继承律法传统尤其必要。一个不行使律法特权的社会群体就会在伦理方面失去创造性,甚至就连从过去继承下来的伦理准则也要丧失掉。与一种文明相联系的最重要的功能,即在我们之间的相互关系上建立行为准则的功能,根本不可能由一个无法对其成员之间的利益冲突进行评判的民族释放出来。[②]

得益于犹太教的改革和转化,得益于宗教、律法与生活的密切关联,犹太教律法至今富有生命力。在现代化了的以色列,法律条文中仍保留着犹太教的教义,许多民事规范直接来自律法经典,宗教法庭在政治和日常生活中具有举足轻重的地位。在世界其他地方的犹太人社区,律法在社会生活和家庭生活中仍然发挥重要作用。

现代的以色列国有严格的司法体系与制度。以色列的司法体系分为三大类:普通法院、专门法院、宗教法院。宗教法院系统包括犹太教法院、穆斯林法院、基督教法院和德鲁兹法院。其中,以犹太教

---

① [美]雅各·纽斯纳:《犹太教》,周伟驰译,上海古籍出版社 2008 年版,第 30 页。

② 参见[美]摩迪凯·开普兰:《犹太教:一种文明》,黄福武、张立改译,山东大学出版社 2002 年版,第 529 页。

法院的影响最大，它包括由两位首席大拉比领导的最高犹太教法院以及全国九个地方设置的拉比法庭，有90名法官。犹太教法院依据托拉律法，审理涉及犹太人个人身份、婚姻事务的诉讼案件。根据以色列法律，除了日常的宗教职能外，拉比法庭在处理以色列犹太公民的个人问题上，具有近乎独专的司法权。

1953年，以色列议会通过的《犹太教法管辖权（结婚和离婚）》的法律规定："在以色列，犹太人结婚和离婚应遵照犹太宗教法进行。"因此，在以色列根本就不存在世俗婚姻，任何人，无论信教与否，如要结婚或离婚，都必须到拉比法庭办理。以色列内务部在公民登记造册时也以宗教婚姻为准。拉比法庭负责审理婚姻事务（结婚、离婚、抚养、监护、收养的管辖权）及有关破坏宗教法规的案件。另外，以色列的刑法和民事法都以《托拉》、《塔木德》中的律法和中世纪犹太人社团的一些法规为基础，因而，以色列的法律条文体现了很强的犹太教权主义精神。

当代社会，普通犹太人的生活方式深深受制于希伯来《圣经》和《塔木德》，托拉律法在社会生活和家庭生活中仍然发挥重要作用。根据联合犹太社团（United Jewish Community）2002年10月公布的人口调查，美国目前的犹太人口约为520万，他们分布在290万个犹太家庭中。犹太人口的56%归属于某个会堂，坚持常规的宗教活动。44%的犹太人没有在会堂注册，不参加常规性的犹太教活动，但是他们也不同程度地按照犹太习俗生活。例如，过安息日以及逾越节、新年和赎罪日等重要的犹太节日。尽管西方各国都生存着一些世俗的犹太人，但总体上说，现代化了的犹太人仍然是一个以犹太教和律法为文化认同的族群。①

世界上几乎有犹太人的地方就有犹太会堂。近现代以来，犹太人的解放导致犹太人社区结构逐步瓦解，犹太人越来越多地诉诸社

① 参见傅有德：《犹太哲学与宗教研究》，中国社会科学出版社2007年版，第275页。

会法庭和国家法庭。但是，在不少犹太人散居地，迄今仍然保留着自己的拉比法庭，裁决诸如离婚之类的民事与宗教事务。但它只享有仲裁法庭的权力，其裁决为国家法庭所承认。在一些国家，特别在英国，大拉比领导的宗教法庭体系在犹太人生活中还起着重要的作用。在规定离婚案须经民事法庭审理的世界其他国家中，犹太教正统派和保守派教徒离婚，仍须先获得宗教法庭批准后，再由民事法庭裁决。

尽管犹太人的生活方式深深地受制于希伯来《圣经》和《塔木德》，犹太人在传统上并不把自己的这些信仰和习俗看作宗教，而是看作与上帝订约而遵循的教诲和训诫。他们认为自己不同于基督教、伊斯兰教和佛教。犹太教没有教皇，只有研习、讲解、传授经典的拉比；只要满十个犹太人，就可以自行组织会堂，也不在乎建筑的物质形式。犹太教禁止偶像崇拜，在散居世界各地的过程中，犹太个人事实上具有与外界文化协调和独自理解经典的主动权。因此，犹太教并无基督教那样严格处置异端的宗教裁判所，只要母亲是犹太人或皈依犹太教者，子女即被视为犹太人。可以说，犹太人加入和退出犹太教，相对来说是容易的。

第三节　律法现代转化的启示

律法的创造性转化，尤其是其处理传统与现代、民族性与普世性的做法，对当代中国文化重建、法治进程具有一定的借鉴和启示意义。我们既要珍视传统法律文化，又要树立现代法律信仰。法治的建立和完善离不开生活实践，也需要关注人性和人心。同时，中国礼法传统的价值以及如何转化，也值得我们探索。

一、珍视传统文化，树立法律信仰

律法作为犹太教的核心内容，是一种传统的法律文化现象。它不仅是一种规范和秩序体系，也是一种价值和意义系统。它既反映了一定的社会关系，也反映了一定的文化追求。作为传统法律文化，律法不只是过去的东西，而且是对现在和未来都能产生定向性和规定性的东西。在犹太教传统中，律法被认为是上帝给犹太人的启示和训诫。上帝作为世界的创造者和拯救者，也是诫命律例的制定者、审判者和监督者。律法是上帝与犹太人之间的纽带，通过它，犹太人与上帝具有了特别密切的关系，既具有"神圣民族"的荣耀，又有通过履行律法而成为义人、见证上帝的存在、做外邦人榜样的责任。对于上帝及其颁布的律法，犹太人表示出信仰、敬畏和遵从。信仰和敬畏上帝，就要遵从上帝颁布的律法。信仰和律法如同两个并行的轮子，在犹太教发展的任何阶段，都是紧密联系、不可分割的。一方面，律法以一神信仰为其出发点和核心，并且紧紧围绕这种信仰构造自己的体系；另一方面，一神信仰需要律法的支持，通过律法得以实现与强化。律法的首要功能，就是维护一神信仰，规范宗教群体和信徒的宗教生活。

在犹太教及其律法的转化过程中，针对如何处理传统与现代关系的问题，改革派采取的是兼容并包的态度。一方面，主张传统信仰与现代价值的兼容。1937 年的《哥伦布纲领》认为："不论是成文的还是口头的《托拉》，都珍藏着犹太人曾不断丰富的对上帝和道德法的认识。它们保留了历史先例、法规和生活准则。"它号召"保留安息日、各种节日和圣日，像珍藏神灵的启示一样保留和发展相应的习俗、信条和仪式，开发新颖的宗教艺术和音乐形式，在宗教礼拜和传道时兼用希伯来语和本国语"①。1976 年的《改革派犹太教：百年回顾与展望》进一步主张："托拉源自犹太人与神的关系"，是历代的立法者、先知、历史学家、诗人、拉比"为我们留下的宝贵遗产。几个世纪以来，托拉从未停止过创新，当代犹太人也以其创造力为这个传统

① [美]大卫·鲁达夫斯基：《近现代犹太宗教运动：解放与调整的历史》，傅有德等译，山东大学出版社 1996 年版，第 343 页。

链条添砖加瓦”。另一方面,改革派主张传统与现代生活方式的兼容。传统生活之道,包括安息日、圣日节日、割礼、饮食律法等方面,需要坚持和保留。而现代生活方式,包括积极参与民主政治、遵守社会公德、尊重个人隐私、家庭民主、宽容同性恋、恋爱自由等,也需要吸收和接受。也就是说,既要传统生活之道,又要现代生活方式。

犹太教改革派的做法对我们的启示是,在当代中国的文化重建及法治进程中,既要珍视传统法律文化,又要树立现代法律信仰。

传统一方面意味着深远的根源,另一方面意味着持续的存在。在当代社会,传统与现代的关系已经不是非此即彼的对立关系,而是可以调和的统一关系。犹太教律法作为一种传统法律文化,其律法传统既是历史,又是当下,是犹太民族文化结晶与文化传承的表现。对于具有悠久历史的犹太民族来说,精神价值的追求蕴含在丰厚的托拉传统中。我们当代的文化重建和法治进程,面对的传统既有绵延数千年的儒家思想和礼法传统,也有近百年来革命与建设实践中形成的各种新传统。在急速变化的当代社会背景下,传统价值需要保留,但保留传统不等于全盘接纳,而是适应变化了的时势,予以改造或重建。不进行改革,传统价值就发挥不出来,就没有生命力和吸引力。如果全盘放弃、推倒重来,则可能造成传统与现代的断裂,照样会使传统失去生命力。

在现代法治建设中,法律不仅被看作一种规则体系,也被视为一种意义系统。现代法治的核心,应该体现为公众对法的一种神圣的情感,或者对法的真诚信仰。从群体意义上说,法律是民族生存和文化认同的根基,构造着一个民族的精神家园。从个体意义上说,法律发挥着塑造人、提升人、教化人的作用。伯尔曼指出:“在确保遵从规则方面,其他因素如信任、公正、信实性和归属感等远较强制力为重要。正是在受到信任因此而不要求强力制裁的时候,法律才是有效率的；依法统治者无须处处都仰赖警察。”[1]中国当代法治的现实是：一方面中国特色社会主义法律体系已经建立，各方面的法律规范还在不断完善；另一方面是有法不依，执法不严，司法不公，民众对法律缺乏信仰和敬畏，契约观念和诚信意识相当淡薄。为此，不仅要在制度层面进一步建立和完善中国特色社会主义法律体系，更要在精神价值层面树立社会主义法治理念。

社会主义法律体系的建立和完善，不仅是立法者的工作，也离不开各个层面的解释和发展，尤其是法学家的解释评注与交流对话相当重要。事实上，犹太文化精英的解释评注、多元辩驳、吸收整合、兼容并包，对于律法的生成、演变和创造性转化发挥了至关重要的作用。长期以来，法律解释和法律解释学在我国没有得到应有的重视，这与建设现代法治国家的要求不相符合。为此，不仅要重视立法机关的工作，科学立法、民主立法，而且要重视法学研究、法律解释等方面，重视对社会生活秩序的调查和体验、解释和理解，促成善法良法的出现，促使规范制度的建立和健全。

在精神价值层面树立社会主义法治理念，需要培养公众的法律信仰和敬畏意识。在西方文化中，基于对上帝的信仰和敬畏，自然就信仰和遵从上帝颁布的律法。同时，法律信仰又与西方源远流长的自然法观念分不开。中国人普遍轻视宗教信仰而注重生活伦理，要建立对法律的信仰，看来任重道远。培养民众的法律信仰，一方面要从中国特色社会主义理论中汲取精神力量，另一方面可以从传统文化尤其是儒家礼法传统中寻求思想资源。

如何培养中国民众的法律信仰，具体途径值得探索，但其中“培养人的宗教性则可能是一件很值得称道的事情。大部分的中国人宗教性很弱，这使他们的行为缺少内在的约束，只有权威和利益才对他们有影响力。而这些外界的约束有时并不能起作用，尤其是对贪污

① [美]伯尔曼：《法律与宗教》，梁治平译，中国政法大学出版社 2003 年版，第 17 页。

腐化犯罪之类的事。究其最终意义,人的解放和发展是人的秉性的升华,即人的心性、智性和灵性的升华。追求解放发展的理想境地,应该是追求这三者的提升。一个好的社会框架应该为这三者提供开拓的环境”[①]。

二、法律不离生活,法律关注人心

犹太教律法作为一种传统法律文化,是犹太人的行为模式和生活之道。犹太人是虔诚信仰宗教的民族,犹太教把敬神作为人生的一大义务。犹太教又是一种现世性宗教,从不对立宗教世界与世俗世界。对世俗性的兼容,兼顾宗教信仰与世俗生活,是犹太教的特征。律法就其本质而言是一种生活方式,律法与生活融为一体。律法产生于犹太人的生存和生活需要,在旷野,在流散地,在各种各样的困境之中。律法既调整人的内在生活,实现个人正义,也调整人的外部生活,实现民族的、社会的正义。长期的散居状态下,律法成为整个犹太民族的精神支柱和行动指南。对犹太教拉比来说,《摩西五经》是永恒的圣书,而《塔木德》则是规范犹太人日常生活的指南,旨在提供宗教生活的准则与立身处世、待人接物的行为准则。犹太教的律法之所以伟大,在于它导向实际事务。

在犹太教传统中,律法作为犹太人的生活之道,不抽象、不偏执、不极端,追求中庸与和谐。犹太教认为,通向上帝之路并不是要逃离今世和自我苦修。尽管神圣性代表着一种独特的精神品质,但它可以在人的尘世生活中得以实现。犹太教的传统礼仪、节日和习俗不仅成为犹太民族的标志和文化符号,还凝聚了犹太人的文化认同、文化精神和价值观。近代以来的犹太教创造性转化中,圣堂礼拜以及习俗的革新成为改革的起点,原因在于律法与生活的紧密关联。生活环境发生变化,生活方式和行为模式必然发生变化,以顺应时代的需要。如今,在现代化了的以色列,法律条文中保留着犹太教的教

---

① 於兴中:《法治与文明秩序》,中国政法大学出版社 2006 年版,第 179 页。

义，许多民事规范直接来自律法经典，宗教法庭在政治和日常生活中具有举足轻重的地位。在世界其他地方的犹太人社区，律法在社会生活和家庭生活中仍然发挥重要作用。

犹太教律法现代转化的启示是，法律不应脱离社会生活，不应脱离人生实践。法律不是精英的建构，而是来源于生活实践。法律应当关联动态、流动、多变的生活世界，规范人的行为，塑造人的生活。不仅在立法过程中，而且在执法、司法、法律监督、个人的法律行为中，都要把法律看成生活的一部分。离开了社会生活实践，法律将成为无源之水、无本之木。当代中国的法治现状是：现代化、法律移植造成对传统文化、社会道德、伦理习惯的漠视；立法精英化色彩浓厚，忽视生活经验的汲取；法律与社会、法律与生活严重脱节；法治所追求的意义世界、规范世界、生活世界的统一，远远没有实现。当代社会的文化重建和法治进程，就是要把法律从规范制度变成生活秩序，从理想追求变成社会现实，使得法律与生活融为一体，使法治成为现代人的行为方式和生活之道。

法律不仅离不开社会生活，而且与人心人性紧密相关。在犹太教中，尽管律法从性质上看是神性律法，属于神性智慧的体现，但实际上关注的是人，关注“如何做人”和“如何行为”。人既然是按照上帝的形象所造，人性尊严自然要得以维护，人的生命都超然重要。作为人的信仰方式、人的生活之道，律法关心人从何而来、向何处去，追求人生的价值和意义。律法关怀弱势群体，关心少数人的利益保障，注重慈善事业的开展。律法珍爱生命，认为一个人等同于整个世界。犹太教主张，真实的人性须经由教化而来。没有教化的人只是动物，透过教化方可唤醒人昏昧的本性，使之超越自身。根源于人心的律法，是真正有生命力的。近代以来的犹太教创造性转化中，如何处理犹太性与共同性的关系是个大问题。所谓犹太性主要包括：基于血缘的民族认同，基于宗教和习俗的文化认同，以及在一神信仰、律法、生活方式等方面呈现出来的独特性。而共同性则是指与其他民族同为某一个国家的公民，如同为德国人、美国人。犹太人不同于其他民族，但又共处于一个国家共同体、人类共同体，遵行着共同的法律、共同的团体和个人生活的准则。改革派的做法是，既要犹太性又要共同性，既要融入所在国的政治经济文化生活中，又要保持民族、文化等方面的独特性。

法律与人性的关联，在西方与东方的法学思想和法律实践中，是个历久弥新的话题。比如欧洲启蒙思想家的法学理论，很大程度上奠基于他们人性论主张。在中国古人的审判实践中，除了具引圣人语录、道德故事之外，更大量地使用“义”、“礼”、“天理”、“人情”一类字眼。这些都是判案的依据，其效力并不亚于载入正典的法条，甚至比它们更高。在古人看来，礼、法本是一物，上以顺天理、下以应人情；礼义者法之本，法者礼义之用，二者相表里犹口与舌。法律条令的制定体现着这种精神，其适用也同样体现这种精神。在中国古代社会文化背景下，以血缘、伦理和亲情为内涵的人情，与以纲常名教为基本指导原则的国法在本质上是一致的，突出地表现为亲情的法律化。但有时人情与国法也会发生冲突，即对情之重视，总不免对法不能“兼到”，解决的办法一般是执法原情甚至是曲法伸情。

在近些年的法学理论界，学者们以更广阔的视野来观察和思考法律现象，即从全人类的角度和从人的本性上来思考法律问题。人们日益认识到法与人类社会、与人的本性有着内在的关系。一方面，人的社会性决定了他们不可能孤立生存，而是必须生活在一定的群体之中，必须与他人进行交往，这也就决定了交往规则的产生，而法正是被社会公认的交往规则之一；另一方面，人又是一种文化生物，这决定了他们的一举一动都在追求某种价值，即真、善、美，这也就决定了法不可能与价值无涉，它必然受制于所在社会人们的政治和经济结构，受制于由此所产生的人们的社会和道德观念。正因为如此，法应以人为本，应该与人性和人心相一致，不应作有悖人情事理的规定。

第四节 中国礼法传统的现代转化

与希伯来民族相似，中华民族也拥有深远丰厚的历史文化传统。在法律文化方面，如同希伯来民族拥有律法传统，中华民族也曾拥有礼法传统。犹太教律法现代转化的启示是，在现代化和全球化的时代背景下，中国礼法传统的价值及其现代转化，同样值得我们探索。

一、礼法传统的内涵

犹太人的传统是一个宗教传统。宗教传统不仅有信仰、礼仪和习俗，而且有组织和信徒。宗教依靠信徒和教会式的组织把信仰化为每个信徒的精神，使之落实在日常的生活和具体的行为中。犹太教律法是典型的宗教律法，属于神圣文化的范畴。而中国的传统法律文化是礼法，礼法传统总体上属于世俗文化。就词源和语义来看，礼法兼顾两个层面，即礼义与刑律。礼法传统的核心是礼义人伦，追求等级化的人伦秩序。如同律法传统，礼法也是统一性的法律，有着本质上的统一性，呈现出一体多元的特征。从调整范围上说，礼法包罗万象，几乎是全部社会规范的总和。举凡伦常纲纪、礼仪风俗、法律政令、典章制度，都可以包含在礼法传统当中。礼法不仅表现为礼仪法度，而且可以是禁乱止争的礼防；还是道德化的法律，法律化的道德，是法律与道德合而于一的混合物。礼法传统的典型特征是：礼法并列，道德至上，明刑弼教，德主刑辅。“礼”、“法”连用，大概是汉代以后才时兴起来的。先秦时期儒法相争，主要是礼与法、德与刑的对立。儒法合流，礼入于法，乃是汉代以后的事情。不过，虽则合流，主次还是分明的。所谓德主刑辅，明刑弼教，突出的是礼对于法的支配，法对于礼的服从。

在犹太教传统中，律法源自上帝的启示和诫命，是神的意志的体现，主要是一神信仰的产物。律法以神人立约的形式表现出来，圣约是律法的形式，律法是圣约的主体内容。在神人之间的契约关系中，上帝不仅被看作天、地、人以及万物的创造者，而且是神人约的缔造者和立法者。中国传统社会的礼法则来源于天道或自然，天道就是人道，就是自然。“天垂象，圣人象之；河出图，圣人则之。”表明了人类社会制度的自然渊源。自然的即是完善的、美好的、和谐的。礼、法以及人类社会所有的一切，最终都归根于自然。对于道德秩序、礼的破坏，就是对于自然秩序的破坏，对于自然公正的破坏。一个社会要创造出与天道体用一如的礼法，取决于两个条件：第一，由得道的圣王制定礼法，或者由得道的圣人制定礼法并得到君王的认可；第二，以国家力量来倡导和强制礼法的实施。《尚书・泰誓》说：“天视自我民视，天听自我民听。”“民之所欲，天必从之。”周敦颐说：“古者圣王制礼法，修教化，三纲正，九畴叙，百姓大和，万物咸若……是谓道配天地，古之极也。”①制定礼法必须遵天道合仁义。不遵天道、不合仁义的君王命令，只是苛政紊刑，而不是具有神圣意味的礼法。

犹太人曾经从部落生活转向建立起来的王国生活，有了圣殿祭祀；然后又转向作为少数族群文化的流散生活。从社会结构看，古代以色列是由部族社会、游牧社会，逐步过渡到农业社会、君主制国家，后来历经近两千年的流散状态，总体上缺乏大一统的统治格局。与之形成对比的是，中国礼法传统得以生成的社会文化基础，主要是自然经济、宗法家族以及政治上的中央集权。中华民族生活在东亚大陆的中心，四周是海洋、高原、草原、沙漠和森林，这是一个近乎封闭的生活空间。生产方式上，中国以农业经济为主，属于自给自足的自然经济。从社会结构看，中国传统社会的根本特点是宗法性。宗法家族是人们生产、生活的基本单位。宗法组织像一张巨大无比的网，通过血缘的和姻亲的纽带把一个个封闭的村落联结起来，并进而组成国家。宗法社会的一大特点是重名分、严等级，“三纲五常”就是这一特点的集中体现。同时，宗法社会将一切都笼罩在温情脉脉的血

① [宋]周敦颐：《周子通书》，上海古籍出版社2000年版，第37页。

亲关系之下。自然经济与宗法结构互相促进、互为条件，携手同行，达到和谐的统一。[①]

二、礼法传统的历次变革

在犹太文化背景下，律法传统经历了不断的生成和演变过程。不同时期的文本和历史处境中，历代贤哲和精英对律法的解释、评注、应用、发展，对异国法律的吸收和借鉴，使得律法传统保持了整体性和独特性，长期存在且富有活力。两百多年来，犹太人积极应对现代化的挑战，成功地融入西方社会，同时坚持了自身的民族性。在精神和价值层面上，成功地保存和延续了犹太教及其律法。与之相似，在中国文化背景下，礼法传统的形成、完善和危机，也伴随着多次的变革和转化。汉儒主张儒法互用，礼法传统就发生过一次创造性转化。后来随着纳礼入律，儒家纲常名教真正渗入传统法律，并逐步取得支配地位。清末民初，面对西方的法治风潮，礼法传统又开始新一轮的变革与转化。

秦汉时期，大一统的专制帝国建立后，现实的政治和制度与上古的宗教和伦理实际分离，上古氏族邦国完全消失。由于源远流长的血缘纽带和宗法家族的承续生存，尽管法家形式化的制度设置和赏罚二柄成为行政机制的权能主干，儒家的礼治思想仍然具有强大的生命力。在秦代和汉初悄然无闻之后，以董仲舒为主要代表的汉儒在吸收、融合法、道、阴阳后，儒学又赫然兴起并成为主流。汉儒主张"儒法互用"，将先秦原典儒学的基本精神，移植到法家政刑体制内，进行"创造性转化"，使之成为这一体制的灵魂和基石，进而构成所谓"以孝治天下"的独特标记。这一变革和转化的成果是：礼法交融，援礼入律，法由礼断，儒法互用。

礼法传统中的纳礼入律，是通过国家立法的渠道，将儒家经义直接上升为法律条文或法律制度。西汉时期，贾谊的"刑不上大夫"之

---

① 参见武树臣：《中国法律思想史》，法律出版社2004年版，第22～23页。

说被采纳，应当是纳礼入律的开端。大规模的纳礼入律，是从魏开始的。如魏律规定“除异之子科使父子无异财”，既是对秦法“民有二男以上不分异者倍其赋”的否定，又是对儒家孝义的强化。此后，“八议”、“以服制论罪”、“子孙违反教令”、“犯罪存留养亲”、“官当”、“十恶”等体现儒家伦常精神的规范纷纷入律，直至“一准乎礼”的唐律出现，刑礼合一，“出礼而入刑”。伴随纳礼入律，儒家的纲常名教渗入国家法律之中，并逐步取得支配地位。饱含儒家伦理色彩的“十恶”重罪、“八议”之制、丧服之制、“亲属相隐”原则在唐律中得到全面肯定，随后宋、元、明、清各朝法律一脉相承，只有局部的发展变化，而无根本的改变。

清末民初开始，礼法传统面对继受西方法治的压力，不得不开始新一轮的变革。表现在法律运行层面，逐步发生由主张“情、理、法”向“法、理、情”顺序的转变。礼法传统具有一体多元特征。中国传统社会里，由个人行动层次以至官方法律制度层次的法律运作过程，都深受儒家伦理影响，法律尽管多元，法律的承担者尽管多元，却有很强的一致性。清末民初开展继受西方法治的行动后，这种一致性很快被打破。深植人心的礼法观念与官方制定法之间，开始出现巨大的鸿沟。国家法层面，逐步放弃两千年来的中华法系，代之以源自另一种法律文化的欧陆法律。传统社会的礼法之运行，讲求“情、理、法”的“礼先法后”的法律观；现代社会的法治运行，则讲求“法、理、情”，法律位阶上升，并力求其在社会控制功能上的正当性。面对西方现代法治的压力，礼法传统不得不开始新一轮的变革与转化。由于内外部诸多因素的影响，礼法传统在中国社会逐步丧失其存在的合法性，以至最终销声匿迹，仅仅成为一种历史的遗存。

犹太伦理是以对上帝的信仰为基础的宗教伦理，而礼法传统中的儒家伦理基本上是人本主义的世俗伦理。伦理的法律化，法律的伦理化，无论中国古代法还是犹太教律法都有此种现象。礼法传统中的儒家伦理以仁爱为基石，以忠孝为核心，以仁、义、礼、智、信为普遍原则，形成包括家庭道德、政治道德和一般社会道德的伦理体系，重点在处理君臣、父子、夫妇、兄弟、朋友等五种社会人际关系。有学者认为，儒家伦理法的基本含义包括三个层面：第一，儒家伦理法是把宗法家族伦理作为大经大法的法文化体系。第二，宗法家族伦理被视为法的渊源、法的最高价值，伦理凌驾于法律之上，伦理价值代替法律价值，伦理评价统帅法律评价，立法、司法悉以伦理为转移，由伦理决定取舍。第三，在现实生活和政治生活中，以伦理代法律，伦理和法律之间没有明确的界限，宗法伦理道德被直接赋予法的性质，具有法的效力，从而形成了法律伦理化和伦理法律化的双向强化运动。①

三、礼法传统的现代转化

作为一种文化传统，犹太教及其律法一直没有中断，它们融会东西文化，贯通古今，强调一神信仰的坚定，强调严格的内心自省，是一种宗教性和伦理性的精神遗产。两百多年来，犹太教及其律法经历诸多危机和挑战并成功进行现代转化，如今在犹太人的社会生活中仍然发挥很大的作用。不同于律法传统，中国历史上的礼法传统，随着满清政府的覆亡已经日渐式微。伴随法律移植和借鉴，现代法治与传统法律文化发生断裂，中华法系及其礼法传统，已经失去现实影响力。但是，传统礼法的精神价值可以发扬，以服务于当代的文化重建和法治进程。在礼法传统中，诸如天下本位的法意识，大一统的法观念，民本主义的法精神，“天、地、人”相参与、相协调的法心理，原始的综合治理模式，“正己”的法行为，“中和”与“和谐”的法律方法论原则，重调解的法律选择等，存在着创造性转化的可能。比较律法与礼法中的类似观念和问题，可以使我们更加清楚现代法治进程中礼法传统的价值和作用。

犹太教律法是围绕信仰而建立的社会秩序类型，其中蕴含了多重和谐因素。律法是禁锢与自由、规训与引导的统一。“哈拉哈”与

---

① 参见俞荣根：《儒家法思想通论》，广西人民出版社1998年版，第137～138页。

“阿嘎达”相统一，内在精神与外在表达方式相互滋养、相互激发。与此类似，中国礼法传统的目的，在于寻求自然秩序中的和谐。古人认为，万事万物都处在一个共同的有机体当中，它们互相作用和影响，且受着同样的“道”或“理”的支配。天道本和谐，因此人道亦平和。倘有人涉身于冲突，那必是偏离了人道，偏离了人道之所本的天道。政府乃至整个社会的责任，就是要通过教化，通过劝说，也通过儆戒，使他们“反人道之正”，以便维持好整个社会的和谐。① 中国古代统治者总是自觉地扮演着自然秩序维护者的角色。和谐成为文化的最高价值，也是统治者的最高职责。法律不是人们提出其主张的依据，而是统治者维护自然秩序的一种手段；诉讼活动是不可避免的，但这一切都在“无讼”的理想指导下展开；息讼与和解是恢复和谐的重要途径。“政以行之，刑以防之”，这是不得已而为之的办法。要使人自觉地遵从于礼，真正建立起一套礼法秩序，实现和谐与无讼，最有效的办法是“教”。通过“教”使人有所感悟，发现天良，此所谓“教民平好恶，而反人道之正也”。因此，欲民无讼，先要教民，使遵行礼义，忍让谦和。在礼法传统中，和谐既是其追求的目标，同时也是执法司法中适用的法律方法论原则。需要注意的是，礼法传统一味追求和谐，不少深层问题未能得到解决。礼法传统中，一些主要的概念如天、道、德、仁、义、和谐都是比较抽象的原则，很难被具体化和制度化。它们注重的是人与人之间的关系，而不是个人欲望的追求和满足。体现在统治手段上，表示的倾向是劝说、礼让、无讼，而不是权利主张和法律保护。如果一味求和，往往只会促成表面的和谐，一旦积怨爆发，后果反而更难收拾。

从法律文化的性质出发，律法传统与礼法传统在各自社会中的功能有很大差异。在犹太教传统中，律法既有工具性价值，也有目的性价值。律法的工具性价值体现在，它是维护一神信仰的工具。在犹太教的宗教结构中，托拉律法是上帝与以色列人之间的纽带和桥

① 参见梁治平：《寻求自然秩序中的和谐》，中国政法大学出版社 2002 年版，第 214 页。

梁。犹太教要求“树藩篱以护托拉”，实际上《托拉》也是信仰的藩篱。律法的目的性价值在于，托拉律法是犹太教的核心，犹太教没有专门的教义，只有独特的律法。在犹太人看来，除了神圣的诫命，犹太教无他；《托拉》就是犹太教，《塔木德》就是犹太教。而在中国传统社会，礼法往往只有工具性价值，它是道德之器械，是绝对和谐之手段。在中国的礼法传统中，就规范性质而言，法律与其他社会规范没有明确的界分；就活动方式而言，法律不具有自治性。传统上，法律始终被认为是“帝王之具”；君主不但在一切人之上，而且在法律之上。尽管这并不意味着君主可以或实际上总是为所欲为，这种关系却不能不对古代法律的性格和运用方式产生广泛和深刻的影响。在中国传统社会，法律并非社会生活的一般调节手段，而民众的生活也总是与法律无关。法律设施被建立来纠治违犯礼法的行为，司法官员的职责不仅是明辨曲直，扬善抑恶，而且要教民息讼，使民无讼，从根本上消灭狱讼之事。因而，礼法是工具，永远不能成为目的本身，单纯的强暴手段也不可能被人奉为目的。正如勒内·达维德所说：“中国人一般是在不用法的情况下生活的。他们对于法律制定些什么规定不感兴趣，也不愿站在法官的面前去，他们处理与别人的关系以是否合乎情理为准则，他们不要求什么权利，要的只是和睦相处和和谐。”①

在犹太教中，律法之于犹太人，是净化和提升自己、追求圣洁目标的手段和途径，是值得尊崇和热爱的。遵法行为与内心虔敬有机统一，律法被认为来自于神，守法是为了效仿神，最终像神一样公义和圣洁。与之类似，礼法传统也具有提升个体精神境界方面的价值。人格上的精神内省，制度上的义务本位是礼法的重要特征。在儒家看来，必须学会“反求诸己”，即内在的灵魂净化，才能做到人格完善，进而达到成圣成贤的目的。儒家要求人们用礼来约束自己，从而维护人与人之间的亲善关系。在克己的内省中，人们奉礼守信，修身养性，平息讼争。礼法的核心是礼义人伦，它要求人们以义务自律，通

---

① [法]勒内·达维德：《当代主要法律体系》，漆竹生译，上海译文出版社 1984 年版，第 487 页。

过向内用力而形成“其乐融融”的和谐秩序，从而获得审美情趣上的满足和精神寄托。儒家的人生最高境界不是灵魂向上帝的依归，而是通过道德修养的手段使物我界限不复存在，进而达到物我皆一的“天人合一”境地。我们建设法治社会，需要摒弃礼法传统对现实世界所作的等级分明的制度性安排，但是，并不能彻底否认礼法传统所追求的人格境界。现代法治同样鼓励人们在守法的基础上调心养性，赞许人们在理性不及的地方完善自我，从而实现人生的终极意义。

犹太教及其律法通过基督教及其《圣经》对西方文化乃至世界文化的影响，极其巨大而深刻。犹太人关于借贷抵押、免债证明、不动产的习惯法，财产让渡合同，陪审团制度，法律至上主义、“挪亚律法”等法律形式和思想，有的直接被英美法系所吸收，有的对之产生过间接的影响。尽管如此，律法传统与现代法治仍然存在本质的区别。与之相似，礼法传统与现代法治，可能在某些法律观念和规范上有相通之处，但还是有着根本的差异。昂格尔认为，现代法治的建立需要两个基本条件：超越的自然法观念和多元利益集团。这些都根源于近代西方特定的社会文化背景。而在礼法传统所依赖的宗法社会结构中，家族虽然也是一种团体，并且具备一定的自治性，但并不能形成各种有共同权利主张和利益要求的统一阶层，即不能形成法治所需要的多元利益集团。更为重要的是，这些家族与政府之间的关系并不是对立的，对于家长或族长就家族内部的有关事务作出的决定，政府不但不予干涉，而且承认其法律效力和权威。通过家族关系，自然就会形成“天下为一家，家长为君王”的局面。而现代法治的形成，依赖于以保护个人利益为目的的自治性多元群体及其对政府权力的限制。因而，在中国传统的官僚政治和礼法传统中，无法诞生现代意义上的法治。为此，我们的法治建设，需要吸收传统文化的精华，但更为重要的是，大力引进世界各国行之有效的现代法治，接受具有普世性价值的法律思想和观念。

总之，犹太教及其律法应对现代化而成功地融入西方社会，并且保持自身的民族性这一成功经验，值得我们借鉴。当代中国的文化重建和法治进程，需要敞开胸襟，吸收各种文化资源，进而对本国的传统文化进行创造性转化。一方面，需要植根于传统，把中华文化的精华予以继承和发扬，比如和谐理念、中庸之道、民本思想、君子人格、自强不息等。另一方面，要积极地吸收西方文化中某些合理的价值观念和规范制度，比如正义、平等、现代法治等。在此背景下，礼法传统有被纳入现代法治构筑的总体文明的可能。法治社会的建立，要求礼法思想开显的生活方式必须遵守理性的法治规则，而法治社会也应承认礼法思想能够担当提供人生终极意义和完善道德人格的大任。

结　语

宗教作为一种社会文化现象，不仅是抽象的世界观和意识形态，而且是活生生的社会综合体系和文化生活方式。本书将犹太教律法置于法律文化视域下，运用文化解释、法理分析等方法，针对其中的一些重要问题进行研究：第一，犹太教律法的内涵和历史演变；第二，犹太教律法的价值、规范及治理层面；第三，犹太教律法的功能、影响及现代转化。本书试图通过对犹太教律法生成与历史演变的研究，探索其生存之道与活力之源；对犹太教律法的各个层面进行分析，比较宗教律法与世俗法律的异同，沟通宗教学与法学的相关研究；考察律法的功能、影响，研究其如何进行现代转化，揭示其对当代中国法治建设和文化创新的借鉴意义。

笔者认为，在法律文化视域下，犹太教律法是整体的、动态的法律文化体系。作为一种传统法律文化，律法是犹太人的信仰藩篱、伦理规范、生活之道和精神家园。在犹太教传统看来，律法来源于神的启示和诫命，是神人约的主体内容；律法是犹太教和犹太人的伦理规范，是伦理善恶的判断标准；律法是犹太民族精神的体现，是犹太人的行为模式和生活之道。犹太教律法意味着一种整体的、统一的法律文化。按照犹太人的传统说法，《托拉》就是犹太教，《塔木德》就是犹太教，律法的经典文本实际上构成一个整体。同时，律法有着整体的规范制度和治理模式，塑造着统一的社会秩序和一体的生活方式。律法有着统一的精神和价值追求，规范犹太人的外在行动和内心生活，追求个人的完善与民族和社会的公义。律法也是动态的法律文化，表现在其生成和演变、解释和交流、践履和应用等多个环节。在历史流变中，规范制度与信仰教义、“哈拉哈”与“阿嘎达”、律法行为与内心虔敬之间，始终追求着动态的平衡，使律法能够在艰难处境中得以生存并具有活力。

犹太教律法产生和演变的历史，在犹太教传统和圣经批评学中有着种种说法。笔者运用法律生成说作为解释路径，认为律法作为一种法律文化现象，不是基于特定事件横空出世，而是存在一个生成和演变的过程。律法是理想和现实的混合体，其生成的根源既存在于古代犹太人的生存实践，也蕴含在他们对公义理想的持续追寻中。律法的生成和演变，既是犹太人解决社会纠纷、探索治理模式的生活实践，也是他们应对秩序、公义、圣洁等法的需要的历史进程。经典文本中的叙事历史，揭示出犹太人在不同历史时期，面临民族危亡、信仰混乱、道德缺失的困境，对于秩序、公义和圣洁的迫切需要和呼唤。由不义、悖逆的“无法”状态，经由因时制宜、寻求不同极端之间的平衡点，最终形成规则治理的局面，就是律法的生成过程。在不同时期的律法文本和历史处境中，历代贤哲和精英对于律法的解释、评注、应用和发展，对于异国法律的吸收、借鉴和创造性转化，使得律法保持了整体性和独特性，能够长期存在并富有活力。

作为独特的法律文化形态，犹太教律法不仅是一种规范和秩序体系，也是一种价值和意义系统。律法不仅揭示特定时空中的民族生活样态和生存方式，也揭示了特定人群的心灵世界、信仰观念和价值追求。信仰和律法如同犹太教的两个并行的轮子，它们紧密联系，不可分离。律法以一神信仰为其理论基础，人生活的各个层面都归于上帝的绝对统治，有悖律法的任何行为都是对上帝的背叛。依照犹太教改革派的说法，犹太教是伦理一神教，依照律法而生活是犹太教对人的伦理要求。伦理一神教的价值追求是公义、圣洁和仁慈。公义意味着忠实于契约，遵守律法和诫命。慈善要求对弱势群体予以关怀，又要求在司法中对所有人一视同仁。通过割礼、成年礼、圣日与节日、饮食律法等规定，律法塑造着一种不同凡俗的生活世界。

有犹太思想家指出，“犹太的思想以人为中心”。人既然是按照上帝的形象所造，那么，人的尊严自然要得以维护，任何人的生命都超然重要。律法不仅仅是礼仪和仪式，或者社会和个人义务，律法作用于人心，因而具有生命力。

犹太教和犹太文化具有一体多元的特征，律法同样表现为一体多元的法律文化体系。从形式上看，律法主要由成文律法与口传律法构成，通过不断的以经释经得以发展。同时，还有宗教禁忌与戒律、宗教礼仪与节期等多种法律形式。借鉴周边文化中“约”的形式，律法被视为神人约的主体内容，是上帝的启示和命令，展示了上帝的公义、仁慈和恩典。在经典文本中，叙事故事与律法诫命往往结合在一起，叙事历史整体上是对律法的“阐释”。作为一种法律文化，律法既是一种传统文化遗存，也是一种现实的文化表现。其中不仅包含神圣者启示的律例诫命，而且凝聚了历史进程中不断丰富的社会文化因素，可以称之为“累积的传统”。律法的内容具有混杂性，包含了信仰、法律、伦理、习俗等各种要素，并以民刑法、祭司礼仪、伦理规范、饮食律法等形式表现出来。律法不是一张完整的清单，它无法将古代犹太人为了讨神喜悦所能做或当做的事全部罗列出来；相反，律法所呈现的是忠于神的范例或样本。从调整范围看，律法既调整人的外在行为，也深入到人的内心。律法的命令性条文中，不仅谈及行为与态度，也涉及引致禁止之事的一切动机、诱因或压力等方面。

在法律文化视域下，犹太教律法不仅是静态的规范制度，而且是动态的、开放的体系，是信仰观念、规范制度和行为实践的结合。律法作为一种纠纷解决机制和社会治理模式，在追求目标、权威机构、惩罚机制和秩序形成等方面富有特色。律法的追求目标可以看作一种宗教文明秩序。在这种文明秩序中，政治、经济、文化以及社会生活的各个方面无不统合在信仰观念和原则的规范之下。就权威机构看，《塔木德》中的证据表明，在圣殿被毁、国家沦丧之时，以色列的土地上曾经存在着一个完整的法庭体系，其功能是裁定宗教习俗方面的疑问、审判违法分子以及解决争议。从惩罚机制看，律法是他律与自律、禁锢与自由的统一。一方面，它强调外在的强制与惩罚；另一方面，犹太人对律法充满敬畏和爱。从秩序形成看，关注今生现实，在日常生活中遵守上帝律法，并最终实现改造现实的目的，是犹太教的根本旨趣。尽管犹太教有希伯来《圣经》和《塔木德》等经典以及相关的教义、信条和学说，但注重当下生活的道德践履和道德行为现实化诉求，也是律法的重要特征。律法最早源于古代犹太人的氏族习惯，有着民间创造和民意的土壤。从中生长起来的民间法、民族习惯法符合生活其中的人们的需要，具有深厚的根基和生命力。

在律法的演变过程中，有着丰富的法律解释和评注实践，构成具有特色的释经传统。这一传统呈现开放的态势，只有开始和不断的丰富、发展和完善，而永无休止和终结。不同于哲学家注重寓意解经法的倾向，犹太教拉比们通常采用经学的诠释方法，即“米德拉什”。这种方法立足于希伯来《圣经》，从原文中为拉比的解释或新法规寻找理由或根据，从而把口传律法和成文律法紧密联系起来。律法的解释活动，呈现出灵活性、大胆性和创造性的特点。其中呈现的思维模式包括吸收和借鉴、具体思维和动态思维、求异思维等方面。律法解释和评注的意义在于，它塑造了犹太人的日常生活，促进了犹太文化的生存和延续。

律法在犹太教中占据无比重要的地位，具有维护一神信仰、维护民族生存和文化传承等方面的功能。律法精神是犹太文化精神的重要一环，其中的和谐追求、契约观念、内省精神、群体意识等对后世产生了深远影响。律法是围绕信仰而建立的社会秩序形态，其中蕴含多重和谐因素。律法是禁锢与自由、约束与爱的结合。在犹太教中，“哈拉哈”与“阿嘎达”相统一，内在精神与外在表达方式相互滋养、相互激发。犹太人从来就不把律法当作一种教条和禁锢，而是作为一种可亲近的、可欢喜的对象来看待。律法就是犹太人的生活方式，它使得犹太人得以存续和发展。犹太人绝不认为律法过分严苛、不近人情，绝不认为律法是沉重的负担；相反，他们对律法表现出尊崇和喜悦。犹太人不仅从小就开始学习律法，而且一个人只要生命不息，都应潜心研习。履行律法的方法，是认真研习《托拉》并熟记于心，其目的使《托拉》的律法成为社会现实生活的约束和引导。

作为一种传统法律文化，律法既是历史传统，又是现实存在，具有顽强的生命力。近代以来，犹太教和犹太人积极应对现代化带来的压力和挑战，成功地融入西方社会，同时保持了自身的民族性。犹太教律法也发生了相应的创造性转化，较好地解决了传统与现代、民族性与普世性等关系。在当代社会，犹太人的生活方式依然深深受制于希伯来《圣经》和《塔木德》，律法在犹太人的生活中依然发挥重要作用。犹太教律法的创造性转化，对当代中国法治建设和文化创新具有一定的借鉴意义。在当代社会，我们既要珍视传统法律文化，又要树立现代法治观念。现代法治的建立离不开具体的生活实践，需要关注当下的人性和人心。中国礼法传统的现代价值及如何转化，值得我们关注和探索。

在法律文化视域下，犹太教律法可以看作一个整体的、动态的法律文化体系。作为一种传统法律文化，律法是犹太人的信仰藩篱、伦理规范、生活之道和精神家园。犹太教律法的生成和历史演变，既是犹太人解决社会纷争、探索治理模式的生活实践，也是其应对秩序、公义、圣洁等法的需要的社会历程。律法不仅是一种规范和秩序模式，也是一种价值和意义系统。其中不仅揭示出特定时空中的民族生活样态和生存方式，也反映了特定社会群体的心灵世界、信仰观念和价值追求。律法在犹太教中占据无比重要的地位，发挥着维护一神信仰、维护民族生存和文化传承的功能。近代以来，犹太教和犹太人积极应对现代化带来的各种挑战，成功地融入西方社会，同时保持了自身的民族性。伴随这一过程，犹太教律法也进行了相应的创造性转化。律法的现代转化，尤其是其处理传统与现代、民族性与普世性等关系的做法，对当代中国法治建设和文化创新具有一定的借鉴意义。

从目前犹太教和犹太文化的研究现状看，国内学者所做的多属于翻译和一般性研究，可以说尚处于初级阶段。将犹太教律法置于法律文化视域下进行研究，在目前国内尚无专门的论著。本书在法律文化的视域下，运用文化解释、法理分析等方法，针对其中的一些重要问题进行研究。通过对犹太教律法生成与历史演变的研究，探索其生存之道与活力之源。通过考察律法的功能与影响，研究其如何进行现代转化，揭示其对当代中国法治建设和文化创新的借鉴意义。比如，法律信仰的树立，法律与生活、法律人性的关联，礼法传统的现代转化等论题，都可以从律法研究中得到启发。在法律文化视域下观察犹太教律法，可以看作一种解释性的探索。通过对犹太教律法的各个层面进行分析，比较宗教律法与世俗法律的异同。这种探索对于深化宗教学与法学在律法领域的研究，沟通两个不同的人文学科，具有一定的意义。

然而，犹太教典籍浩繁深邃，国外的相关研究资料异常丰富，本书涉猎范围有限，未能就很多重要论题展开讨论。就所选论题范围而言，书中各个章节还可以展开更为深入细致的研讨。严格来说，本书只是犹太教律法研究的初步探索，许多论题需要进一步扩展和深化。总之，在法律文化视域下，法律作为一种理想追求，是人类精神与价值的凝结。法律也是一种生活方式，是人性和人心的集中体现。犹太教律法作为独特的法律文化体系，其中诸多层面值得深入研究和探索。

参考文献

一、中文著作

陈来:《古代宗教与伦理:儒家思想的根源》,三联书店 1996 年版。

陈荣富:《文化的演进——宗教礼仪研究》,黑龙江人民出版社 2004 年版。

陈腾华:《为了一个民族的中兴:以色列教育概览》,华东师范大学出版社 2005 年版。

陈贻绎:《希伯来语圣经:来自考古和文本资料的信息(至公元前 586 年)》,昆仑出版社 2006 年版。

冯基华:《犹太文化与以色列社会政治发展》,社会科学文献出版社 2010 年版。

傅永军:《启蒙、批判诠释与宗教伦理》,山东大学出版社 2009 年版。

傅有德等:《现代犹太哲学》,人民出版社 1999 年版。

傅有德等主编:《跨宗教对话:中国与西方》,中国社会科学出版社 2004 年版。

傅有德:《犹太哲学与宗教研究》,中国社会科学出版社 2007 年版。

傅有德等:《犹太哲学史》,中国人民大学出版社 2008 年版。

高鸿钧:《伊斯兰法:传统与现代化》,社会科学文献出版社 1996 年版。

顾骏:《犹太的智慧:创造神迹的人间哲理》,浙江人民出版社1993年版。

顾晓鸣:《犹太——充满“悖论”的文化》,浙江人民出版社1990年版。

郭玉华主编:《仪式与社会变迁》,社会科学文献出版社2000年版。

黄陵渝:《当代犹太教》,东方出版社2004年版。

黄陵渝:《犹太教》,中国社会科学出版社2008年版。

黄天海:《希腊化时期的犹太思想》,上海人民出版社1999年版。

金泽:《宗教人类学导论》,宗教文化出版社2001年版。

李炽昌、游斌:《生命言说与社群认同:希伯来圣经五小卷研究》,中国社会科学出版社2003年版。

李申:《中国儒教史》,上海人民出版社2000年版。

梁工:《圣经时代的犹太社会与民俗》,宗教文化出版社2002年版。

梁工等:《律法书·叙事著作解读》,宗教文化出版社2003年版。

梁治平主编:《法律的文化解释》,三联书店1994年版。

梁治平:《寻求自然秩序中的和谐》,中国政法大学出版社2002年版。

雷钰、黄民兴等编著:《以色列》,社会科学文献出版社2011年版。

龙敬儒:《宗教法律制度初探》,中国法制出版社1997年版。

楼宇烈:《宗教研究方法讲记》,北京大学出版社2013年版。

林端:《儒家伦理与法律文化:社会学观点的探索》,中国政法大学出版社2002年版。

林太、张毛毛编译:《犹太人与世界文化:在科学、文学和社会法律的维度上》,上海三联书店1993年版。

林毓生:《中国传统的创造性转化》(增订本),三联书店2011年版。

刘洪一:《犹太精神:犹太文化的内涵与表征》,南京大学出版社1995年版。

刘洪一:《犹太文化要义》,商务印书馆2004年版。

刘作翔:《法律文化理论》,商务印书馆1999年版。

吕大吉:《宗教学通论新编》,中国社会科学出版社1998年版。

吕大吉:《西方宗教学说史》,中国社会科学出版社1994年版。

马小红:《礼与法:法的历史连接》,北京大学出版社2004年版。

潘光、陈超南、余建华:《犹太文明》,中国社会科学出版社1999年版。

潘光主编:《犹太研究在中国——三十年回顾:1978~2008》,上海社会科学院出版社2008年版。

彭小瑜:《教会法研究:历史与理论》,商务印书馆2003年版。

瞿同祖:《中国法律与中国社会》,中华书局1982年版。

瞿同祖:《瞿同祖法学论著集》,中国政法大学出版社1998年版。

孙尚扬:《宗教社会学》,北京大学出版社2001年版。

田海华:《希伯来圣经之十诫研究》,人民出版社2012年版。

王伯绮:《近代法律思潮与中国固有文化》,清华大学出版社2005年版。

王铭铭、王斯福编:《乡土社会的秩序、公正与权威》,中国政法大学出版社1997年版。

王立新:《古代以色列历史文献、历史框架、历史观念研究》,北京大学出版社2004年版。

王学辉:《从禁忌习惯到法的起源运动》,法律出版社1998年版。

魏琼:《民法的起源:对古代西亚地区民事规范的解读》,商务印书馆2008年版。

魏治勋:《禁止性法律规范的概念》,山东人民出版社2008年版。

武树臣:《中国法律思想史》,法律出版社2004年版。

萧公权:《中国政治思想史》,新星出版社2010年版。

肖宪:《谜一般的犹太人》,中国工人出版社2007年版。

谢晖、陈金钊:《法律:诠释与应用》,上海译文出版社 2002 年版。

谢晖:《法律的意义追问》,商务印书馆 2003 年版。

谢晖:《大小传统的沟通理性》,中国政法大学出版社 2011 年版。

谢桂山:《圣经犹太伦理与先秦儒家伦理》,山东大学出版社 2009 年版。

谢文郁:《自由与生存:西方思想史上的自由观追踪》,张秀华、王天民译,上海人民出版社 2007 年版。

徐复观:《中国人性论史》,华东师范大学出版社 2005 年版。

徐新、凌继尧主编:《犹太百科全书》,上海人民出版社 1993 年版。

徐新:《反犹主义解析》,上海三联书店 1996 年版。

徐新:《犹太文化史》,北京大学出版社 2006 年版。

许章润编:《法律信仰》,广西师范大学出版社 2003 年版。

严存生:《法的理念探索》,中国政法大学出版社 2002 年版。

严存生:《法的"一体"和"多元"》,商务印书馆 2008 年版。

杨慧林:《圣言·人言:神学诠释学》,上海译文出版社 2002 年版。

杨捷生:《伊斯兰伦理研究》,宗教文化出版社 2002 年版。

游斌:《希伯来圣经的文本、历史与思想世界》,宗教文化出版社 2007 年版。

於兴中:《法治与文明秩序》,中国政法大学出版社 2006 年版。

俞荣根:《儒家法思想通论》,广西人民出版社 1998 年版。

余英时:《中国思想传统及其现代变迁》,广西师范大学出版社 2004 年版。

岳清华、季凤文编著:《犹太民俗》,南京大学出版社 1993 年版。

张晋藩:《中国法律的传统与近代转型》,法律出版社 1997 年版。

张千帆:《为了人的尊严:中国古典政治哲学批判与重构》,中国民主法制出版社 2012 年版。

张倩红:《犹太人》,三秦出版社 2003 年版。

张倩红:《困顿与再生:犹太文化的现代化》,江苏人民出版社2003年版。

张倩红:《以色列史》,人民出版社2008年版。

张庆熊:《基督教神学范畴:历史的和文化比较的考察》,上海人民出版社2003年版。

张永和:《信仰与权威:诅咒(赌咒)、发誓与法律之比较研究》,法律出版社2006年版。

张志刚、斯图尔德主编:《东西方宗教伦理及其他》,中央编译出版社1997年版。

张中秋编:《中国与以色列法律文化国际学术研讨会文集:2005》,中国政法大学出版社2005年版。

张中秋:《中西法律文化比较研究》,中国政法大学出版社2006年版。

周燮藩:《犹太教小辞典》,上海辞书出版社2004年版。

朱维之主编:《犹太文化》,浙江人民出版社1988年版。

朱威烈、金应忠主编:《'90中国犹太学研究总汇》,上海三联书店1992年版。

卓新平:《宗教理解》,中国社会科学出版社1990年版。

卓新平:《基督教犹太教志》,上海人民出版社1998年版。

二、译著

[以色列]阿巴·埃班:《犹太史》,阎瑞松译,中国社会科学出版社1992年版。

《阿伯特:犹太智慧书》,[以色列]阿丁·施坦泽兹诠释,张平译,中国社会科学出版社1996年版。

[美]昂格尔:《现代社会中的法律》,吴玉章、周汉华译,译林出版社2001年版。

[法]埃马纽埃尔·勒维纳斯:《塔木德四讲》,关宝艳译,商务印书馆2002年版。

[英]埃里克·夏普:《比较宗教史》,吕大吉等译,上海人民出版社 1988 年版。

[美]包尔丹:《宗教的七种理论》,陶飞亚、刘义、钮圣妮等译,上海古籍出版社 2005 年版。

[美]贝格尔:《神圣的帷幕:宗教社会学理论之要素》,陈胜观等译,上海人民出版社 1991 年版。

[美]伯尔曼:《法律与革命:西方法律传统的形成》,贺卫方等译,中国大百科全书出版社 1993 年版。

[美]伯尔曼:《法律与宗教》,梁治平译,中国政法大学出版社 2003 年版。

[挪威]托利弗·伯曼:《希伯来与希腊思想比较》,吴勇立译,上海书店出版社 2007 年版。

[美]伯纳德·巴姆伯格:《犹太文明史话》,肖宪译,商务印书馆 2013 年版。

[美]大卫·鲁达夫斯基:《近现代犹太宗教运动:解放与调整的历史》,傅有德等译,山东大学出版社 1996 年版。

[美]戴维·鲁本:《法律现代主义》,苏亦工译,中国政法大学出版社 2004 年版。

[美]狄百瑞:《儒家的困境》,黄水婴译,北京大学出版社 2009 年版。

斐洛:《论律法》,石敏敏译,中国社会科学出版社 2007 年版。

[德]恩斯特·卡西尔:《人论》,甘阳译,上海译文出版社 1985 年版。

[奥]弗洛伊德:《摩西与一神教》,李展开译,上海三联书店 1988 年版。

[加]戈登·菲、[美]道格拉斯·斯图尔特:《圣经导读(上):解释原则》,魏启源等译,北京大学出版社 2005 年版。

[美]格尔茨:《文化的解释》,纳日碧力戈等译,上海人民出版社 1999 年版。

[英]海姆·马克比:《犹太教审判:中世纪犹太—基督两教大论争》,黄福武译,山东大学出版社 1996 年版。

[美]亨利·富兰克弗特:《王权与神祇:作为自然与社会结合体的古代近东宗教研究》,郭子林、李岩、李凤伟译,上海三联书店 2007 年版。

[美]霍贝尔:《原始人的法》,严存生等译,贵州人民出版社 1992 年版。

[美]华德凯瑟:《旧约伦理学探讨》,谭健明译,(台湾)中华福音神学院出版社 1987 年版。

[德]卡尔·白舍客:《基督宗教伦理学》,静也、常宏等译,上海三联书店 2002 年版。

[美]卡尔·弗里德里希:《超验正义:宪政的宗教之维》,周勇、王丽芝译,三联书店 1997 年版。

[美]克里斯托弗·道森:《宗教与西方文化的兴起》,长川某译,四川人民出版社 1990 年版。

[美]肯·坎贝尔:《圣经世界的婚姻与家庭》,梁工等译,商务印书馆 2012 年版。

[法]勒内·达维德:《当代主要法律体系》,漆竹生译,上海译文出版社 1983 年版。

[德]利奥·拜克:《犹太教的本质》,傅永军、于健译,山东大学出版社 2002 年版。

[美]罗伯特·墨菲:《文化与社会人类学引论》,王卓君等译,商务印书馆 1991 年版。

[美]罗伯特·塞尔茨:《犹太的思想》,赵立行、冯玮译,上海三联书店 1995 年版。

[美]罗德尼·斯达克、罗杰尔·芬克:《信仰的法则:解释宗教之人的方面》,杨凤岗译,中国人民大学出版社 2004 年版。

[美]罗纳德·约翰斯通:《社会中的宗教:一种宗教社会学》,尹今黎、张蕾译,四川人民出版社 1991 年版。

[美]J. C. 莱尔:《圣洁》,李漫波、朱保平译,三联书店 2013 年版。

[德]马丁·布伯:《论犹太教》,刘杰等译,山东大学出版社 2002 年版。

[美]马尔文·托卡耶尔:《犹太五千年的智慧》,彭旭译,中国社会科学出版社 2009 年版。

[美]马尔文·托卡耶尔:《犹太格言集》,李丛译,中国社会科学出版社 2009 年版。

[美]马尔文·托卡耶尔:《犹太人的奇异思想》,焦婷婷译,中国社会科学出版社 2009 年版。

《马克思恩格斯选集》,人民出版社 1995 年版。

[德]马克斯·韦伯:《古犹太教》,康乐、简惠美译,广西师范大学出版社 2010 年版。

[美]迈克尔·沃尔泽等编:《犹太政治传统》(卷一),刘平等译,华东师范大学出版社 2011 年版。

[美]迈克尔·沃尔泽等编:《犹太政治传统》(卷二),冯洁音译,华东师范大学出版社 2011 年版。

[英]麦克斯·缪勒:《宗教学导论》,陈胜观等译,上海人民出版社 1989 版。

[英]麦克斯·缪勒:《宗教的起源与发展》,金泽译,上海人民出版社 1989 年版。

[英]梅因:《古代法》,沈景一译,商务印书馆 1959 年版。

[法]孟德斯鸠:《论法的精神》,张雁深译,商务印书馆 1982 年版。

[罗]米尔恰·伊利亚德:《神圣与世俗》,王建光译,华夏出版社 2002 年版。

[美]摩迪凯·开普兰:《犹太教:一种文明》,黄福武、张立改译,山东大学出版社 2002 年版。

《摩奴法典》,[法]迭朗善译,马香雪转译,商务印书馆 1982 年版。

摩西·迈蒙尼德:《迷途指津》,傅有德等译,山东大学出版社1998年版。

[德]摩西·门德尔松:《耶路撒冷:论宗教权利与犹太教》,刘新利译,山东大学出版社2007年版。

[英]诺曼·所罗门:《当代学术入门:犹太教》,赵晓燕译,辽宁教育出版社1998年版。

[英]诺亚·卢卡斯:《以色列现代史》,杜先菊、彭艳译,商务印书馆1997年版。

[美]庞德:《通过法律的社会控制·法律的任务》,沈宗灵等译,商务印书馆1984年版。

[日]棚濑孝雄:《纠纷的解决与审判制度》,王亚新译,中国政法大学出版社2004年版。

[日]千叶正士:《法律多元:从日本法律文化迈向一般理论》,强世功等译,中国政法大学出版社1997年版。

[美]乔治·桑塔亚纳:《宗教中的理性》,犹家仲译,北京大学出版社2008年版。

[加]秦家懿、[瑞士]孔汉思:《中国宗教与基督教》,吴华译,三联书店1997年版。

[美]撒母耳·科亨:《犹太教:一种生活之道》,徐新、张利伟等译,四川人民出版社2009年版。

[德]萨维尼:《论立法和法学的当代使命》,许章润译,中国法制出版社2001年版。

[英]塞西尔·罗斯:《简明犹太民族史》,黄福武、王丽丽译,山东大学出版社1997年版。

《圣经》(简化字现代标点和合本),中国基督教三自爱国运动委员会、中国基督教协会2007年版。

世界著名法典汉译丛书编委会编:《汉谟拉比法典》,法律出版社2000年版。

[美]史密斯:《人的宗教》,刘安云译,海南出版社2001年版。

[俄]索洛维约夫:《神权政治的历史与未来》,线一鹏等译,华夏出版社 2001 年版。

《天下通道精义篇:犹太处世书》,张平译注,北京大学出版社 2003 年版。

[法]涂尔干:《宗教生活的基本形式》,渠东等译,上海人民出版社 1999 年版。

[美]T. D. 亚历山大:《摩西五经导论:从伊甸园到应许之地》(第二版),刘平、周永译,上海人民出版社 2008 年版。

[加]威尔弗雷德·坎特韦尔·史密斯:《宗教的意义与终结》,董江阳译,中国人民大学出版社 2005 年版。

[美]W. E. 佩顿:《阐释神圣:多视角的宗教研究》,许泽民译,贵州人民出版社 2006 年版。

[英]西蒙·蒙蒂菲奥里:《耶路撒冷三千年》,张倩红等译,民主与法制出版社 2015 年版。

[美]亚伯拉罕·科恩:《大众塔木德》,盖逊译,山东大学出版社 2000 年版。

[美]亚伯拉罕·海舍尔:《觅人的上帝:犹太教哲学》,郭鹏、吴正选译,山东大学出版社 2003 年版。

[美]雅各·纽斯纳:《犹太教》,周伟驰译,上海古籍出版社 2008 年版。

[美]亚兰·德修兹:《法律的创世记:从圣经故事中寻找法律的起源》,林为正译,(台北)先觉出版有限公司 2001 年版。

[英]E. E. 埃文斯—普理查德:《原始宗教理论》,孙尚扬译,商务印书馆 2001 年版。

[英]约翰·德雷恩:《旧约概论》,许一新译,北京大学出版社 2004 年版。

后　记

本书是在我的博士后研究报告基础上，经过修改润色而成的。在此，特别感谢我的合作导师、山东大学傅有德教授的悉心指导和大力帮助！学问之路很长，做人是根本，导师平和谦逊的处世态度、严谨明晰的治学精神，给我树立了良好的榜样。

感谢山东大学傅永军教授、刘新利教授、马广海教授和赵杰教授的严格审阅和耐心指导！感谢山东大学犹太教与跨宗教研究中心的各位老师和同学！我在研究中心求学的数年里，从各位专家学者的课堂及论著中，从历次研讨会和暑期班的交流中，获得了太多的资料积累和思想启发。

山东大学出版社的编辑老师对本书的订正、修改付出很多心血，提出了宝贵的意见和建议，在此表示真诚的感谢！

本书的出版，得到教育部人文社会科学重点研究基地山东大学犹太教与跨宗教中心的资助，在此表示深深的谢意！最后，感谢我的工作单位西安财经学院法学院领导及同事的支持帮助！

王宏选

2015 年 5 月 14 日

图书在版编目(CIP)数据

犹太教律法研究:以法律文化为视域/王宏选著.
—济南:山东大学出版社,2015.10
ISBN 978-7-5607-5386-7

Ⅰ.①犹… Ⅱ.①王… Ⅲ.①犹太教-法律-文化研究
Ⅳ.①B985

中国版本图书馆 CIP 数据核字(2015)第 251916 号

责任编辑:黄福武
封面设计:牛 钧

出版发行:山东大学出版社
社 址 山东省济南市山大南路 20 号
邮 编 250100
电 话 市场部(0531)88364466
经 销:山东省新华书店经销
印 刷:济南铁路印刷厂
规 格:880 毫米×1230 毫米 1/32
8.5 印张 250 千字
版 次:2015 年 10 月第 1 版
印 次:2015 年 10 月第 1 次印刷
定 价:26.00 元
